Domenico Quaranta

Onkraj novomedijske umetnosti

Domenico Quaranta
Onkraj novomedijske umetnosti

Založnik: Aksioma – Zavod za sodobne umetnosti, Ljubljana, 2014
www.aksioma.org

Izvirnik je pod naslovom *Beyond New Media Art* leta 2013 izdala založba Link Editions, Brescia, Italija.
www.linkartcenter.eu

Prevod: Polona Petek
Lektoriranje: Nataša Simončič
Strokovni pregled: Vuk Ćosić
Oblikovanje: Janez Janša
Prelom: Luka Umek

Finančna podpora: Ministrstvo za kulturo RS in Oddelek za kulturo Mestne občine Ljubljana

   REPUBLIKA SLOVENIJA
MINISTRSTVO ZA KULTURO

Na naslovnici:
Aram Bartholl: *Go! Go! Go!*
Projektni prostor Aksioma, Ljubljana, 2013

Tisk in distribucija: Lulu.com
www.lulu.com

ISBN: 978-1-312-09435-2

Če vsi umetniki, ne glede na svoj priljubljeni medij, dandanes rutinsko uporabljajo tudi digitalne računalnike za ustvarjanje, spreminjanje in produciranje svojih del, ali sploh potrebujemo posebno področje novomedijske umetnosti? V času, ko digitalni in mrežni mediji hitro postajajo prisotni povsod v naši družbi in jih je večina umetnikov začela uporabljati rutinsko, področju novih medijev grozi nevarnost, da bo postalo geto, katerega prebivalce bi povezovala obsedenost z najnovejšo računalniško tehnologijo, ne pa globlja konceptualna, ideološka ali estetska vprašanja – nekakšen lokalni klub za navdušence nad fotografijo.

Lev Manovich

Novi mediji kot véliki projekt so že zdavnaj mimo in dokazovanje transformacijskega potenciala tehnologije bi moralo biti v svetu pametnih telefonov popolnoma odveč.

Marius Watz

Kazalo

Predgovor k drugi izdaji

Domenico Quaranta

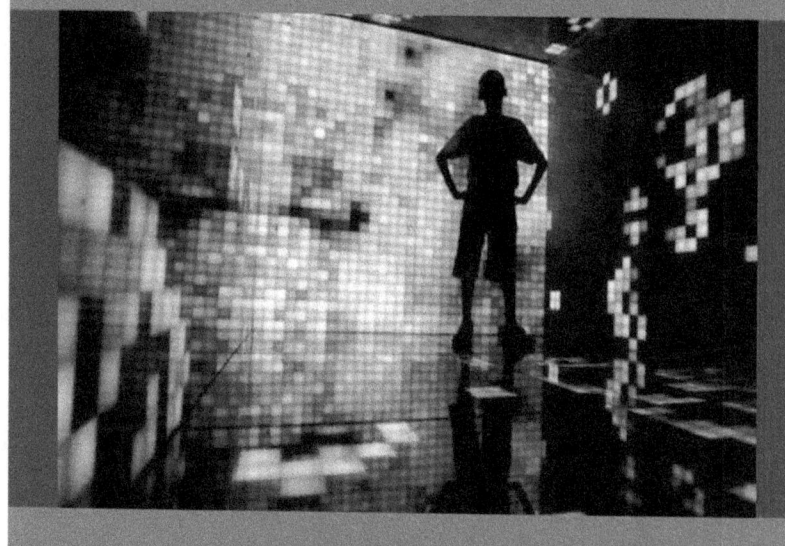

MEDIA
NEW MEDIA
POSTMEDIA

Domenico Quaranta

postmedia books

2

To delo sem napisal leta 2008 in 2009 kot doktorsko disertacijo na Univerzi v Genovi (Italija). Naslov disertacije se je glasil *Vojna svetov: Novomedijska in sodobna umetnost*. Leta 2010 sem besedilo precej skrajšal, vnesel nekaj posodobitev in ga v italijanskem jeziku objavil pri Postmedia Books, umetnostni založbi s sedežem v Milanu. Na predlog urednika sem knjigi dal nov naslov – *Media, New Media, Postmedia* (*Mediji, novi mediji, postmediji*).[1]

Takrat si nisem mislil, da bi angleški prevod utegnil zanimati mednarodne bralce. V italijanščini nimamo nobenega izčrpnega zgodovinskega pregleda novomedijske umetnosti in eden od ciljev knjige *Media, New Media, Postmedia* je bil zapolnitev te vrzeli v lokalnem umetnostnem založništvu. Angleški bralci pa imajo dostop do številnih publikacij, ki ponujajo tovrstne preglede, ki prekašajo mojega – od zbornika *Umetnost in elektronski mediji* (*Art and Electronic Media*), ki ga je uredil Edward A. Shanken, do *Digitalne umetnosti* (*Digital Art*) Christiane Paul, če omenim le dva naslova.

Toda s knjigo *Media, New Media, Postmedia* sem skušal izoblikovati tudi lasten pogled na novomedijsko umetnost in javno poseči v mednarodno razpravljanje o tem, kam se novomedijska umetnost umešča znotraj širšega področja sodobnih umetnosti. To pa se je po zaslugi peščice srečnih naključij izkazalo zanimivo za angleško govoreče bralce. Januarja 2011 sem na spletni platformi *Rhizome* objavil izvleček iz zadnjega poglavja knjige, kar je privedlo do nekaj zanimivih razprav.[2] Nekoliko kasneje, avgusta istega leta, je umetnostna kritičarka Régine Debatty na svojem blogu *We Make Money Not Art* objavila recenzijo mojega dela.[3] Nekaj dni kasneje je Paddy Johnson, ustanoviteljica in urednica vplivne spletne revije *Art Fag City*, na blogu objavila komentar, ki je sprožil še več odzivov.[4] Članek Claire Bishop,

1   Domenico Quaranta, *Media, New Media, Postmedia*, Postmedia Books, Milano 2010.
2   Domenico Quaranta, »The Postmedia Perspective«, *Rhizome*, 12. januar 2011, dostopno na spletnem naslovu http://rhizome.org/editorial/2011/jan/12/the-postmedia-perspective/ [zadnji dostop marca 2013].
3   Régine Debatty, »Book review – Media, New Media, Postmedia«, *We Make Money Not Art*, 27. avgust 2011, dostopno na spletnem naslovu http://we-make-money-not-art.com/archives/2011/08/media-new-media-postmedia.php [zadnji dostop marca 2013].
4   Paddy Johnson, »Is New Media Accepted in the Art World? Domenico Quaranta's Media, New Media, PostMedia«, Art Fag City, 30. avgust 2011, dostopno na spletnem naslovu www.artfagcity.com/2011/08/30/is-new-media-accepted-in-the-art-world-domenico-quaran-tas-media-new-media-postmedia/ [zadnji dostop marca 2013].

objavljen v reviji *Artforum* septembra 2012, in razprava, ki se je po tej objavi razvnela med ljudmi na *mailing* listah (poštnih seznamih) in v sami reviji,[5] pa sta me dokončno prepričala o aktualnosti problematike, ki jo obravnava moje delo, in takrat sem svojo dolgoletno sodelavko Anno Rosemary Carruthers prosil, naj se loti prevajanja. Hvaležen sem ji tako za urnost kakor tudi za kakovost njenega dela.

Pisci se bodo verjetno strinjali z mano, da dela po tem, ko so minila skoraj štiri leta, ne prevajaš, temveč ga napišeš na novo oziroma napišeš drugo knjigo. Piscu je nepopisno težko ohraniti spoštljiv odnos do nečesa, kar je napisal pred več leti. Naj Gregory House trdi, kar hoče, ljudje se spreminjamo. Čeprav sem še vedno prepričan o večini stvari, ki sem jih zapisal v tej knjigi, se je bilo težko upreti skušnjavi, da bi jih povedal drugače, se odzval na kritike, dodal nove reference, citate in primere. A sem se vzdržal in se potrudil ostati karseda zvest izvirnemu besedilu z izjemo nekaj minimalnih posodobitev in nekoliko obsežnejšega dodatka k zadnjemu poglavju.

Opomba, ki jo prav zdaj berete, skuša vzpostaviti tesnejšo povezavo med italijansko (2010) in angleško različico (2013) mojega dela. Je poskus kratke razlage, zakaj se mi moja knjiga – kljub zanimivim dogodkom v zadnjih nekaj letih – še vedno zdi vredna objave (in branja). Nobenega dvoma ni, da so se stvari od leta 2010, ko sem delo objavil v prvi različici, premaknile naprej. Posebno iz Združenih držav Amerike prihajajo zanimivi signali. Čedalje večja institucionalizacija platforme *Rhizome* in bleščeča kariera njene nekdanje izvršne producentke Lauren Cornell, ki je sedaj kustosinja Novega muzeja (New Museum, New York) in ki je skupaj z ustvarjalcem Ryanom Trecartinom zasnovala bližajoči se trienale Novega muzeja (2015), sta en primer tega.

Cornellova je znanilka nove generacije »medijsko pismenih« kustosov z izkušnjami in dobrimi zvezami v svetu novomedijske umetnosti, ki se uspešno vključujejo v svet sodobne umetnosti. Nekaj podobnega se dogaja tudi na drugi strani barikade. Massimiliano Gioni in Gary Carrion-Murayari, ki sta kot kustosa, prav tako za Novi muzej, pripravila razstavo *Ghost in the Machine (Duh*

---

5   Claire Bishop, »Digital Divide: Claire Bishop on Contemporary Art and New Media«, *Artforum*, september 2012, dostopno na spletnem naslovu http://artforum.com/ inprint/ issue=2012076id=319446pagenum=0 (zadnji dostop marca 2013).

v *stroju*), sta dokazala, da odpor Nicolasa Bourriauda in Francesca Bonamija do umetnosti, ustvarjene z uporabo tehnologije, ni stališče, ki bi ga zavzel svet sodobne umetnosti v celoti. Njuna razstava je segla globoko v »predzgodovino digitalne dobe« in skušala vnovič razmisliti o nekaterih vidikih odnosa med umetnostjo in tehnologijo, ki se jim *mainstream* umetnostna kritika običajno izogne. Drug primer je Aaron Moulton, ki je bil pred nedavnim imenovan za višjega kustosa Muzeja sodobne umetnosti v Utahu. Kuratorsko in kritiško delo Aarona Moultona, nekdanjega urednika revije *Flash Art* in neodvisnega kustosa v Berlinu, razkriva naraščajoče zanimanje za problematiko digitalne dobe in za umetnike, ki raziskujejo ta vprašanja. V svojo prvo skupinsko razstavo v muzeju v Utahu, ki jo je naslovil *Analogital* (*Analogitalno*), je vključil »ustvarjalce, ki se ukvarjajo s koncepti, ki se porajajo v prehodnem prostoru med analognostjo in digitalnostjo«. Moulton pojasnjuje:

> Požrešnost sodobne kulture podob nas je pripeljala do simulakra sestavljenk, v katerih umetniki navajajo navedke navedkov in mislijo, da je kopija kopije izvirnik. Hkrati z nenostalgičnim stanjem, v katerem se nove podobe pojavijo, hitro razvijejo, razpršijo in nearhivirane izginejo, se porajajo tudi novi besednjaki podob. A vendar našo zavest prežemajo nekakšne podobnosti brez izsledljive reference, nekakšna kolektivna zavest v ročno izdelanem odprtokodnem pikslu. To skupaj z virtualnimi družbenimi razmerami omogoča nov način razmišljanja o sentimentalnosti, čutenju in družabnosti v enaindvajsetem stoletju.[6]

To so nadvse pozitivni signali, in nikakor niso osamljeni. Zdi se, da so veliki muzeji končno spoznali, da je razstavljavski model, ki so ga raziskovali na prelomu tisočletja, slepa ulica, zato »novomedijsko umetnost« sedaj predstavljajo bolj »taktično«. Po nekaj letih nedejavnosti je Christiane Paul organizirala veliko samostojno razstavo Coryja Arcangela v Whitneyjevem muzeju in vnovič pognala Whitneyjeve spletne iniciative. Kuratorsko delo Paole Antonelli v muzeju MoMA vnaša v to ustanovo in njene zbirke veliko

---

6 Iz sporočila za javnost ob odprtju razstave, dostopno na spletnem naslovu www.utahmoca.org/analogital-page/ [zadnji dostop marca 2013].

»novomedijske umetnosti«, čeprav predvsem na oddelek za oblikovanje. Poleg tega se »novomedijska umetnost«, kot je leta 2011 v svoji objavi na blogu *Art Fag City* opazila Paddy Johnson, sedaj pogosteje pojavlja tudi v *mainstream* revijah, ki se posvečajo sodobni umetnosti, in še naprej razvnema številne spletne razprave. Čeprav je madridski ARCO ukinil rubriko »Expanded Box« in čeprav se je zaprlo nekaj komercialnih galerij, ki so se ukvarjale z novimi mediji, se navzočnost novomedijske umetnosti na trgu sodobne umetnosti počasi, a zanesljivo krepi.

Toda ena lastovka še ne prinese pomladi. En sam dogodek še ne naznanja nove težnje. Pa tudi pet ali celo deset dogodkov še ne pomeni nujno tega. Svet umetnosti je prevelik in preveč razslojen za kaj takšnega. In prav lahko se tu in tam ponovijo stare napake. Pred dvema letoma je ena od najpomembnejših nagrad na področju umetnosti v Italiji, nagrada Arte Laguna, dobila novo rubriko – »virtualno umetnost«.[7] Kot kaže, je poimenovanje »predlagal« glavni pokrovitelj nagrade, italijanska družba Telecom. In prav nič ne preseneča dejstvo, da so prijavljena dela običajno precej nizke kakovosti in da to nikakor niso primerki najnovejšega razvoja v novomedijski umetnosti. Kar je škoda, če pomislimo, da zmagovalec prejme za nagrado sedem tisoč evrov.

Oktobra 2010 je kazalo, da je muzej Guggenheim – z razstavo *YouTube Play: A Biennial of Creative Video* (*YouTubova predstava: Bienale ustvarjalnega videa*)[8] – pripravljen obuditi zvezo med velikim muzejem in velikim tehnološkim pokroviteljem, da bi organiziral nekritično slavljenje novih medijev. Na dogodku, ki sta ga razvila YouTube in muzej Guggenheim v sodelovanju z družbo HP, se je zvrstil impresiven nabor umetnikov in kustosov (vključno z Laurie Anderson, Douglasom Gordonom, Takashijem Murakamijem in Nancy Spector), ki so jih povabili prav zato, da bi podprli ustvarjalni potencial Youtuba. Zdaj smo v letu 2013 in na srečo se je izkazalo, da je bil ta »bienale« neponovljivo čudo.

Toda ob vsem tem ostaja najpomembnejše dejstvo, da pretežni del umetniške produkcije, ki se odvija v »svetu novomedijske umetnosti«, ostaja slabo prepoznaven ali celo povsem neprepoznaven v svetu sodobne umetnosti.

---

7   Cf. www.artelagunaprize.com [zadnji dostop marca 2013].
8   Za podrobnejše informacije glej www.guggenheim.org/new-york/interact/participate/youtube-play [zadnji dostop marca 2013].

In tistega, kar je prepoznavno, nikakor ne opazijo vsi. Septembrska številka revije *Artforum* leta 2012 ponuja jasen povzetek trenutnega stanja. Dejstvo, da se je ta revija, ki je verjetno najpomembnejša platforma umetnostne kritike v svetu sodobne umetnosti, odločila posvetiti številko, ki je obeležila njeno petdesetletnico, problematiki »Novih medijev umetnosti« (»Art's New Media«), je videti kot prelomnica. Michelle Kuo, urednica številke, začne svoj uvodnik z omembo razvpitega pisma, ki ga je Philip Leider, takratni urednik revije, leta 1967 napisal piscu, ki je reviji poslal v presojo svoj esej o Charlesu Csuriju. Leider je esej zavrnil in v pismu dodal: »Ne morem si predstavljati, da bi *Artforum* kadar koli objavil posebno številko o elektroniki ali računalnikih v umetnosti, čeprav človek nikoli ne ve.« Če je to zavrnitev mogoče videti kot izhodišče za zgodbo, ki jo pripoveduje ta knjiga, bi morala posebna številka *Artforuma* iz leta 2012 o novih medijih umetnosti označevati njen srečni konec. Ali je res tako?

Uvodnik Michelle Kuo je precej obetaven. Takole piše:

Še vedno se sramujemo fabriciranih žanrov, kot je »računalniška umetnost«, pa čeprav umetnost, kakršno poznamo, brez računalnikov skorajda ne bi mogla obstajati. Tako tehnofilija kakor tudi tehnofobija sta napolnili muzeje, galerije in stojnice na umetnostnih sejmih; besednjak novih in družbenih medijev – platforma, omrežje, algoritem, souporaba (*sharing*) – je prevladal v sporočilih za javnost in naslovih razstav in gasi našo žejo po kibernetski evforiji šestdesetih let, ki so postala devetdeseta. Hkrati pa iz daljave odmeva Leiderjev dvom, kritični opomin, da se spogledovanje umetnosti z mediji vedno nagiba k zgodovinski amneziji, k lenemu metanju zelo različnih položajev in praks v isti koš, k nenadnim premikom od modnega sprejemanja napredka h koprnenju po zastarelem. Nostalgični smo; radi bi se premaknili naprej.[9]

»Cilj te posebne številke *Artforuma* je, da bi se premaknili naprej, ne

---

9 Michelle Kuo, »Art's New Media«, *Artforum*, september 2012, dostopno na spletnem naslovu http://artforum.com/inprint/id=31950 [zadnji dostop marca 2013].

pa tudi pozabili,« doda Kuojeva v uvodu k nizu esejev in recenzij, ki sežejo globoko v zgodovino, hkrati pa razpravljajo tudi o povsem sodobnih dogodkih in spremembah. Toda ta številka *Artforuma* se osredotoča predvsem na tisto, kar je že del kanona, namesto da bi skušala v kanon sodobne umetnosti vključiti še nove reči; in pri tem ne razlikuje med digitalnimi mediji in drugimi »novimi« mediji, kot so video, fotografija, jezik in založništvo, saj predstavlja ustvarjalce, kot so Tacita Dean, Wolfgang Tillmans in Barbara Kruger, za izdelavo naslovnice pa so najeli Lawrencea Weinerja. Povedano drugače, *Artforum* ne pozablja, zares naprej pa se tudi ne premakne.

To postane posebno jasno, ko si pobliže ogledamo esej Claire Bishop z naslovom »Digital Divide« (»Digitalna meja«), enega najpogosteje omenjanih člankov iz te številke (za kar je zaslužno tudi dejstvo, da je besedilo dostopno na spletu). Esej, ki si ga je avtorica zamislila kot »raziskavo potlačenega odnosa sodobne umetnosti do digitalnosti«, je zelo zanimiv, saj razkriva stališče bistre, nepristranske in dobro poučene kritičarke sodobne umetnosti do teme, ki jo bomo raziskovali v nadaljevanju. Bishopova, kritičarka osrednjega toka, svoj esej začne tako, da opozori na neuspeh tega, kar bomo tu imenovali »boemski ples« svetov novomedijske in sodobne umetnosti:

KAJ SE JE ZGODILO Z DIGITALNO UMETNOSTJO? Spomnite se poznih devetdesetih, ko smo dobili prve elektronske poštne predale. Mar ni takrat prevladoval občutek, da se bo digitalizirala tudi vizualna umetnost, ki bo izkoristila nove tehnologije, ki so takrat šele začenjale preoblikovati naša življenja? A ta podvig nekako nikoli ni dobil zagona – kar pa ne pomeni, da se digitalnim medijem ni uspelo infiltrirati v sodobno umetnost. Pretežni del umetnosti dandanes uporablja novo tehnologijo vsaj v eni fazi, če že ne v vseh fazah svoje produkcije, širjenja in potrošnje. Večkanalne videoinstalacije, obdelava slik s programom Photoshop, digitalni odtisi, ustvarjanje datotek po sistemu »izreži in prilepi« [...]: to so splošno razširjene oblike, katerih vseprisotnost sta omogočili dosegljivost in cenovna dostopnost digitalnih fotoaparatov in programske opreme za urejanje.[10]

---

10   Claire Bishop, »Digital Divide: Claire Bishop on Contemporary Art and New Media«, op. cit.

In nato povzame osrednje vprašanje, ki ga želi raziskati v svojem eseju:

Zakaj imam torej občutek, da sta videz in vsebina sodobne umetnosti nenavadno nedovzetna za popolni prevrat, ki ga je v našem delu in prostem času sprožila digitalna revolucija? Številni umetniki uporabljajo digitalno tehnologijo, toda koliko se jih zares loteva tega, kaj pomeni misliti, videti in filtrirati čustva skozi digitalno? Koliko jih obravnava to oziroma poglobljeno razmišlja o tem, kako doživljamo digitalizacijo našega bivanja in kako nas to spreminja? Nenavadno se mi zdi, da lahko na prste ene roke preštejem umetniška dela, za katera se zdi, da se lotevajo te naloge.

V tem odstavku je nekaj zelo zanimivega, namreč pristno zanimanje Claire Bishop za umetnost, ki se ukvarja z družbenimi in kulturnimi posledicami informacijske dobe. V zadnjih dveh desetletjih se je to redkokdaj pričakovalo od *mainstream* umetnostne kritike. Dejstvo, da Bishopova začenja iskati umetnost, ki se »zares loteva tega, kaj pomeni misliti, videti in filtrirati čustva skozi digitalno«, dokazuje, da se nekaj končno spreminja. Hkrati pa dejstvo, da sama še ni prišla v stik z nobenim primerkom takšne umetnosti, razkriva, da prizadevanja za njeno prepoznavnost vendarle niso tako uspešna, kot menijo njeni privrženci. V komentarjih k eseju Bishopovo pogosto obsojajo, da je slabo poučena, da ne pozna tega ali onega. A po mojem to pomanjkanje informacij zgolj dokazuje, da imamo tisti, ki verjamemo, da umetnost, ki jo išče Bishopova, že obstaja, še veliko dela, preden bomo pokazali, da obstaja in da nam lahko marsikaj pove.

To postane posebno jasno v odlomku, v katerem Bishopova pravi:

Pravzaprav se zdi, da je prevladujočim težnjam v sodobni umetnosti od devetdesetih let naprej skupno predvsem očitno izogibanje digitalnosti in virtualnosti. Performans, družbena praksa, kiparstvo, ki temelji na sestavljanju (assemblage), slikanje na platno, »arhivarski vzgib«, analogni film in prevzetost nad modernističnim oblikovanjem in arhitekturo – na prvi pogled se zdi, da nobeden od teh formatov

9

nima nič skupnega z digitalnimi mediji, in ko se o njih razpravlja, se to običajno počne v zvezi s starejšimi umetniškimi praksami dvajsetega stoletja. A ko si te dominantne oblike sodobne umetnosti ogledamo podrobneje, se izkaže, da so logika njihovega delovanja in sistemi gledalstva tesno povezani s tehnološko revolucijo, ki jo doživljamo. [...] Menim torej, da je digitalnost na neki temeljni ravni odločilna okoliščina – celo strukturni paradoks –, ki determinira umetniške odločitve za delo z določenimi formati in mediji. [...] Beseda, ki bi jo morda lahko uporabili za opis te dinamike – zavzetost, ki je navzoča, a ne priznana, nenehno dejavna, a na videz pozabljena – je zanikanje: *Saj vem, a vendarle ...* [...] Trdim torej, da *mainstream* sodobna umetnost zanika digitalno revolucijo in je hkrati od nje odvisna, in to tudi – oziroma zlasti – takrat, ko ta umetnost noče odprto spregovoriti o življenjskih razmerah v novih medijih in prek njih. A zakaj se sodobna umetnost tako upira opisovanju našega doživljanja digitaliziranega življenja?

Težko bi našli prodornejšo oceno odnosa med sodobno umetnostjo in digitalno revolucijo. Treba pa je opozoriti na dvoje. Prvič, reakcionarni odzivi so vedno simptom revolucionarne spremembe. Ravno tako kot je bil izčrpani akademizem odziv na industrijsko revolucijo in nove medije, kot je fotografija –»zavzetost, ki je navzoča, a ne priznana, nenehno dejavna, a na videz pozabljena« –, tako je *mainstream* sodobna umetnost odziv na digitalno revolucijo in nove medije, kot je računalnik. Bishopova bi morala biti toliko iskrena, da bi priznala, da je *mainstream* sodobna umetnost sodobna oblika izčrpanega akademizma. Drugič, obstajajo tudi progresivni odzivi na te spremembe – le drugje jih je treba iskati, ravno tako kot se je bilo v devetnajstem stoletju treba ozreti onstran pariškega Salona v Salon neodvisnih ustvarjalcev ali pa v fotografske ateljeje. Včasih se ti odzivi razvijejo in se uprejo »najbolj razširjenim težnjam v sodobni umetnosti«, o katerih razpravlja Bishopova. Zanimanje za zastarele medije je tudi pomembna težnja »digitalno ozaveščene umetnosti«, kjer to zanimanje postane način, kako raziskovati specifičnost medija, zavrniti retoriko novega, se upreti načrtovanemu zastarevanju in vnovič razmisliti o zgodovini medijev (in zavzeti stališče proti »zgodovinski amneziji«, ki jo opisuje Kuojeva) ter vnovič vzpostaviti nadzor nad strojem.[11] Družbene prakse raziskujejo in izpopolnjujejo spletni performansi, kot je *Toywar* (*Vojna igrač*), in dejavnosti najrazličnejših platform in kolektivov, kot so The Yes Man, Runme.org, F.A.T. Lab in Dump.fm, ter številnih umetnikov posameznikov, ki se ukvarjajo z družbenimi omrežji.

Kar se tiče »arhivarskega vzgiba«, pa je kot nenačrtovan, a pričakovan odziv na besedilo Claire Bishop in kot ponazoritev, kako ta vprašanja zaznamujejo »internetno ozaveščeno« umetnost, mogoče razumeti mojo potujočo razstavo in raziskovalni blog z naslovom *Collect the WWWorld. The Artist as Archivist in the Internet Age* (*Zberi s(vetovni)s(pletni)svet: Umetnik kot arhivar v dobi interneta*).[12]

Čeprav v svojem eseju ne omenja nobene od teh reči, se zdi, da se Bishopova v svojih sklepih približa temu, o čemer govorimo v tej knjigi:

Se za zanikanjem novih medijev v vizualni umetnosti skriva občutek strahu? Edinstvenost umetniškega predmeta, ki se sooča z neskončno množico digitalnih datotek, je treba vnovič potrditi kljub neomejenemu, neobvladljivemu širjenju prek Instagrama, Facebooka, Tumblra in tako naprej. [...] Dvojna zavezanost intelektualni lastnini in telesnosti vizualni umetnosti grozi, da bo v prihodnjih desetletjih ogrozila lastno relevantnost. Bo v naslednjih sto letih vizualna umetnost doživela usodo, ki je doletela gledališče v dobi filma? [...] Če digitalnost pomeni kar koli za vizualno umetnost, je to potreba po razmisleku o tej usmeritvi in po prevpraševanju domnev, ki jih ta umetnost najbolj ceni. V svoji najbolj utopični različici prinaša digitalna revolucija novo, breztelesno stvarnost kolektivne kulture, ki nima več

---

11   Cf. Domenico Quaranta (ured.), *Playlist: Playing Games, Music, Art*, razstavni katalog, LABoral Centro de Arte y Creación Industrial, Gijon, Španija, 18. december 2009–17. maj 2010. Dostopno na spletnem naslovu http://domenicoquaranta.com/_public/pdf/LABoral_Revista_PLAYLIST.pdf [zadnji dostop marca 2013].
12   Cf. Domenico Quaranta (ured.), *Collect the WWWorld. The Artist as Archivist in the Internet Age*, razstavni katalog, Brescia, Spazio Contemporanea, 24. september–15.oktober 2011. LINK Editions, Brescia 2011, dostopno na spletnem naslovu http://editions.linkartcenter.eu/ [zadnji dostop marca 2013].

avtorjev in ki ni primerna za trg; v svoji najhujši različici pa napoveduje bližajočo se zastarelost vizualne umetnosti kot take.

A utopija in zastarelost sta pravzaprav dve plati istega kovanca: zastarevanje vizualne umetnosti, ki se ne zna odzvati na izzive digitalne dobe, gre z roko v roki s porajanjem nove paradigme. To ni utopična prihodnost – to se že dogaja. Toda dogaja se pretežno zunaj sveta *mainstream* umetnosti, natanko tam, kamor Bishopova, kot pravi na začetku svojega eseja, noče pogledati:

> Seveda obstaja pravcata sfera »novomedijske« umetnosti, toda to je specializirano ločeno področje. S svetom *mainstream* umetnosti se prekriva le redko (v komercialnih galerijah, ob Turnerjevi nagradi, v nacionalnih paviljonih v Benetkah). Ta razkol je sicer nedvomno simptomatičen, toda osrednji predmet tega eseja sta svet *mainstream* umetnosti in njegov odziv na digitalnost.

Ta knjiga pa »simptomatičnega razkola« ne potisne ob stran, temveč raziskuje njegov izvor v nedavni preteklosti in skuša razumeti, zakaj se je sploh zgodil; sprašuje se tudi, ali ni morda napočil čas, da ta razkol presežemo, in razmišlja o tem, kako bi bilo to mogoče storiti.

Upam, da boste uživali v branju.

Domenico Quaranta
29. marca 2013

Predgovor

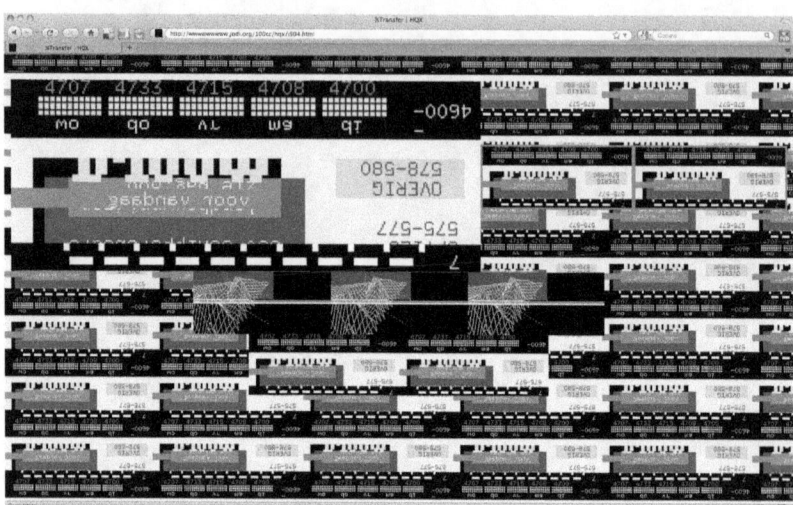

Jodi, http://wwwwwwwww.jodi.org/ (1995). Spletni projekt, posnetek zaslona.

Zakaj sploh potrebujemo nove medije kot ločeno področje, če pa računalnik tako ali tako postaja sestavni del vseh obstoječih oblik umetnosti?

Geert Lovink[13]

Intelektualna kariera Arthurja C. Dantoja se je začela, ko je videl *Škatle Brillo* (*Brillo Boxes*) Andyja Warhola, moja mnogo skromnejša zgodba pa se začenja z nekim drugim, a prav tako vznemirljivim srečanjem – s spletno stranjo *jodi.org*. Vse odtlej v umetniški praksi iščem odzive na izzive in vprašanja, ki jih zastavljajo spremembe, ki oblikujejo naš svet; tega je španski sociolog Manuel Castells v obsežnem delu z istoimenskim naslovom pomenljivo označil kot »informacijsko dobo«.[14] Žal nimam Castellsovega daru za jedrnatost, zato kljub precej dobri predstavi o tem, kar počnem, zardim in začnem jecljati, ko me ljudje prosijo, naj to povzamem v nekaj besedah; naštevati začnem izraze

13   Geert Lovink, »New Media Arts: In Search of the Cool Obscure: Explorations beyond the Official Discourse«, *Diagonal Thoughts*, 2007, dostopno na spletnem naslovu www.diagonal-thoughts.com/?p=204 [zadnji dostop marca 2013].
14   Manuel Castells, *The Information Age*, Blackwell, Cambridge, MA, in Oxford, Velika Britanija, 1996–1998.

s hrbtov številnih knjig, ki so se medtem nabrale na mojih knjižnih policah: novomedijska umetnost, digitalna umetnost, medijska umetnost. A v resnici nobena od teh izrazov ni povsem točen opis tega, kar počnem. Kar me zanima v umetnosti, seže onstran teh opredelitev, tako kot tudi te opredelitve sežejo onstran tistega, kar zanima mene, saj zajemajo tudi okorne elektronske igrače, ki so na ogled v linškem centru Ars Electronica, strahote, ki jih proizvajajo stari slikarji, ki so se lotili šušmarjenja s Photoshopovimi filtri, in virtuozne domislice številnih programerskih obrtnikov. Moji sogovorniki vedo vse to in se zaradi tega – odvisno od tega, za koga gre, a vedno iz napačnih razlogov – razburjajo ali pa me ne jemljejo resno. Zato sem se zadnje čase navadil, da odgovorim preprosto »sodobna umetnost«, in neham jecljati. Konec koncev, če je umetnost odraz svoje dobe, lahko vse, kar sem pravkar povedal, zlahka povzamemo s tema dvema besedama. Sodobna umetnost je vsaj zadnjih petnajst let umetnost informacijske dobe.

A če bi bile reči res tako preproste, te knjige sploh ne bi potrebovali. Izraz »novomedijska umetnost«, ki se zdi neustrezen celo tistim, ki ga uporabljajo, se je izkazal za posebno odporen, ravno tako kot stališče, ki ga uteleša. Navzočnost umetnosti, ki jo ta izraz poimenuje, je v svetu, kjer se proizvaja, razstavlja in komentira sodobna umetnost, zelo omejena. Na razstavah, v muzejskih zbirkah in revijah se pojavlja redko, če pa ji je odmerjeno malo prostora, je to skorajda v rubriki »ostalo«. To je posledica ravno tega izraza in perspektive, ki jo predstavlja – ki jo sodobna umetnostna kritika vidi kot zastarelo in jo zavrača –, in to se dogaja kljub izjemnemu uspehu del, ki bi morala soditi v to kategorijo, a jih, na njihovo srečo, predstavljajo in o njih razpravljajo drugače.

Zato se moramo s to etiketo spoprijeti neposredno in seči v preteklost vse do njenega izvora, da bi razumeli, kaj se skriva za njo, nato pa jo moramo enkrat za vselej pustiti za sabo. Kaj je torej novomedijska umetnost? Kaj ta izraz *v resnici* opisuje? Kaj je povzročilo razkol med tem izrazom in umetniško sceno, ki naj bi jo opisoval? In končno, zakaj je v kritiških razpravah tako slabo zastopana umetniška praksa, za katero se zdi, da izpolnjuje vse pogoje za značilno predstavnico dobe, v kateri digitalni mediji silovito preoblikujejo politično, ekonomsko, socialno in kulturno organiziranost sveta, v katerem živimo?

15

Onkraj novomedijske umetnosti je poskus odgovoriti na vsa ta vprašanja. Cilj tega dela ni izzvati neki izraz in ga nadomestiti z drugim. Prav tako njegov namen ni ukiniti neko kategorijo, temveč skuša pojasniti izvor te kategorije in razkriti njeno trenutno vsebinsko siromašnost. To besedilo skuša identificirati vrsto ustvarjalcev, ki jim je etiketa »novomedijski umetniki« že v breme, to etiketo prečrtati, ustvarjalcem pa odpreti pot v širšo areno, kjer bodo lahko preprosto »umetniki«.

Novomedijska umetnost

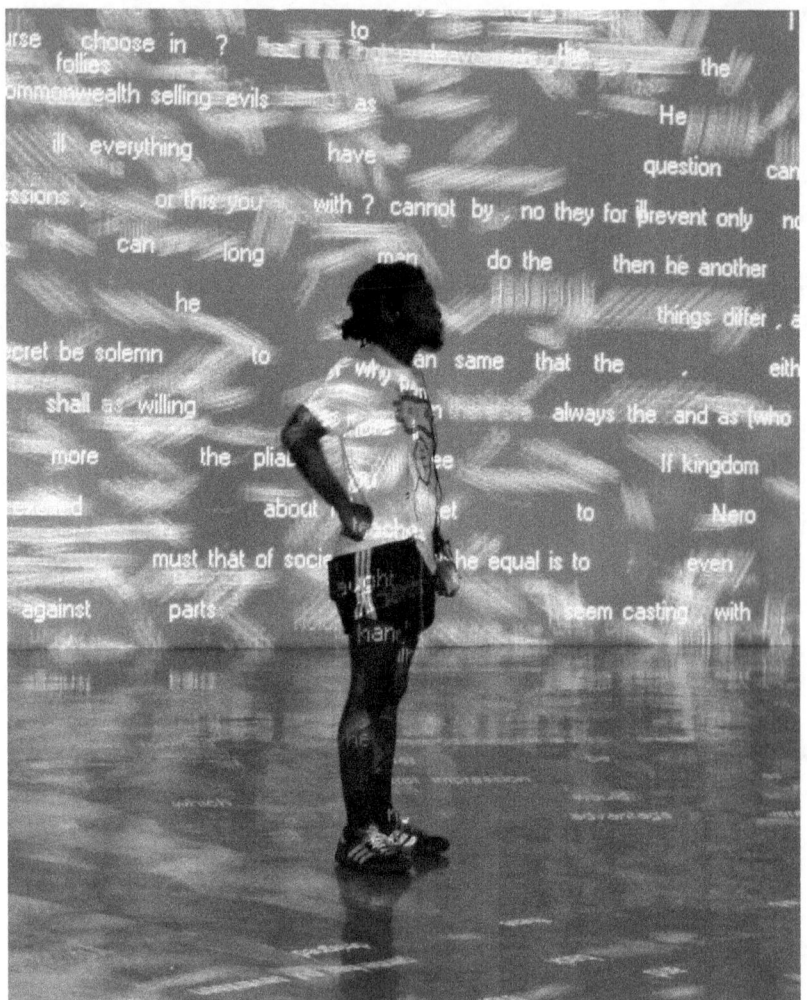

Charles Sandison, *Utopia* (*Utopija*, 2006). Instalacija. Lastnik avtorskih pravic je Charles Sandison, objavljeno z dovoljenjem umetnika.

Dodaj besedo »umetnost«, pa si takoj ustvaril problem.

Geert Lovink[15]

16. oktober 2003. Londonska galerija Tate Modern je kot del serije »Unilever« predstavila *The Weather Project* (*Vremenski projekt*), veličastno najnovejše delo danskega umetnika Olafurja Eliassona. V ogromni Turbinski dvorani, predelani nekdanji elektrarni, je Eliasson postavil na ogled spektakularno okoljsko simulacijo. Z zadnje stene je sijalo sonce, prostor obarvalo rumeno in počasi razkadilo meglo, ki je prekrivala prizorišče. Ko je megla izginila, so se gledalci zavedeli, da je prostor, ki je že tako ali tako velikanski, vrtoglavo podvojen z ogledalom, ki je prekrivalo celoten strop. Ogledalo je ustvarilo tudi vtis sonca, ki ga je v resnici oblikoval polkrog monokromatičnih žarnic. Svetlobni ciklus in proizvajanje megle je nadzoroval kompleksen tehnološki sistem, skrit pred pogledi gledalcev.

Od 16. oktobra 2003 do 21. marca 2004 si je to instalacijo ogledalo več kot dva milijona ljudi, kar je Eliassona uvrstilo med najbolj znane še živeče umetnike na svetu. Mnogo ljudi je prišlo več kot enkrat, da so ležeč na tleh Turbinske dvorane občudovali izjemno simulacijo sončnega ciklusa.

Olafur Eliasson rad tesno sodeluje s specialisti širokega razpona disciplin – arhitekti, znanstveniki, oblikovalci, meteorologi in računalniškimi strokovnjaki. Njegov atelje je neke vrste nenehno spreminjajoč se laboratorij in v številnih od svojih projektov uporablja računalnike, da z njimi nadzoruje instalacije, ki jih je mogoče razumeti kot kompleksne zaznavne mehanizme. Eliasson uporablja svetlobo in zaznavne mehanizme ter koplje po zgodovini tehnologije, iščoč instrumente – od panoram do kalejdoskopov – in pojave – kot je lom svetlobe –, s pomočjo katerih ustvarja okoliščine, ki gledalca obdajo, očarajo in zmedejo.

2006. Tri leta po uspehu *The Weather Project* sta ameriška kritika Mark Tribe in Reena Jana za založbo Taschen napisala knjigo z naslovom *New Media Art* (*Novomedijska umetnost*). »Izraz novomedijska umetnost uporabljava kot opis za projekte, ki uporabljajo nastajajoče medijske tehnologije in ki jih zanimajo kulturne, politične in estetske možnosti teh orodij,« sta napisala

---

15   Geert Lovink, »New Media Arts: In Search of the Cool Obscure: Explorations beyond the Official Discourse«, op. cit.

v uvodu.[16] Zdi se, da se ta definicija idealno prilega *Vremenskemu projektu*. Toda v knjigi nista omenjena ne delo ne umetnik – in težko je verjeti, da bi ju avtorja spregledala. Prav tako težko je verjeti, da sta zgolj spregledala znane ustvarjalce, kot so Mariko Mori, Carsten Höller, Carsten Nicolai in Pierre Huyghe, ki pogosto uporabljajo »nastajajoče tehnologije« in se osredotočajo na njihovo »kulturno, politično in estetsko« funkcijo. Četudi ti ustvarjalci morda ne sodijo med najljubše umetnike avtorjev *Novomedijske umetnosti*, bi jih Tribe in Jana gotovo lahko vključila v svoje delo iz strateških razlogov – tudi zato, ker se zdi, da je priljubljenost tako imenovane novomedijske umetnosti obratno sorazmerna s priljubljenostjo, ki jo dosegajo Eliasson in podobni ustvarjalci. Izraza novomedijska umetnost – tako kot tudi njegovih vrstnikov (medijska umetnost, digitalna umetnost) – se pazljivo izogibajo v vseh pomembnejših pripovedih o nedavni umetniški ustvarjalnosti. V delu Hala Fosterja, Rosalind Krauss, Yve-Alaina Boisa in Benjamina H. D. Buchloha *Art Since 1900* (*Umetnost po letu 1900*), ki učinkovito povzema razumevanje umetnosti dvajsetega stoletja v ameriški akademski kritiki, ni niti sledu o novomedijski umetnosti.[17] Vse prepogosto pa naletimo tudi na omalovažujoče izjave, kot je tista, ki jo je leta 2008 zapisal novinar nemškega časnika *Frankfurter Allgemeine*: »Medijska umetnost je bila le epizoda. Kakovostne umetnosti, ki uporablja medije, je veliko. Ni pa nikakršne medijske umetnosti.«[18]

Očitno imamo opravka še z nečim, o čemer nam Tribe in Jana ne povesta ničesar. Z nečim, kar presega uporabo in raziskovanje nastajajočih tehnologij in kar po njunem mnenju deluje kot razpoznavni dejavnik, za druge pa je element diskreditacije.

Da bi lahko ta »nekaj« identificirali, moramo izraz »novomedijska umetnost« vzeti resno in se lotiti literature, ki raziskuje njegove razpoznavne poteze. V poglavjih, ki sledijo, si bomo ogledali štiri osnovna vprašanja, ki jih zastavlja ta izraz. Če je novomedijska umetnost umetnostna kategorija, ali opredeljuje »žanr« ali »gibanje«? Kako je izraz zamejen časovno oziroma

---

16   Mark Tribe in Reena Jana, *New Media Art*, Taschen, Köln 2006, str. 6.
17   Hal Foster, Rosalind Krauss, Yve-Alain Bois in Benjamin H. D. Buchloh, *Art since 1900: Modernism, Antimodernism, Postmodernism*, Thames & Hudson, London 2004.
18   Stefan Heidenreich, »Es gibt gar keine Medienkunst!«, *Frankfurter Allgemeine Sonntagszeitung*, 27. januar 2008.

zgodovinsko? Kaj pomeni izraz »novi mediji«? In končno, na kaj sploh merimo z izrazom »medij«?

Čeprav so ta štiri vprašanja tesno povezana, jih bomo zaradi večje jasnosti skušali obravnavati ločeno. Še preden se lotimo tega, pa moramo pojasniti še uvodno vprašanje, ki bi sicer oviralo naša prizadevanja – in to je vprašanje terminologije.

Terminološko vprašanje

Izraz »novomedijska umetnost« je produkt silovitega, malodane darvinističnega procesa naravnega izbora. Ta sicer ni preprečil ne preživetja vrste rivalskih izrazov, kot sta digitalna in medijska umetnost, ne zlorabe izraza novomedijska umetnost med njegovimi uporabniki. Zapleteno ozadje izraza novomedijska umetnost kaže tako negotovo opredelitev področja, na katero se nanaša, kakor tudi šibkost njegovih afirmativnih strategij. A za zdaj naj zadošča le opozorilo, da v tej knjigi sicer uporabljamo različna poimenovanja, vedno pa govorimo o isti stvari. Terminološka zmeda je dejansko privedla do stanja, v katerem se različni izrazi pogosto uporabljajo kot sinonimi, in to celo v enem samem besedilu.

A vendar ne gre *vedno* za isto stvar. Izraz digitalna umetnost, na primer, zoži področje na digitalne medije, medtem ko ga poimenovanje medijska umetnost, ki je posebno priljubljeno v nemški akademski literaturi, razširi na vse medije in torej zajame tisk, radio, faks, telefon, satelitske komunikacije, video in televizijo, svetlobo, elektriko, film, fotografijo *in tudi* računalnike, programsko opremo, svetovni splet in videoigre. Kot poudarja spletna enciklopedija *Medien Kunst Netz* (*Mreža medijske umetnosti*), ki so jo ustanovili leta 2004 in ki jo urejata nemška raziskovalca Rudolf Frieling in Dieter Daniels, izraz medijska umetnost vzpostavlja tradicijo, ki sega od Mana Raya prek Nam June Paika do sodobne uporabe računalnikov in svetovnega spleta, medtem ko digitalna umetnost v najširšem pomenu pokriva kvečjemu obdobje, ki se začenja v poznih šestdesetih letih, torej s prvimi eksperimenti, ki so za ustvarjanje umetnosti uporabili računalnike. In končno izraz digitalna umetnost usmeri pozornost tudi pretirano »nizko«, namreč k vsem vrstam ustvarjalne uporabe digitalnih medijev – od digitalnih ilustracij in konceptualnega oblikovanja do virtuozne obdelave slik s pomočjo programa Photoshop in tridimenzionalnega modeliranja – na profesionalni ali ljubiteljski ravni. Če verjamemo Googlu, ima digitalna umetnost več skupnega z *deviantArt* (spletna skupnost ustvarjalcev, ki bi radi bili umetniki) kot pa z dejansko umetnostjo. Medijsko in novomedijsko umetnost pa pred takšnimi nizkotnimi povezavami ščiti njuno »visoko« poreklo.

Na podobne težave naletimo v zvezi z drugimi, zdaj že zastarelimi izrazi, ki so prihajali v ospredje v različnih obdobjih od šestdeset do devetdesetih let dvajsetega stoletja: elektronska (Electronic Art), računalniška (Computer Art), multimedijska (Multimedia Art), interaktivna (Interactive Art), virtualna (Virtual Art), kibernetska umetnost (Cyberart) in tako naprej. Elektronska umetnost, denimo, se je pojavila v šestdesetih letih v kontekstu videa in se v naslednjih desetletjih uveljavila kot poimenovanje za vse, kar je povezano z elektroniko, kar razberemo iz imen dogodkov, ki so jih zasnovali v tem obdobju – od festivala Ars Electronica (ki že od leta 1979 vsako leto poteka v avstrijskem mestu Linz) prek potujočega festivala ISEA (International Symposium for Electronic Art/Mednarodni simpozij elektronske umetnosti, ki so ga zasnovali leta 1988) do Nizozemskega festivala elektronske umetnosti (Dutch Electronic Art Festival/DEAF, ki so ga ustanovili leta 1994 v Rotterdamu). Drugi omenjeni izrazi so običajno poudarjali najnovejšo pridobitev ali izpopolnitev digitalnih medijev v nekem obdobju, v obtoku pa so ponavadi ostali le do trenutka, ko je zanimanje oglaševalcev za to novost usahnilo.

Žanr ali gibanje?

Vsi omenjeni izrazi – tako kot novomedijska umetnost – poudarjajo bodisi medij, ki se uporablja za ustvarjanje umetnosti, bodisi tisto značilnost, ki naj bi bila odločilna. To bi moralo zadoščati, da novomedijsko umetnost opredelimo kot žanr in ne kot umetnostno gibanje. Ta opredelitev se zdi posebno primerna Christiane Paul, gostujoči kustosinji za novomedijsko umetnost v newyorškem Whitneyjevem muzeju:

Zdi se, da je najnižji skupni imenovalec, ki opredeljuje novomedijsko umetnost, računalniški in da temelji na algoritmih. [...] Novomedijsko umetnost pogosto opisujejo kot procesno naravnano, časovno utemeljeno, dinamično umetnost, ki se odvija v realnem času, ki je participativna, sodelovalna in performativna, modularna, spremenljiva, generativna in prilagodljiva uporabniku.[19]

Tudi definicija, ki jo predlagata Mark Tribe in Reena Jana, namiguje na žanr s točno določeno tehnološko osnovo. Toda Tribe in Jana v nadaljevanju svoje knjige povezujeta izraz novomedijska umetnost s specifičnim obdobjem in specifično skupnostjo. V nekem intervjuju sta še eksplicitnejša:

Prepričan sem, da je bila novomedijska umetnost eno od peščice zgodovinsko pomembnih umetnostnih gibanj poznega dvajsetega stoletja. Takrat se je pojavilo še veliko drugih zgodovinsko pomembnih praks, toda nobena od njih se ni izoblikovala v gibanje. (Tribe) Trdiva torej, da se je v devetdesetih letih – na začetku rasti priljubljenosti interneta kot komunikacijskega medija množičnega trga, kar je pospremila še čedalje večja navzočnost osebnih računalnikov v gospodinjstvih – začelo oblikovati specifično umetnostno gibanje, ki je uporabljalo te medije kot primarna umetniška sredstva za komentiranje učinkov teh medijev na družbo in kulturo. (Jana)[20]

Kronološka zamejitev

Izjava Marka Tribea in Reene Jana poudari tudi dejstvo, da je novomedijsko umetnost zelo težko povezati s točno določenim časovnim obdobjem. Omenjena pisca omejita fenomen na devetdeseta leta dvajsetega stoletja in pri tem priznata le obstoj predhodnikov, ki po njunem mnenju sodijo v kategoriji »umetnost in tehnologija« in »medijska umetnost« (slednja po njunem

---

19   Christiane Paul (ured.), *New Media in the White Cube and Beyond*, University of California Press, Berkeley in Los Angeles 2008, str. 3–4.
20   Domenico Quaranta, »The Last Avant-garde: Interview with Mark Tribe & Reena Jana«, *Nettime*, 30. oktober 2006.

zajema medije – radio, video, televizijo in tako naprej –, ki v devetdesetih letih niso bili več novost). Perspektiva izraza digitalna umetnost nas popelje v preteklost, vsaj do šestdesetih let in do prvih eksperimentov računalniške in kibernetske umetnosti, ki so bili na ogled med zgodovinsko razstavo na londonskem Inštitutu za sodobno umetnost (ICA) z naslovom *Cybernetic Serendipity* (*Kibernetsko srečno naključje*, 1968). Fraze, kot sta »umetnost in tehnologija« in »elektronska umetnost«, nas popeljejo še dlje v preteklost, vse do obdobja avantgardnih gibanj.

To je perspektiva, ki jo med drugimi privzame Edward A. Shanken v svojem delu *Art and Electronic Media* (*Umetnost in elektronski mediji*, 2009),[21] ki dovršeno ponazarja protislovja, o katerih razpravljamo. Shankenov izbor ustvarjalcev vključuje avantgardne umetnike, kot sta László Moholy-Nagy in Naum Gabo, uspešne sodobne umetnike, ki občasno uporabljajo elektronske medije, kot sta Mario Merz in Bruce Nauman, tiste, ki redno uporabljajo uveljavljene elektronske medije, kot so neonske luči (Dan Flavin) ali video (Bill Viola), in mlajše umetniške zvezdnike, kot so Olafur Eliasson, Mariko Mori in Pierre Huyghe. Shanken se pazljivo izogiba izrazu novomedijska umetnost. Njegova časovnica seže do avantgard, in čeudi o umetnosti in elektronskih medijih ne govori eksplicitno kot o žanru, katero umetnostno gibanje bi bilo lahko tako široko, da bi zajelo, recimo, Maria Merza in Billa Violo? Vsekakor pa je glavni problem, ki ga avtor izpostavlja v zelo kratkem predgovoru h knjigi, problem premajhne prepoznavnosti elektronske umetnosti v *mainstream* umetnostnih diskurzih. A kaj točno je tisto, kar je premalo prepoznavno? Elektronska umetnost? Kulturna perspektiva, na katero ta etiketa namiguje? Ali večina ustvarjalcev, ki jih avtor navaja ob peščici slavnih imen? O čem v resnici razpravlja Shanken? Kaj je onkraj te očitne shizofrenije?

Kaj pomenijo »novi mediji«?

V eseju iz leta 2000 se Steve Dietz, takratni vodja Novomedijskih iniciativ v Walkerjevem umetnostnem centru (Walker Art Center) v Minneapolisu, z ironijo spominja, kako se je v stoletju medijev sleherni medij, ki je bil

21 Edward A. Shanken, *Art and Electronic Media*, Phaidon Press, London in New York 2009.

najprej »nov«, navsezadnje nepreklicno postaral.[22] Nobenega dvoma ni, da retorika novosti prinaša vrsto problemov, med katerimi je na prvem mestu problem samoumevnega sklepanja, da sleherna uporaba novega medija ustvari umetnost, ki je prav tako »nova«, ne da bi se pri tem sploh dotaknili vrednosti njene estetske in kulturne vsebine. Hkrati pa je res, da je sleherni nov medij, ko se pojavi na sceni, po svoje revolucionaren in da napoveduje nove možnosti komuniciranja in izražanja ter pri tem pogosto prisili tradicionalne discipline, da vnovič razmislijo o lastni naravi in funkciji. Michael Rush, na primer, piše: »Zadnja avantgarda dvajsetega stoletja, če ji smemo tako reči, je umetnost, ki se spoprijema z najdolgotrajnejšo revolucijo v stoletju revolucij – s tehnološko revolucijo.« V svojem delu *New Media in Late 20ᵗʰ Century Art* (*Novi mediji v umetnosti poznega dvajsetega stoletja*) Rush obravnava obdobje po drugi svetovni vojni, a privzame stališče, ki zajame celotno tehnološko revolucijo dvajsetega stoletja, od fotografije do virtualne resničnosti. A v tem splošnejšem smislu izraz »novi mediji« ostane precej šibka kategorija, ki je nedvomno povsem uporabna, kar se tiče opisovanja »tehnološke« zgodovine umetnosti dvajsetega stoletja, ne pa tudi, ko je treba opisati neki specifični fenomen. Zato ni nikakršno naključje, da Rush govori o novih medijih umetnosti, ne pa o novomedijski umetnosti.[23]

Proti sredini devetdesetih so frazo »novi mediji« začela uporabljati velika imena založništva, da bi nove oddelke, ki so izdelovali interaktivne plošče CD-ROM in spletne strani, razlikovali od tistih, ki so delovali na bolj tradicionalnih področjih, kot so časopisi, radio in televizija. Takrat je izraz »novi mediji« izgubil svojo splošnost (kateri koli novi medij) in dobil bolj specifičen pomen, tesno povezan z digitalnimi mediji.

Sočasno je ta interpretacija izraza začela krožiti v umetniških krogih in med medijskimi teoretiki. Leta 2001 je Lev Manovich pri založbi MIT Press objavil *The Language of New Media* (*Jezik novih medijev*), knjigo, ki je postala

---

22 Steve Dietz, »Curating New Media«, avgust 2000, *Yproductions*, dostopno na spletnem naslovu www.yproductions.com/writing/archives/curating_new_media.html [zadnji dostop marca 2013].
23 Michael Rush, *New Media in Late 20th Century Art*, Thames & Hudson, London 1999 [2001], str. 8.

temelj študijev digitalnih jezikov.[24] Po Manovichevem mnenju so »novi mediji« postali konceptualna kategorija, ko so računalnike začeli uporabljati ne le za produkcijo, ampak tudi za shranjevanje in distribucijo vsebin. Novi mediji so torej rezultat srečanja dveh tehnologij, ki sta se pojavili v istem obdobju – množičnih medijev in obdelave podatkov. To srečanje je spremenilo tako identiteto medijev kakor tudi identiteto računalnika, ki se je iz preprostega računskega stroja prelevil v »medijski procesor«.[25]

Uspešnost fraze »novi mediji« je šla v korak z vzponom s tem povezane akademske discipline, novomedijskih študijev, in s pojavom prve, začasne antologije v obliki zajetnega zvezka *The New Media Reader* (*Novomedijsko berilo*, 2003).[26] Nadvse poučen v tej knjigi je Manovichev uvod,[27] ki načrtno zavrača sleherno razlikovanje med »novimi mediji« in »novomedijsko umetnostjo« in namesto tega izbere splošnejši pojem »novomedijsko področje«, ki tehnoloških in komercialnih vidikov novih medijev ne ločuje od tistih, ki se tičejo izključno umetnosti. Po Manovichevem mnenju so umetnost in mediji produkt enega samega področja, kjer umetniki in razvijalci delujejo v tesnem stiku. Manovich gre še dlje, saj trdi, da resnični dedič revolucije, ki so jo spodbudila avantgardna gibanja, ni umetnost, temveč so to novi mediji, in da je zgodba sodobne umetnosti v resnici zgodba novih medijev, kajti tam so se uresničile hipoteze, ki so jih postavila avantgardna gibanja – ne v Joyceovih romanih, Brechtovih dramah, Pollockovih slikah ali Rauschenbergovih stvaritvah, ampak v miški, grafičnem vmesniku, na svetovnem spletu in v programu Photoshop.

V kontekstu te knjige pa je najzanimivejša trditev, da sta novomedijska umetnost in kultura novih medijev sestavni del zgodbe novih medijev in da lahko še naprej obstajata (oziroma morata obstajati) kot sektor, ločen od sodobne umetnosti, ker sta resnično drugačni od nje.

---

24   Lev Manovich, *The Language of New Media*, MIT Press, Cambridge, MA, 2001.
25   Ibid., str. 44.
26   Noah Wardrip-Fruin in Nick Montfort (ured.), *The New Media Reader*, MIT Press, Cambridge, MA, in London, Velika Britanija, 2003.
27   Lev Manovich, »New Media from Borges to HTML« [2002], v: Noah Wardrip-Fruin in Nick Montfort (ured.), *The New Media Reader*, op. cit., str. 14.

Kaj pomeni »medij«?

Pojem »novi mediji« še bolj zaplete precejšnja nejasnost koncepta medij v sodobnih razpravah. Omenjena vidika »novih medijev« – splošni in specifični – res zasenčita neko drugo razliko, namreč tisto med medijem kot »umetniškim medijem« oziroma umetniškim sredstvom in medijem kot splošnim sredstvom komunikacije. Izvor prvega pojmovanja je povezan s Clementom Greenbergom in tradicijo umetnostne kritike. Drugega povezujejo z Marshallom McLuhanom in tradicijo medijskih študijev. To sta radikalno različni koncepciji, a vendar ju umetnostna kritika redno zamenjuje z izrazi, kot so »medijska umetnost« (Media Art), »novomedijska umetnost« (New Media Art), »mediju lastno« (media specific) in »postmedijska doba« (post media era).

V šestdesetih letih je Clement Greenberg izoblikoval odmevno definicijo modernizma kot nezadržnega pritiska sleherne umetniške forme proti svoji »specifični« naravi, proti svojim edinstvenim osnovnim potezam, ki se jih ne da še bolj poenostaviti. Po njegovem mnenju to »ustreza vsemu, kar je enkratno za naravo njenega medija«. Sleherno umetniško obliko je treba predstaviti čisto, ta »čistost« pa nato postane »merilo njene kvalitete, s tem pa tudi njene neodvisnosti«. V slikarstvu, denimo, to pomeni osredotočenje na temeljne značilnosti slikarskega medija: njegovo ploskost, obliko platna in posebnosti pigmenta.[28] Postgreenbergovska kritika je pogosto privzela to opredelitev in njeno redukcionistično stališče radikalizirala še bolj, kot je nameraval Greenberg. Kot opozarja Rosalind Krauss, je »od šestdesetih let sleherna omemba besede ›medij‹ pomenila sklicevanje na ›Greenberga‹«.[29] A tudi ko se v tem besedilu skuša oddaljiti od redukcionističnega stališča te koncepcije (medij kot zgolj snovna opora),[30] da bi raziskala zapletena razmerja,

---

28   Clement Greenberg, »Modernistično slikarstvo«, prev. Marjana Juvanc, *Likovne besede*, julij 1988, št. 6/7, str. 14–21.
29   Rosalind Krauss, *A Voyage in the North Sea: Art in the Age of the Post-Medium Condition*, Thames & Hudson, London 1999, str. 6.
30   V nedavno objavljenem delu *Under Blue Cup* (2011) se Kraussova dejansko loti preučevanja nekaterih primerov teorije medijev – zlasti Marshalla McLuhana in Friedricha Kittlerja – s posledicami, o katerih bomo razpravljali v petem poglavju. Pomenljivo je, da Kraussova v uvodu v ta del svojega besedila zapiše: »*Medij in mediji* so tisto, čemur bi Francozi rekli ›lažnivi prijatelji‹ – navidezni francoski dvojniki angleških besed, ki pa nikakor nimajo istega pomena«. V: Rosalind Krauss, *Under Blue Cup*, MIT Press, *Cambridge* in London 2011, str. 33.

ki se vzpostavijo med delom in medijem, in niz konvencij, ki determinira »specifičnost medija« nekega dela, Kraussova ostaja povsem znotraj okvirov Greenbergove interpretacije medija kot »umetniškega medija«.

Z drugega zornega kota je medij v istem obdobju opredelil kanadski sociolog Marshall McLuhan, ki pravi, da je medij »sleherni podaljšek ljudi«, čeprav sam pojem povezuje predvsem z elektronskimi sredstvi komuniciranja, ki so prišla v ospredje v preteklih desetletjih, zlasti z radiem in televizijo, in svet spremenila v neke vrste »globalno vas«. Vpliv teh medijev je bil vse od začetka ogromen, kot je razvidno iz razlage, ki jo McLuhan ponuja s svojo slavno maksimo »medij je sporočilo«: »›sporočilo‹ slehernega medija oziroma tehnologije je sprememba obsega, tempa ali vzorca, ki jo vnaša v človeške zadeve«.[31]

Jasno je, da zamenjavanje teh dveh pojmov vodi v nepotrebno in nesprejemljivo poenostavljanje. Obsojanje umetnosti, ki uporablja nove tehnologije, da je formalistična, je en primer tega; Greenbergovega formalizma ni mogoče pripisati ne navdušenemu raziskovanju možnosti nekega medija, ne kritičnemu preizkušanju njegovih meja, ne preučevanju njegovih družbenih in kulturnih posledic. Ko Nam June Paik popači televizijski signal ali ko Jodi premešata kodo neke spletne strani, to ne pomeni, da zgolj obdelujejo inherentne značilnosti medija (pretok elektronov v katodni cevi oziroma HTML), temveč posegajo v neko sredstvo komunikacije, da bi osvetlili njegove konvencije in možnosti ter da bi raziskali »spremembo obsega, tempa ali vzorca, ki jo vnaša v človeške zadeve«.

To je v nebo vpijoča zmota, a je vendarle zapeljala prav vse.

Medijsko utemeljena opredelitev?

Na koncu te kratke raziskave vidimo, da še vedno nismo natančno določili pomena izraza novomedijska umetnost. Kot kaže, kritiki niso dosegli nikakršnega soglasja glede kronoloških, filozofskih ali praktičnih meja tega fenomena; nekateri se osredotočajo na zadnje desetletje, drugi sežejo vse do

31 Marshall McLuhan, *Understanding Media: The Extensions of Man*, 1964.

avantgardnih gibanj; nekateri pojem omejujejo na vizualne umetnosti, drugi z njim zajamejo vse umetniške oblike in celo zgodovino tehnologij kot takih. Razpravlja se celo o naravi teh »novih medijev«. V luči trenutnega stanja stvari je novomedijska umetnost videti podobna mitološkemu Feniksu: »vsi vedo, da obstaja, nihče pa ne ve, kje je«. Izraz obsega nejasno množico pomenov, ki vsako razpravo o njegovi pravi naravi spremenijo v komično parodijo.

Edino dejstvo, o katerem so mnenja precej enoglasna, je naša izhodiščna trditev: novomedijska umetnost je opredeljena v odnosu do medijev, ki jih uporablja, in prizadeva si izbezati družbene, politične in kulturne implikacije teh medijev. Iz tega bi zlahka sklepali, da koncepcija novomedijske umetnosti temelji na že omenjenem vprašanju formalizma. In res je tudi to nekaj, glede česar se, kot kaže, strinjajo tako njeni nasprotniki kakor tudi zagovorniki. Nasprotnikom se zdi povsem očitno, da smo v šestdesetih letih vstopili v postmedijsko fazo, v kateri se umetnost ne osredotoča več na specifične lastnosti nekega medija, temveč je privzela odprt, nomadski pristop. Zato sodobni umetnostni kritiki menijo, da je trditev, da se novomedijska umetnost osredotoča na neki medij, absurdna, naivna in zastarela. S pojmom postmedijskost se bomo ukvarjali kasneje. Za zdaj naj nam zadošča sarkastični komentar Francesca Bonamija, ki zadevo povzame precej dobro: »Tisti, ki govorijo o računalniški umetnosti, nimajo pojma, o čem govorijo, in zamenjujejo medij z vsebino, idejo, rezultatom; orodje imajo torej za umetniško delo. A umetnost ni kot formula 1, kjer je avto pomembnejši od voznika.«[32]

Ta pristop je vplival tudi na usodo izraza »videoumetnost« (Video Art). Pomenljivo je, da ta izraz zdaj zavračajo celo tisti, ki so v preteklosti prispevali k njegovi uveljavitvi. Leta 1971 je bil David Ross prvi kustos, ki ga je neki muzej (in sicer muzej umetnosti Everson v mestu Syracuse v ameriški zvezni državi New York) najel kot »kustosa za videoumetnost«. Štiriintrideset let kasneje Ross piše:

Povedano preprosto, videoumetnost kot umetnostnozgodovinska kategorija pravzaprav ne obstaja. To je provizorična, preprosto

32   Francesco Bonami, *Lo potevo fare anch'io: Perché l'arte contemporanea è davvero arte*, Mondadori, Milano 2007, str. 24.

pripravna kategorija [...]. Če problem formuliram drugače, video ni ne gibanje ne etiketa za neko skupno estetiko – je preprosto niz orodij, s katerimi je mogoče ustvariti izjemna umetniška dela.[33]

Po drugi strani pa je med zagovorniki novomedijske umetnosti utrjeno prepričanje, da nove tehnologije že nekaj časa pomembno zaznamujejo umetniško prakso in da je dolžnost umetnosti raziskovati ta potencial.

V besedilu o festivalu Ars Electronica v Linzu iz leta 2003 Lev Manovich znova prodorno povzame stanje stvari. Avtor pojasni, da je sodobna umetnost od šestdesetih let predvsem konceptualna dejavnost in da se tipični umetnik, ki se je izšolal v zadnjih dveh desetletjih, ne ukvarja več s slikarstvom, fotografijo ali videom, temveč s »projekti«. In doda:

> Ko program Ars Electronice zastavi vprašanje, ›Kako se z delom umetnikov, ki uporabljajo nove instrumente, kot so algoritmi in dinamični sistemi, spreminja proces umetniške ustvarjalnosti?‹ (program festivala, str. 9), že domneve, na katere se opira to vprašanje, to postavljajo iz paradigme sodobne umetnosti.[34]

Brez konteksta ta izjava morda deluje kot mnenje, ki se ujema z Bonamijevim stališčem, in pravzaprav tudi se, čeprav z diametralno nasprotnega stališča. Oba avtorja pravita, da novomedijska umetnost nima nič skupnega s sodobno umetnostjo. Toda po Manovichevem mnenju je to nekaj pozitivnega in to bi bilo treba priznati s popolno opustitvijo izraza umetnost.

A če bi bila novomedijska umetnost res kategorija, ki temelji le na uporabi nekega medija, bi bilo z njo enostavno opraviti, kot je ugotovil Ross v zvezi s frazo videoumetnost. In tudi njena strnjenost bi bila zagotovljena; v obdobju, ko je bila videoumetnost deležna soglasja, ki ga je kasneje izgubila, se je vse še vedno vrtelo okoli videa.

Toda kot smo videli, obstaja veliko del, ki uporabljajo nove medije,

---

33 David A. Ross, »The History Remains Provisional«, v: Ida Gianelli in Marcella Beccaria (ured.), *Video Art: The Castello di Rivoli Collection*, Skira, Milano 2005, str. 4.
34 Lev Manovich, »Don't Call it Art: Ars Electronica 2003«, *Nettime*, september 2003.

a jih nikomur ne bi padlo na pamet imenovati novomedijska umetnost. Kljub precejšnjim prizadevanjem kritikov in umetnikov, da bi se otresli te perspektive, se ta še vedno ohranja – zakaj je tako? Odgovor je implicitno navzoč v številnih ugovorih ideji, da umetnostna kategorija lahko temelji na uporabi medija. Angleški ustvarjalec Charles Sandison meni,[35] da izraz, kot je medijska umetnost:

> lahko pripelje do nastanka umetniškega geta, v katerem so zbrani umetniki, ki jih druži le dejstvo, da so deležni enakih kritik. Njihova izoliranost se še okrepi, ko so prisiljeni oblikovati univerzalno obrambo. Zaradi dejstva, da njihova obramba temelji na zmotnem razumevanju medija, ki se šele uveljavlja, se krog neizogibno sklene, kar povzroči še več nezaupanja in zavračanja.

V nekem pogovoru je ameriški umetnik Brody Condon izjavil:

> Vsakokrat ko te umetnike opišeš z materialom, ki ga uporabljajo, jim škodiš, namesto da bi jim bil v pomoč [...]. Za ideje gre, ne za material. Briga me za nove medije![36]

Osebnosti, kot sta Steve Dietz in Andreas Broeckmann, ki sta si ime ustvarila kot kustosa za novomedijsko umetnost, se od termina in pristopa, ki ga implicira, občasno distancirajo. Dietz, ki je za razstavo, ki sta jo z angleško kustosinjo Sarah Cook pripravila leta 2005, skoval frazo »umetnost, nekoč znana kot novomedijska umetnost«, ob različnih priložnostih ponavlja, da je »tehnologija sicer lahko koristna, toda če gre le za izrabo te koristnosti, verjetno ni zelo zanimiva«; hkrati pa se nikoli ni nehal čuditi, zakaj so številni »novomedijski umetniki« s povsem uglednim ozadjem v svetu umetnosti

---

35 Cf. »charles sandison on charles sandison!«, *Designboom*, 2002, dostopno na spletnem naslovu www.designboom.com/portrait/sandison.html [zadnji dostop marca 2013].
36 Brody Condon, osebna komunikacija, 2008. V: Domenico Quaranta in Yves Bernard (ured.), *Holy Fire: Art of the Digital Age*, razstavni katalog (iMAL, Bruselj, april 2008), FPEditions, Brescia 2008, str. 91.

deležni tako malo pozornosti.[37] Broeckmann je v katalogu razstave, ki jo je kot kustos pripravil v muzeju Stedelijk v Amsterdamu leta 2008, temeljno predpostavko poimenovanja novomedijska umetnost označil za »hudo zmoto« in dodal: »Stigma ›umetnosti z vtikačem‹ je v celoti uničila kar nekaj umetniških karier. (Spet druge pa so zacvetele ravno zaradi ekskluzivnosti, ki ti jo je ta stigma prinesla v določenih krogih.)«[38] In navsezadnje je tudi kritičarka Régine Debatty dejala, da se »etiketa ›novi mediji‹ [...] žanru prilagodi kot prisilni jopič in ga pošlje v geto brez trohice sočutja. Pozabite novo, izpustite medije, uživajte umetnost.«[39]

Vsa ta stališča izpodbijajo ne le prepričanje, da je mogoče najti zadovoljivo opredelitev, temveč tudi obstoj družbeno-kulturnega konteksta, ki bi ga bilo mogoče povezovati z njo, a se čedalje več ustvarjalcem zdi utesnjujoč in si zato želijo iz njega pobegniti. Da je obstoj tega »konteksta« pravi gordijski vozel, kar se tiče razumevanja, kaj se skriva za izrazom novomedijska umetnost, postane jasno ob definiciji, ki jo ponujata Beryl Graham in Sarah Cook v nedavno objavljenem delu *Rethinking Curating* (*Vnovičen razmislek o kuratorstvu*, 2010). Seveda sta obe avtorici kritični do tega pojma, a kljub temu se jima zdi, da sodi v razprave o kuratorskih praksah, če se pozornost preusmeri z »medijev« na »vedenjske vzorce«. V skladu s tem novomedijsko umetnost opredelita kot:

umetnost, ki nastaja z uporabo tehnologije elektronskih medijev in ki kaže en vedenjski vzorec, dva ali vse tri – interaktivnost, povezljivost in izračunljivost – v kakršni koli kombinaciji.

Toda kratki seznam pridržkov, ki sledi tej definiciji, je precej pomenljiv, saj se avtoricama zdi nujno, da izključita »umetniška dela, ki morda res tematsko obravnavajo znanost in tehnologijo, pač pa tehnologije elektronskih medijev ne

37 Steve Dietz, »›Just Art‹: Contemporary Art After the Art Formerly Known As New Media«, 27. oktober 2006, dostopno na spletnem naslovu www.yproductions.com/writing/archives/just_art_contemporary_art_afte.html [zadnji dostop marca 2013].
38 V: AAVV, *Deep Screen: Art in Digital Culture*, razstavni katalog (Muzej Stedelijk, Amsterdam, 30. maj–30. september 2008), str. 154–155.
39 Régine Debatty, osebna komunikacija, v: Domenico Quaranta in Yves Bernard (ured.), *Holy Fire: Art of the Digital Age*, op. cit., str. 94.

uporabljajo za produkcijo in distribucijo«, in *vice versa*, da vključita »umetniška dela, ki kažejo te vedenjske vzorce, čeprav morda sodijo na širše področje sodobne umetnosti ali kar v življenje v tehnoloških časih«.[40]

Ta nenavadna razlikovanja ne zvenijo pristno, ker se – v luči predhodne definicije – zdijo povsem odveč. A so vendar vključena. Zakaj je tako? Zdi se, da se Grahamova in Cookova skušata spopasti z neko splošno predstavo, ki v kategorijo novomedijske umetnosti vključuje določena dela, druga pa izključuje, in ki temelji na merilih, ki niso povezana z uporabljenimi jeziki in izraženimi vedenjskimi vzorci. To so merila, ki bi jih, glede na vse, kar smo povedali doslej, lahko povezali z idejo »pripadnosti«.

A pripadnosti čemu, točno? Z izrazi, kot sta »niša« ali »geto«, se pogosto opleta, toda v svetu sodobne umetnosti niša gotovo pomeni minimalno število skupnih idej in skupna produkcijska in distribucijska sredstva. V nasprotju s tem pa se zdi, da je novomedijska umetnost sposobna obstajati in se ohranjati povsem zunaj sveta umetnosti in da celo povsem dobro shaja brez tega sveta.

Novomedijska umetnost: Svet zase

Vse to in vse, česar nam doslej še ni uspelo pojasniti, je mogoče urediti s preprostim teoremom: izraz novomedijska umetnost poimenuje »svet umetnosti«, ki je povsem neodvisen tako od sveta sodobne umetnosti kakor tudi od vseh drugih »svetov umetnosti«. Če naj bo opredelitev novomedijske umetnosti razumljiva, ne sme temeljiti na tehnologiji, temveč na sociologiji.

Povedano drugače, fraza novomedijska umetnost – tako kot izrazi, ki so se pojavili pred njo, in tisti, ki ji bodo prej ali slej sledili – ne pomeni umetnosti, ki uporablja digitalno tehnologijo kot umetniški medij; to ni umetnostni žanr ali estetska kategorija; to ni poimenovanje gibanja ali avantgarde. Izraz novomedijska umetnost v resnici opisuje umetnost, ki nastaja, o kateri se razpravlja, ki jo kritizirajo in si jo ogledujejo v specifičnem »svetu umetnosti«, ki ga bomo imenovali »svet novomedijske umetnosti«.

Ideja, da se nam za opredelitev novomedijske umetnosti ni treba sklicevati

---

40   Beryl Graham in Sarah Cook, *Rethinking Curating: Art after New Media*, MIT Press, Cambridge, MA, in London, Velika Britanija, 2010, str. 10.

na gibanje ali uporabo medija, temveč na »kontekst«, ni nova. Pravzaprav se zdi, da je implicitno navzoča v skoraj vseh kritiških diskurzih o novomedijski umetnosti s prej navedenimi omembami geta, scene oziroma skupnosti novomedijske umetnosti.

Medijski kritik Geert Lovink, na primer, je »krizi novomedijske umetnosti« posvetil celotno poglavje svoje knjige *Zero Comments* (*Nič komentarjev*). Besedilo se začne z nizom vznemirljivih vprašanj:

Zakaj novomedijsko umetnost dojemamo kot nejasno in avtoreferenčno subkulturo, ki izginja? Zakaj je umetnikom, ki eksperimentirajo z najnovejšimi tehnologijami, tako težko biti del pop kulture ali »sodobne umetnosti«? [...] Novomedijska umetnost se je umestila v prostor med komercialnim oblikovanjem vzorčnih primerkov in muzejskimi strategijami, in namesto da bi jo zdrobilo, je zgrmela v prepad nerazumevanja.[41]

Po nekaj straneh Lovink pojasni, da je »novomedijsko umetnost najbolje opisati kot prehodno, hibridno umetniško formo, kot multidisciplinarni ›oblak‹ mikropraks«. V nekem drugem odlomku jo opiše kot skupnost, ki ne producira umetnosti, temveč preizkuša in raziskuje umetniški medij (prihodnosti) v prid (bodočim) generacijam. Navsezadnje pa je zelo zanimivo tudi stališče Jona Ippolita in Joline Blais v delu *At the Edge of Art* (*Ob robu umetnosti*), objavljenem leta 2006.[42] Avtorja trdita, da se je nekaj najpomembnejših »umetniških« sprememb v zadnjih letih zgodilo zunaj sveta umetnosti in da so v to pogosto vpleteni ljudje, ki samih sebe ne vidijo predvsem kot umetnike, temveč bolj kot raziskovalce, znanstvenike, aktiviste. Glede na to, če želimo, da izraz »umetnost« še naprej nekaj pomeni, moramo vnovič razmisliti o tem, kaj sploh pomeni, predvsem pa moramo opustiti duchampovsko koncepcijo umetnosti kot nečesa, kar se dogaja v svetu umetnosti. Blaisova in Ippolito nas spodbujata, naj umetnost iščemo na »napačnih krajih«, torej zunaj

---

41 Geert Lovink, *Zero Comments: Blogging and Critical Internet Culture*, Routledge, New York 2007.
42 Joline Blais in Jon Ippolito, *At the Edge of Art*, Thames & Hudson, London 2006.

sveta umetnosti – na spletu, v laboratorijih, v znanstvenih in tehnoloških raziskovalnih ustanovah. Kar je mogoče najti na teh krajih in kar nas po mnenju Blaisove in Ippolita sili k vnovični opredelitvi umetnosti kot take, se precej ujema s tistim, kar drugi uvrščajo v krovni pojem »novomedijska umetnost«. Lev Manovich govori odkrito o dveh različnih družbeno-kulturnih kontekstih in leta 1997 jima je nadel tudi pomenljivi imeni – Duchampova in Turingova dežela (Marcel Duchamp je seveda oče sodobne umetnosti, Alan Turing pa eden od očetov računalnika).

Svetovi umetnosti

Treba je priznati, da so novi mediji ena redkih umetniških oblik, ki je vzela resno programatično željo po razbijanju zidov bele kocke.[43] To je novomedijska umetnost storila tako sistematično, da se je sama popolnoma umaknila iz umetnostnega sistema.

Geert Lovink[44]

Ali je torej ta geto, to Turingovo deželo, to prizorišče zunaj sveta sodobne umetnosti mogoče razumeti kot samobiten »svet umetnosti«? *Art Worlds* (*Svetovi umetnosti*) je naslov eseja, ki ga je leta 1982 objavil ameriški sociolog Howard S. Becker.[45] Becker izhaja iz predstave, da nobeno umetniško delo, pa naj bo slika, roman, drama ali pesnitev, ni produkt posameznika (umetnika), temveč družbenega sistema, v katerem je ustvarjalec le eden od akterjev. Za obstoj nekega dela je potrebno več kot posameznik z idejo, ki jo tudi uresniči; za produkcijo umetniških del potrebujejo ustvarjalci gradivo, orodje, podporo. In da lahko nekaj obstaja kot »umetniško delo«, morata obstajati nekdo, ki bo to delo cenil, in filozofski sistem, ki bo to umetniško oceno utemeljil. Vsaka od teh dejavnosti terja tudi posebno usposabljanje in zato tudi ustrezen izobraževalni

---

43   Bela kocka (*white cube*) je fraza, ki jo je v seriji treh esejev »Inside the White Cube«, objavljenih leta 1976 v reviji *Artforum*, skoval Brian O'Doherty kot poimenovanje za sodobno galerijo z (običajno) belimi zidovi. (Op. prev.)
44   Geert Lovink, »New Media Arts: In Search of the Cool Obscure. Explorations beyond the Official Discourse«, op. cit.
45   Howard S. Becker, *Art Worlds*, University of California Press, Berkeley, Los Angeles in London 1982.

sistem oziroma, širše, obstajati mora družbena ureditev, ki omogoča obstoj umetnosti. Ta niz akterjev in dejavnosti je tisto, kar je »svet umetnosti«. Becker priznava, da umetniška dela očitno lahko nastanejo celo ob odsotnosti enega dejavnika ali več, a je pri tem treba upoštevati dejstvo, da bo končni izdelek zato drugačen od tistega, kar bi lahko bil, če bi bili na delu vsi omenjeni dejavniki. Povedano drugače, »svet umetnosti« radikalno vpliva na naravo umetniškega dela.

Slehrni »svet umetnosti« zato temelji na natančni delitvi dela, znotraj katere umetniku pripade zelo posebna vloga. To je oseba s posebnim darom, ki umetniku oziroma umetnici omogoči, da ustvari umetniško delo. Toda umetnikovo ustvarjalno dejanje se odvija znotraj sistema sodelovanja, in to ob upoštevanju določenih *standardov*, s katerimi je sistem sposoben shajati, in določenih *konvencij*, ki so skupne tako ustvarjalcem kakor tudi uporabnikom oziroma potrošnikom umetniškega dela. Če teh standardov in konvencij ne upoštevamo, to še ne pomeni, da umetniško delo ni uresničljivo, je pa vse precej teže; umetnik mora poiskati nekonvencionalne distribucijske kanale, pogumne vlagatelje in občinstvo odprtega duha. Konvencije torej omogočajo ustvarjalčevo delo in interakcijo s publiko, čeprav pogosto vsiljujejo hude omejitve.

Če standardov in konvencij nekega sveta umetnosti ne spoštujemo, je posledica izolacija. Odločitev za takšno svobodo lahko povzroči probleme in, vsaj kratkoročno, omeji uspeh. Kot piše Becker:

> Sistemi se spreminjajo in prilagajajo umetnikom, tako kot se umetniki spreminjajo in prilagajajo sistemom. Poleg tega se umetniki lahko odcepijo od sodobnega sistema in ustvarijo novega ali to vsaj poskusijo, lahko pa poskusijo shajati tudi brez omejujočih prednosti distribucije. V svetovih umetnosti pogosto deluje več distribucijskih sistemov hkrati.[46]

To se je zgodilo z videoumetnostjo, ki pogosto ni imela distribucije ali pa je distribucija potekala po alternativnih kanalih, ki so jih včasih *ad hoc*

---

46   Ibid., str. 95.

ustvarili umetniki sami ali kustosi. To velja tudi za sisteme, ki so vpleteni v produkcijo umetniških del, in za sisteme kritike in usposabljanja oziroma izobraževanja. Če obstoječe izobraževalne ustanove ne zagotavljajo ustreznega orodja za razvijanje nekega umetniškega jezika, se ljudje lahko odločijo za samoizobraževanje ali pa ustanovijo nove šole in fakultete. Če produkcijske strukture ne zadoščajo, je mogoče osnovati nove, ali pa se lahko ustvarjalci preselijo z akademij in iz ateljejev v specializirane laboratorije; če mediji, prek katerih poteka kritiško razpravljanje, ne zadoščajo, je mogoče najti alternativne načine.

Če se te strukture produkcije, distribucije, izobraževanja in kritike izoblikujejo in približajo, lahko nastane nov svet umetnosti. Po Beckerjevem mnenju je svet umetnosti omrežje odnosov, ki se skuša razlikovati od ostalih svetov, hkrati pa z njimi vzpostavlja odnose. Še več, včasih:

> svetovi umetnosti izzovejo nekatere od svojih pripadnikov, da ustvarijo novosti, a jih ti svetovi nato ne sprejmejo. Nekaj teh novosti razvije lastne majhne svetove; nekatere obmirujejo in jih večji svet umetnosti sprejme nekaj let ali celo nekaj generacij kasneje; nekatere pa za vedno ostanejo sijajna čudesa, ki zanimajo predvsem starinoslovce.[47]

V tem kratkem odstavku je po mojem mnenju zgoščen celoten problem, od izvora novomedijske umetnosti do sodobnih razprav o njeni navzočnosti v svetu sodobne umetnosti in o tem, ali sploh sodi v ta svet. V šestdesetih in sedemdesetih letih je vznik jezikov, ki so se uprli standardom in konvencijam svojih »svetov umetnosti«, gnal vizualne umetnike, pisce, scenografe, glasbenike, koreografe in režiserje v iskanje svobode, zaradi katere so navsezadnje pristali v niši. Da bi lahko preživeli in razvijali svoje delo, so si ti ustvarjalci izmislili nove sisteme za ustvarjanje, distribucijo in kritiko svojega dela in nove izobraževalne programe. Vse to je omenjeno nišo postopoma spremenilo v neodvisen svet umetnosti, svet novomedijske umetnosti, ki je seveda, neizbežno, vpeljal lastne konvencije in standarde. V naslednjem

---

47   Ibid., str. 36.

poglavju si bomo ogledali nastanek tega novega sveta.

Dvom o linearnosti te zgodbe pa so sredi devetdesetih vzbudili digitalni mediji, ki so bili dotlej tri desetletja omejeni na univerze in raziskovalne ustanove, zdaj pa so razvili sredstva za množično distribucijo, kar je na vseh ravneh vplivalo na umetniško produkcijo in sprožilo nastanek novih umetniških oblik, kot je spletna umetnost. To je načelo razmere, ki so privedle do nastanka sveta novomedijske umetnosti; dandanes je dela, ki veliko uporabljajo digitalne medije, mogoče ustvariti, distribuirati in ceniti tudi v svetu sodobne umetnosti, kot kažejo odmevni primeri Olafurja Eliassona, Mariko Mori in številnih drugih. Poleg tega digitalni medij ne terja več posebnega usposabljanja, popolne predanosti, dostopa do ustreznega orodja in laboratorijev in tako naprej; za produkcijo umetnosti ponavadi povsem zadošča domači računalnik, opremljen z običajno potrošniško programsko opremo. In domači računalnik je le eno od številnih orodij, ki jih najdemo v ateljeju vsakega umetnika.

Posledice tega premika v produkciji in širjenju umetnosti so ogromne, nikakor pa jih še ne razumemo popolnoma. Prav zdaj morda zadošča, če opazimo, da umetnost, ki se ukvarja z digitalnimi mediji, razstavljajo in cenijo tako v svetu novomedijske umetnosti kakor tudi v svetu sodobne umetnosti, ker ta umetnost, kot pravi Becker, ustreza koncepciji umetnosti v obeh omenjenih svetovih in ker se prilagaja distribucijskim sistemom in diskurzom teh svetov. Na tej točki je trčenje neizogibno. Na eni strani imamo svet novomedijske umetnosti z lastno tradicijo, ustanovami, žargonom in lastnim pojmovanjem umetnosti; to pojmovanje postaja preozko, da bi omogočilo dobro razumevanje dogajanja, a je še vedno edino pojmovanje, ki je na voljo. Na drugi strani imamo svet sodobne umetnosti, ki ga zares zanima, kaj se dogaja, a še nima konceptualnega orodja, da bi to razumel, in počasi razvija praktična sredstva, potrebna za soočenje s tem problemom; hkrati pa ta svet ne priznava raziskav, ki potekajo v svetu novomedijske umetnosti. Med obema svetovoma so ustvarjalci s svojimi različnimi pristopi k mediju in idejam, ki se vrtijo okoli njega. Nekateri so zadovoljni s svetom novomedijske umetnosti; drugi niso, hkrati pa se upirajo tudi ekonomskim strukturam sveta sodobne umetnosti. Večina pa hoče biti svobodna pri uporabi tako tradicionalnih kakor tudi novih medijev in zato išče drugačno razumevanje, širšo platformo, daljšo zgodovino, nov ekonomski model. Ti ustvarjalci hočejo, da njihovo delo razumemo kot umetnost in ne kot novomedijsko umetnost. Zato vstopajo v težavni proces migracije proti svetu sodobne umetnosti.

Tretje poglavje raziskuje to »vojno svetov« in elemente, na katere se opira, naslednji dve poglavji pa se posvečata dinamiki omenjene migracije. Da bi jo lahko resno obravnavali kot platformo sodobne umetnosti, se mora novomedijska umetnost znebiti tega poimenovanja, perspektive, ki jo to uteleša, in asociacij, ki jih vzbuja. Prehod iz enega sveta v drugega ne prinese le problemov prevajanja, temveč to umetnost tudi prisili, da se odpove svojim specifičnim lastnostim in svoji zgodovini. Dokler je neodvisna kategorija ali sektor, si novomedijske umetnosti ni mogoče predstavljati v svetu sodobne umetnosti. Kot bomo videli v četrtem poglavju, so bili zaradi nepriznavanja potrebe po prehodu obsojeni na neuspeh vsi poskusi promocije umetnosti, znane kot novomedijska umetnost, v svetu sodobne umetnosti. Potrebna je nova perspektiva, o čemer bomo razpravljali v petem poglavju.

Kratka zgodovina sveta novomedijske umetnosti

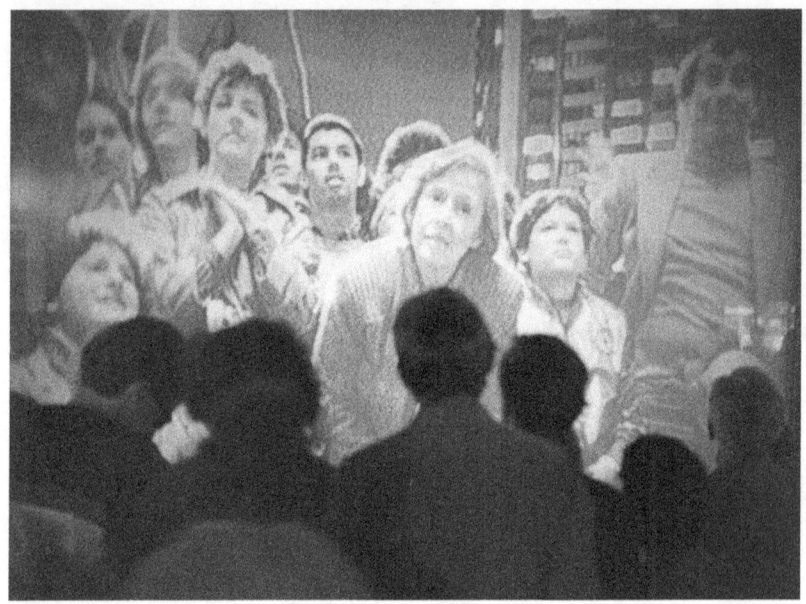

Kit Galloway in Sherrie Rabinowitz, *Hole in Space* (*Luknja v vesolju* [fotografska dokumentacija], 1980). Objavljeno z dovoljenjem umetnikov, fotografija z dovoljenjem Kit Galloway; © 2008 Kit Galloway in Sherrie Rabinowitz.

Namen tega poglavja je očrtati zgodovinsko ozadje hipoteze, ki smo jo predstavili v prejšnjem poglavju, namreč da se je multidisciplinaren, raznolik skupek praks najprej razvil v nišo in se nato vzpostavil kot povsem avtonomen »svet umetnosti«. Da bi to lahko storili, si bomo zgodovino novomedijske umetnosti ogledali s ptičje perspektive; zanemarili bomo estetske in kulturne vidike, da se bomo lahko s pomočjo vrste študij primerov osredotočili na njeno družbeno zgodovino. Ker jo bomo torej predstavili s tem specifičnim namenom, ni treba poudarjati, da te zgodovine ne nameravamo obdelati izčrpno.

Šestdeseta leta

Naša zgodba se začenja med koncem petdesetih in začetkom šestdesetih let, ko so tehnološki napredek na eni strani in dogodki v umetnosti na drugi strani ustvarili okoliščine, v katerih so se spet prepletle umetnost, znanost in tehnologija. Takšno srečanje ni bilo v zgodovini umetnosti nič novega, saj so ga navdušeno sprejela že avantgardna gibanja; László Moholy-Nagy se pogosto omenja kot eden od začetnikov novomedijske umetnosti, zlasti zaradi dela *Licht-Raum-Modulator* (*Svetlobno-prostorski modulator*, 1930), kinetične skulpture, ki proizvaja osupljive svetlobne učinke. In prav historična avantgardna gibanja so zdaj zaznamovala nova umetniška doživetja, ki so si prizadevala preseči tisto, kar je bilo videti kot slepa ulica abstraktnega ekspresionizma: novi dadaizem, novi realizem (*nouveau réalisme*), skupino Gutai, happeninge, Fluxus, kinetično umetnost, programirano umetnost, optično umetnost (op art), pop art in videoumetnost. V umetniška dela je v obliki dejanskih ali reprezentiranih predmetov vstopila realnost; pop kultura, kot so jo podajali mediji, je začela pritegovati pozornost umetnikov; umetnost si je prisvojila vse medije, od človeškega telesa do potrošniških izdelkov, od oglaševanja do televizijskih aparatov in avtomobilov, teoretske novosti, kot sta kibernetika in informacijska teorija, pa so zaznamovale besednjak umetnosti. Tole, na primer, so besede Johna Brockmana o Johnu Cageu:

> Vsak teden je prirejal večerje, na katerih je na skupinah mladih umetnikov, pesnikov in piscev preizkušal tako svoje ideje kakor tudi recepte za gobove jedi. [...] Govorili smo o medijih, komuniciranju, umetnosti, glasbi, filozofiji, o idejah [Marshalla] McLuhana in Norberta Wienerja. McLuhan je opozoril, da smo z izumom električne tehnologije pozunanjili svoj centralni živčni sistem, torej um. Cage je šel še dlje in trdil, da moramo zdaj sklepati, da »obstaja le en um, tisti, ki nam je vsem skupen«. Opozarjal je, da moramo preseči privatno in osebno miselnost ter doumeti, kako radikalno so se stvari spremenile. Um se je socializiral. »Svojega uma ne moremo spremeniti, ne da bi spremenili svet,« je dejal. Um kot umetno okolje, ki ga je ustvaril človek, je postal naše okolje, ki ga je Cage označil kot »kolektivno zavest«, ki bi jo lahko izkoristili, če bi ustvarili »globalno omrežje javnih storitev«.[48]

---

48   V: John Brockman, *Digerati: Encounters with the CyberElite*, HardWired, New York 1996, str. xxiii.

Prvič in edinkrat v zgodovini umetnosti je implicitna perspektiva, navzoča v najsplošnejši interpretaciji pojma novomedijska umetnost, postala množična strategija, skupna celotni avantgardni umetnosti tega obdobja. To stanje je bilo kratkotrajno. Nekaj »novih medijev« in umetniških strategij – od sestavljanke (*assemblage*) do fotografije, performansa in konceptualnih intervencij v mehansko reproducirane podobe – je hitro doživelo institucionalizacijo, radikalnejše tehnofilske ali znanstveno utemeljene oblike izraznosti, kot sta kinetična umetnost in op art, so zamrle, video pa je vstopil v obdobje sijajne izolacije, ki je trajalo do zgodnjih devetdesetih let.

Sočasno je prikazen večne vojne v Združenih državah Amerike dala neverjeten zagon znanstvenemu in tehnološkemu raziskovanju. Leta 1946 je Univerza v Pensilvaniji predstavila prvi digitalni računski stroj, ENIAC (Electronic Numerical Integrator and Computer/elektronski numerični integrator in računalnik); leta 1951 so na trg poslali prvi računalnik, UNIVAC, ki je lahko obdeloval tako številne podatke kakor tudi besedila. To so bili ogromni stroji brez slehernega uporabniškega vmesnika, programe so sprejemali v obliki perforiranih kartic, uporabljali pa so jih lahko le izjemno vešči uporabniki. Tudi dostopnost je bila zelo omejena; razvili so jih za vojaško uporabo, imeli pa so jih večinoma v raziskovalnih centrih in na univerzah. Zlasti v Bellovih laboratorijih v Murray Hillu (New Jersey) so izvajali prve raziskave algoritmične produkcije besedil, glasbe in podob, in tega niso počeli umetniki, temveč inženirji in raziskovalci, ki so te eksperimente razumeli kot bolj ali manj nujne oddaljitve od svojega raziskovalnega dela. Inženir elektronike A. Michael Noll, na primer, se je v Bellovih laboratorijih zaposlil leta 1961 in nato delal tam petnajst let. Poleti 1962 je ustvaril svoje prve primerke »računalniške umetnosti«, abstraktne podobe, ki so jih proizvedli algoritmi in matematične funkcije in ki so bile očiten poklon Pietu Mondrianu in kubizmu. Okoli leta 1963 je mnogo pionirjev začelo raziskovati v tej smeri, vključno z Lillian Schwartz, Herbertom Frankejem, Manfredom Mohrom, Jean-Pierrom Hébertom in Romanom Verostkom. Aprila 1965 je Galerija Howarda Wisea v New Yorku – ustanova, ki je v Ameriko pripeljala tudi Gruppo Zero in kinetično umetnost – pripravila razstavo z naslovom *Computer-Generated Pictures by Béla Julesz and Michael Noll (Računalniško ustvarjene podobe Béle Julesza in Michaela Nolla*). Računalniška umetnost se je pojavila v vrsti skupinskih razstav, vključno z *Cybernetic Serendipity* (*Kibernetsko srečno naključje*, ICA, London 1968), *Tendencijo 4* (*Tendenca 4*, Zagreb 1969) in *Computerkunst* (*Računalniška umetnost*, Hannover 1969).[49] Hkrati so potekale raziskave možne uporabe računalnikov v literaturi in glasbi; na eni strani je bila kombinatorična književnost, ki so jo razvili Alison Knowles v Bellovih laboratorijih in člani evropske skupine OuLiPo (Ouvroir de Littérature Potentielle/Ustvarjalnica za potencialno literaturo), ki sta jo leta 1960 ustanovila Raymond Queneau in François Le Lionnais; na drugi strani je bilo delo skladatelja Jamesa Tenneyka v Bellovih laboratorijih.[50]

Prvi podvigi v računalniški umetnosti so se torej zgodili v zelo omejenem kontekstu, tako v sociološkem kakor tudi tehnološkem smislu. Z estetskega stališča so bili ogromni računalniki iz tega obdobja za umetnike velika omejitev, poleg tega jih je bilo zelo težko uporabljati, zato so v tej niši inženirji po številu močno prekašali prave umetnike. V tej luči je velik del računalniške umetnosti iz šestdesetih let videti estetsko izjemno naiven – po besedah Jima Pomeroya je ta umetnost ustvarila »kričeč geometrični logos, ki se je prebijal skozi vrteče se skelete, nazorne akte, znanstvenofantastične fantazije mladostnikov in neskončne variacije na temo Mone Lize«.[51] A. Michael Noll pa priznava:

> V zgodnjih šestdesetih letih smo si od digitalnega računalnika obetali čudovito novo orodje in medij za umetnost. V zadnjih desetih letih pa se je v računalniški umetnosti zgodilo bore malo. Prišel sem do sklepa, da bi velikemu delu računalniške umetnosti, ki jo ustvarjajo inženirji in znanstveniki, vključno z mojim lastnim delom, koristila tankočutnost umetnika.[52]

A odpraviti računalniško umetnost zgolj kot naivno bi pomenilo pretirano

---

49   Več informacij o začetkih računalniške umetnosti ponuja Wolf Lieser, *The World of Digital Art*, H.f.ullmann, Potsdam 2010.
50   Cf. Douglas Kahn, »Between a Bach and a Bard Place: Productive Constraint in Early Computer Arts«, v: Oliver Grau (ured.), *Media Art Histories*, MIT Press (Leonardo Books), Cambridge, MA, in London, Velika Britanija, 2007, str. 422–451.
51   Ibid., str. 427.
52   Ibid.

poenostaviti stvari. Četudi bi se nam zdelo, da je bil edini dosežek Nolla in prvih računalniških umetnikov to, da so pokazali možnost ustvarjanja umetnosti z računalnikom, je bil njihov prispevek k razvoju tega medija odločilen, kajti računalniška umetnost ni utrla poti le novomedijski umetnosti, temveč računalniški grafiki kot taki, ki se je z leti razširila tudi na področji fotorealističnih videoiger in tridimenzionalne animacije. Že če upoštevamo le to dvojno dediščino, lahko ocenimo obseg prispevka računalniške umetnosti h kulturi dvajsetega stoletja. Uspeh računalniške umetnosti, pa naj bo še tako bežen, razkrije še nekaj drugega, namreč dovzetnost sveta umetnosti v šestdesetih letih za najnaprednejše, negotove robove kulturnega eksperimentiranja, njegovo sprejemanje idej, ki bi kjer koli drugje težko naletele na dobrodošlico.

Najboljša ponazoritev tega je verjetno razstava *Cybernetic Serendipity* (*Kibernetsko srečno naključje*), ki jo je leta 1968 na londonskem Inštitutu za sodobno umetnost (ICA) pripravila kustosinja Jasia Reichardt. Razstava, ki je bila del delovanja skupine Independent Group, je bila rezultat srečanja med Reichardtovo in Maxom Bensejem, nemškim filozofom in osrednjo figuro stuttgartske šole, ki je preučeval razmerja med matematiko, jezikom in umetnostjo in skoval frazo »informacijska estetika«. Brent MacGregor trdi, da je Bense svetoval Reichardtovi, naj se »posveti računalnikom«.[53] Leta 1966 so na javni konferenci napovedali razstavo in začelo se je zbiranje sredstev. V nasprotju s pričakovanji je k uresničitvi zamisli konkretno prispevala le ena zasebna družba, IBM, vse ostale stroške pa je kril britanski Umetnostni svet (Arts Council). *Cybernetic Serendipity* ni bila razstava računalniške umetnosti, temveč multidisciplinarni dogodek, posvečen raziskovanju vpliva informacijske tehnologije in kibernetske teorije na življenje in sodobno ustvarjalnost. Razdeljen je bil na tri dele; prvi je vključeval dela – predvsem podobe, a tudi glasbo, animacijo in besedila –, ki so jih ustvarili računalniki; drugi je vseboval kibernetske robote in »slikarske stroje«; tretji pa je obravnaval družbeno uporabo računalnikov in zgodovino kibernetike. Ob pionirjih računalniške

---

53   Brent MacGregor, »Cybernetic Serendipity Revisited« [2008], n. d., dostopno na spletnem naslovu http://design.osu.edu/carlson/history/PDFs/cyberserendipity.pdf [zadnji dostop marca 2013].

in kibernetske umetnosti, od Charlesa Csurija, Michaela Nolla in Johna Whitneyja do Edwarda Ihnatowicza in tokijske skupine CTG (Computer Technique Group/Skupina za računalniško tehniko), so bila tu navzoča tudi dela drugih ustvarjalcev s podobnimi estetskimi, tematskimi ali formalnimi lastnostmi (Nam June Paik, Jean Tinguely in njegovi stroji, James Seawright, optična slikarka Bridget Riley in avantgardni glasbeniki, kot sta John Cage in Iannis Xenakis). Toda v razstavo so bili vključeni tudi elementi, namenjeni pojasnjevanju, in celo računalnik, ki ga je priskrbel IBM, ki je ponujal storitev rezervacij letalskih vozovnic. Kustosinja je izjavila:

> *Cybernetic Serendipity* se ukvarja predvsem z možnostmi, ne pa z dosežki, in v tem smislu je prenagljeno optimistična. Nobenih junaških trditev ne moremo postavljati, kajti računalniki doslej niso prinesli revolucije ne v glasbi, ne v umetnosti, ne v poeziji, tako kot so to storili v znanosti [...]. Računalnik je le orodje, ki se trenutno zdi še vedno zelo oddaljeno od poglobljenih polemik, ki se tičejo umetnosti. [...] Možnosti, ki jih vsebuje računalnik kot ustvarjalno orodje, bodo le malo vplivale na spremembe tistih vidikov umetnosti, ki so odvisni predvsem od dialoga med ustvarjalcem, njegovimi idejami in platnom. Pač pa bodo umetnost razširile in prispevale k njeni raznolikosti.[54]

Cybernetic Serendipity se je zgodila v določenem kontekstu, namreč v britanskem kontekstu, ki je bil zelo zanimiv. Raziskave Catherine Mason dokazujejo, da je nenavadni britanski izobraževalni sistem med šestdesetimi in osemdesetimi leti omogočil razvoj povezav med umetnostjo, znanostjo in tehnologijo.[55] Britanske šole za oblikovanje, ki so bile dediščina viktorijanskega izobraževalnega sistema, so ponujale oboje – umetnostno izobraževanje in praktično umetniško usposabljanje. V petdesetih letih se je Independent Group med drugim ukvarjala s posledicami znanosti, tehnologije in množičnih medijev za umetnost in družbo; te dejavnosti so dosegle vrhunec z razstavo *This is*

---

54   Ibid.
55   Cf. Catherine Mason, *A Computer in the Art Room: The Origins of British Computer Arts 1950–80*, JJG Publishing, Norfolk 2008.

Tomorrow (*To je jutri*, Umetnostna galerija Whitechapel, 1956). Leta 1953 je Richard Hamilton začel poučevati na kolidžu King's v Newcastlu, kjer je skupaj z Victorjem Pasmorom vodil program Osnovnega oblikovanja. Med njegovimi študenti je bil tudi Roy Ascott, ki so ga spodbujali, naj razvija svoje zanimanje za komunikacijo, interaktivnost in kibernetiko.

Leta 1961 so Ascotta povabili, naj za Umetniško šolo v Ealingu oblikuje dveletni program, ki bi temeljil na načelih kibernetike. Njegov Osnovni program je skupaj z njegovo zaposlitvijo odigral ključno vlogo v izobraževanju nove generacije umetnikov in oblikovalcev. Zaradi precejšnjih vladnih povojnih naložb v tehnologijo, ki so privedle tudi do ustanovitve ministrstva za tehnologijo, se je leta 1967 pojavila prva politehnika. Na politehniki, kot opozarja Catherine Mason, se je študent umetnosti lahko naučil tudi programirati. V sedemdesetih se je iz tega razvilo obsežno omrežje šol, ki so se ukvarjale z računalniško umetnostjo in proizvajale zanimive rezultate predvsem na področju računalniške grafike za televizijo in oglaševanje. Hkrati pa je akademska podlaga omogočila študentom in predavateljem razvoj lastnega ustvarjalnega dela kljub precejšnjemu pomanjkanju zanimanja za digitalno umetnost v svetu umetnosti.

Britanska računalniška umetnost se je torej ohranjala v akademskem svetu, kmalu pa je razvila svoje sisteme podpore in razvnela kritiško razpravo. Leta 1968 je bilo v povezavi z British Computer Society (Britansko računalniško združenje) ustanovljeno združenje CAS/Computer Arts Society (Združenje za računalniško umetnost). Leta 1969 je CAS začel izdajati lastno publikacijo, *Page*, kot platformo za razpravljanje in kritično angažiranost. Prav tako zgodaj se je združenje začelo ozirati onstran meja Velike Britanije; najprej je začelo ustanavljati podružnice v različnih evropskih državah, v Združene države Amerike pa je prišlo leta 1971.

Leta 1970 je imelo združenje 377 članov, vključno s knjižnicami in ustanovami, v sedemnajstih državah. V tem obdobju je ustvarilo zbirko, v kateri so dela pionirjev, kot so Manuel Barbadillo, Charles Csuri, Herbert W. Franke, Edward Ihnatowicz, Ken Knowlton, Manfred Mohr, Georg Nees, Frieder Nake, Lillian Schwartz in Alan Sutcliffe, z Masonovo pomočjo pa je to zbirko leta 2007 odkupil Viktorijin in Albertov muzej v Londonu.

Kako zelo dovzeten za združevanje »umetnosti in tehnologije« je bil svet umetnosti v šestdesetih letih, dokazuje tudi miljé, ki se je izoblikoval ob prepoznavni figuri Billyja Klüverja (1927–2004). Klüverja, inženirja elektronike švedskega rodu, so leta 1958 najeli Bellovi laboratoriji iz Murray Hilla. Vse življenje ga je zanimala umetnost, na začetku šestdesetih pa je dejansko začel delati z umetniki. Leta 1960 je tehnično podporo nudil švicarskemu ustvarjalcu Jeanu Tinguelyju (s katerim ga je seznanil Pontus Hultén) pri spektakularnem delu *Homage to New York* (*Poklon New Yorku*, 1960), kinetičnem stroju, ki se je samouničil v Kiparskem parku muzeja MoMA v New Yorku. V ta projekt je bil vpleten tudi Robert Rauschenberg. Po tem je Klüver skrbel za tehnično podporo pri različnih ustvarjalcih. Pri instalaciji *Oracle* (*Orakelj*, 1962–1965) je sodeloval z Rauschenbergom in skrbel za daljinsko vodene radie. Pomagal je tudi Jasperju Johnsu in Andyju Warholu; slednjemu je za slavni projekt *Silver Clouds* (*Srebrni oblaki*) priskrbel material, s helijem napolnjene blazine, ki so pospremile Warholov začasni umik iz slikarstva, ki ga je kot samostojno razstavo predstavil v Galeriji Lea Castellija leta 1966.

Leta 1966 je nastala tudi Klüverjeva prva večja produkcija, rezultat sodelovanja z Rauschenbergom. Od 14. do 23. oktobra 1966 je v Arzenalu 69. regimenta (69th Regiment Armory) v New Yorku predstavil *9 Evenings: Theatre and Engineering* (*9 večerov: Gledališče in inženiring*), serijo multimedijskih performansov z desetimi umetniki v sodelovanju s tridesetimi inženirji in znanstveniki iz Bellovih laboratorijev. Med udeleženci so bili Robert Rauschenberg, John Cage, David Tudor, Yvonne Rainer, Robert Whitman in Öyvind Fahlström. Med dogodkom se je Klüver pogovarjal o zamisli, da bi takšno sodelovanje okrepili, in tako so naslednje leto ustanovili neprofitno organizacijo E.A.T./Experiments in Arts and Technology (Eksperimenti v umetnosti in tehnologiji), ki je zaradi zvez s tehnološko industrijo s tehničnimi in finančnimi vložki spodbujala sodelovanje med umetniki in inženirji. Do leta 1969 se je E.A.T. ponašal že s štiri tisoč člani in več podružnicami v Združenih državah Amerike.[56]

---

56   Billy Klüver, »E.A.T. – Archive of Published Documents«, 2000, dostopno na spletnem naslovu www.fondation-langlois.org/html/e/page.php?NumPage=306 [zadnji dostop marca 2013].

Klüverjev model sodelovanja je bil v bistvu dvosmeren proces. Po eni strani je bil prepričan, da lahko tehniki pomagajo umetnikom doseči njihove cilje, po drugi strani pa je verjel, da lahko umetniki kot vizionarji in dejavni povzročitelji družbenih sprememb vplivajo na razvoj tehnologije. Tako o tem piše Barbara Rose:

Dejstvo, da imajo estetske potrebe lahko praktične posledice, saj v tehnologijo vnašajo nove spremenljivke, nakazuje, da bi umetniki v prihodnosti utegnili biti najuporabnejše osebje raziskovalnih in razvojnih laboratorijev.[57]

Toda umetniki so v E.A.T. ostali v središču zanimanja in njihovo stališče je prevladalo. Nikakršno naključje ni, da sta bila ponavljajoča se elementa produkcij E.A.T. pomanjkanje funkcionalnosti in odsotnost kritike tehnologije. Kot je Klüver zapisal v sporočilu za javnost ob *9 Evenings*: »Vsi projekti, pri katerih sem sodeloval, imajo vsaj eno skupno točko: s stališča inženirja so absurdni. In zato so dragoceni.«

E.A.T. se je prvič predstavil v velikem slogu. *9 Evenings* je sledila razstava *Some More Beginnings* (*Še nekaj začetkov*, 1968) v Brooklynskem muzeju v New Yorku, za festivala Expo 70 in Osaka (1970) pa je produciral Pepsijev paviljon,[58] ambiciozno zasnovano imerzijsko okolje, ki je za deset let prehitelo kasnejše zanimanje za virtualno resničnost in interaktivne instalacije. Pomemben izbor instalacij, ki jih je produciral E.A.T., je bil zastopan tudi na razstavi *The Machine as Seen at the End of the Mechanical Age* (*Stroj, kot ga vidimo ob koncu mehanične dobe*), ki jo je leta 1968 za newyorški muzej MoMA kot kustos pripravil Pontus Hultén. Dejavnosti organizacije E.A.T. so se nadaljevale še v sedemdesetih in osemdesetih letih, toda projekti iz tega obdobja so bili občutno manj ambiciozni, vsaj z umetniškega stališča. Organizacija je začela več energije vlagati v družbene in storitvene projekte, kot sta *Children and*

57 V: Branden W. Joseph, »Engineering Marvel: Branden W. Joseph on Billy Klüver«, *Artforum*, marec 2004.
58 Cf. Billy Klüver, J. Martin in Barbara Rose (ured.), *Pavilion: Experiments in Art and Technology*, E. P. Dutton, New York 1972.

Communication (*Otroci in komunikacija*, 1972), ki je otrokom v New Yorku omogočil sporazumevanje po telefonu, faksu in teleksu, in razvoj velikega zaslona za televizijske prenose na prostem za center Pompidou v Parizu. Od osemdesetih let se je E.A.T. ukvarjal predvsem z dokumentiranjem in katalogiziranjem svojega preteklega dela; projekt samozgodovinjenja je dosegel vrhunec leta 2000 z digitalizacijo zbranega dokumentarnega gradiva, ki ji je sledila še organizacija slovesnosti ob tej priložnosti.[59]

Sedemdeseta leta

Če bi se iz tega izcimilo kakšno nadaljevanje, bi tem zgodnjim eksperimentom in modelu, ki ga je razvijal E.A.T. – ki si je prizadeval vzpostaviti tesno sodelovanje med priznanimi predstavniki umetniške avantgarde in inženirji, hkrati pa vzdrževati ločenost njihovih vlog –, morda lahko pripisali ključno vlogo v zgodovini sodobne umetnosti. Zakaj je torej močan poudarek, ki so ga v šestdesetih letih paru »umetnost in tehnologija« pripisovale ključne figure, kot so Jasia Reichardt, Roy Ascott, Billy Klüver, Robert Rauschenberg in Pontus Hultén, pa tudi Jack Burnham, v naslednjih letih postopoma zbledel in se je v uradni zgodovini umetnosti za njim komajda ohranila kakšna sled? Kako je ena od najpomembnejših komponent neoavantgarde končala kot underground pojav in si izklesala nišo, ki ji je omogočila, da je naslednjih trideset let ostala neopažena?

Enostavnega odgovora na to vprašanje ni. Namesto tega si moramo ogledati niz okoliščin, ki so se izoblikovale v sedemdesetih letih. Predvsem se je par »umetnost in tehnologija« v tem obdobju soočil z ideološkim in političnim nasprotovanjem, povezanim z vojaškimi nameni tehnoloških raziskav in z njimi povezanimi precejšnjimi finančnimi interesi. Vojna v Vietnamu in nasprotovanje tej vojni v umetniških in intelektualnih krogih sta podžigala nasprotovanje modelu »umetnosti in tehnologije«. »Tehnologija je tisto, kar

---

59   Arhivi organizacije E.A.T. so zdaj dostopni na spletni strani Sklada Daniela Langloisa za umetnost, znanost in tehnologijo s sedežem v Montrealu (Kanada), ki je dejavno prispeval k njihovi digitalizaciji.

počnemo črnim panterjem in Vietnamcem,« je trdil Richard Serra leta 1969.[60]

A tudi zunaj politične sfere so raziskovalci v poznih šestdesetih letih opozorili na pojav »antiračunalniških« občutij, prepletenih s trdno zakoreninjenimi idejami, kot sta romantična predstava o umetnikih in strah, da bi tehnologija utegnila izpodriniti posameznika in izpodkopati osrednjo vlogo umetnika v ustvarjalnem dejanju.[61] Opozorili so tudi, da je bila usoda kritiškega modela, na katerega se je opiralo priznavanje pomembnosti »umetnosti in tehnologije«, precej spremenljiva. V eseju iz leta 2007 Edward A. Shanken,[62] ki se tu strinja z Jackom Burnhamom, trdi, da je hermenevtični pristop, ki ga je vsilil Alois Riegl in ki ga povzema koncept »*Kunstwollen*« (volja do umetnosti), razveljavil teorije Gottfrieda Semperja, po katerem umetnost izraža »ekonomska, tehnična in družbena razmerja«. Po Shankenovem mnenju se ta pristop še vedno ohranja in prispeva k temu, da novomedijska umetnost ostaja zunaj kanonov sodobne umetnosti.

V kratkoročnem pogledu sta ta predsodka delovala proti praktičnemu in interpretacijskemu modelu »umetnosti in tehnologije« in prinesla vrsto pomembnih rezultatov. Video se je umaknil v nišo, čeprav je bil še naprej (delno) kritiško uspešen, zlasti z deli, ki so formalno raziskovanje medija postavila na drugo mesto, kar podpira »narcisistično« hipotezo Rosalind Krauss. Kinetična in optična umetnost, ki sta bili prav tako prežeti s tehnofilsko retoriko, sta po začetnem izjemnem uspehu popolnoma izginili s prizorišča, dokler ju niso pred nedavnim znova odkrili. Celo interpretacijski pristop h konceptualni umetnosti – kot sta ga razvila Jack Burnham z razstavo *Software* (*Programska oprema*, Židovski muzej, New York 1970) in Kynaston McShine z razstavo *Information* (*Informacije*, MoMA, New York 1970) –, ki konceptualno delo povezuje s pojavitvijo informacijskih tehnologij, se je umaknil drugim, manj tehnološko naravnanim pristopom. Kar se tiče porajajočega se polja

---

60   Cf. Anne Collins Goodyear, »From Technophilia to Technophobia: The Impact of the Vietnam War on the Reception of ›Art and Technology‹«, *Leonardo*, april 2008, let. 41, št. 2, str. 169–173; in Sylvie Lacerte, »Experiments in Art and Technology: A Gap to Fill in Art History's Recent Chronicles«, *Refresh!*, september 2008, dostopno na spletnem naslovu www. fondation-langlois.org/html/e/page.php?NumPage=1716 [zadnji dostop marca 2013].

61   Cf. Taylor Grant, »How Anti-Computer Sentiment Shaped Early Computer Art«, *Refresh!*, september 2008.

62   Edward A Shanken, »Historicizing Art and Technology: Forging a Method and Firing a Canon«, v: Oliver Grau (ured.), *Media Art Histories*, op. cit., str. 48.

novomedijske umetnosti, je bil sodelovalni model, ki ga je razvil Klüver, zelo primeren za organizacijo enkratnih dogodkov, manj pa za zagotavljanje kontinuitete v delovanju umetnikov. Računalniška umetnost pa se je morala soočiti s svojimi estetskimi omejitvami in problemi, povezanimi z dejanskim dostopom do naprav, ki so bile še naprej drage in okorne.

V sedemdesetih letih so računalniki vendarle postali dostopnejši, čeprav se je to zgodilo postopoma. Raziskovanje čedalje bolj intuitivnih oblik interakcije med človekom in strojem je zelo napredovalo in leta 1969 se je z Arpanetom pojavilo prvo porazdeljeno omrežje. Leta 1971 se je po zaslugi oblikovanja skupnega protokola med različnimi univerzami in korporacijskimi omrežji rodil internet. Vzporedno s tem so se ob okornih centralnih računalnikih pojavili tudi cenejši in priročnejši manjši računalniki: miniračunalniki (kot je PDP-8, ki so ga začeli distribuirati leta 1968), mikroračunalniki (kot je slavni altair 8800, ki so ga začeli distribuirati leta 1975) in domači računalniki (med katerimi je bil prvi prav tako legendarni apple II, ki so ga začeli distribuirati leta 1977 in ki ga je proizvajalo novoustanovljeno podjetje Apple Computer, ki sta ga leta 1976 ustanovila Steve Wozniak in Steve Jobs).

Ko so se pojavili domači računalniki, se je računalništvo razširilo iz raziskovalnih centrov in z univerz v pisarne in gospodinjstva. Okoli računalnikov se je izoblikovala zapletena, razvejena kultura, h kateri so prispevali ne le inženirji in raziskovalci na visoki ravni, temveč tudi amaterji in navdušenci. Mnogi od njih so razvijali radikalne politične ideje, na katere je vplivala kalifornijska protikultura.

Velik del novomedijske umetnosti v sedemdesetih letih je bil izraz tega kompleksnega kulturnega miljeja. V tem kontekstu ni enostavno identificirati figur, ki jih je mogoče opisati preprosto kot »umetnike«; večina je delovala v več disciplinah, kot raziskovalci in uslužbenci visokotehnološke industrije z vzporednim umetniškim delom. Douglas Kahn, na primer, poroča, da je med letoma 1970 in 1975 Ned Lagin, ki se je na inštitutu MIT šolal za astronavta, študiral pa je tudi jazz in skladanje, prvi resno poskusil ustvarjati glasbo z računalnikom altair 8800. S tem delom si je prislužil krajše sodelovanje s skupino Grateful Dead. V isti enklavi navdušencev v Kalifornijskem zalivu je bil tudi Paul De Marinis, ki je z Jimom Pomeroyem in Davidom Tudorjem sodeloval pri vrsti zvočnih instalacij, preden se je lotil lastne umetniške kariere.[63]

Vizualno eksperimentiranje je dobilo spodbudo iz univerzitetnih in poslovnih krogov. Na Univerzi Stanford je družba Xerox leta 1970 odprla Raziskovalni center Palo Alto (Palo Alto Research Center/PARC), namenjen razvijanju grafičnih aplikacij; istega leta je družba General Electric predstavila Genigraphics, grafični sistem, ki so ga razvili za poslovneže, a so ga obsežneje uporabljali umetniki. Leta 1973 je osrednje računalniško združenje v Združenih državah Amerike, ACM (Association for Computing Machinery/Združenje za računalniške stroje), ustanovilo SIGGRAPH (Special Interest Group on GRAPHics and Interactive Techniques/Posebna interesna skupina za grafiko in interaktivne tehnike), ki je leta 1974 priredila svojo prvo konferenco. Tedaj je SIGGRAPH postal osrednje mednarodno prizorišče za predstavljanje razvoja računalniške grafike. Na to področje je kasneje močno vplivalo odkritje fraktalov, ki jih je Benoît Mandelbrot, francosko-ameriški matematik, ki je bil takrat raziskovalec v družbi IBM, leta 1975 opisal kot geometrijska telesa, ki jih je mogoče razcepiti na dele, ki so vsak zase pomanjšana kopija celote.[64] Celotno desetletje se je – zaradi podpore različnih institucij in poslovnega sveta – tako razvijalo raziskovanje algoritmičnega oblikovanja podob, ki je bilo po eni strani bolj estetsko naravnano in konceptualno ozaveščeno, kot denimo pri ustvarjalcih, kot so Charles Csuri, Manfred Mohr in Vera Molnar, po drugi strani pa osredotočeno na učinkovito izkoriščanje produkcijskega in estetskega potenciala novih sredstev.

Nekaj podobnega se je zgodilo v robotiki. Leta 1973 je Harold Cohen na Univerzi Kalifornije v San Diegu (UCSD) začel projekt AARON, katerega srž je bilo razvijanje umetne inteligence, ki je sposobna slikati. Cohen, po izobrazbi slikar, je program AARON več let učil osnovna pravila slikarstva in razvijal njegov »estetski okus« in sposobnost odločanja. Slike, ki jih je ustvaril AARON, so seveda zelo podobne Cohenovim, čeprav je program sčasoma vendarle razvil svoj slog. V Veliki Britaniji je Edward Ihnatowicz, ki je leta 1971 postal asistent raziskovalec na oddelku za strojništvo na Univerzitetnem kolidžu v Londonu,

63   Cf. Douglas Kahn, op. cit., str. 440ff.
64   Cf. Benoît B. Mandelbrot, *The Fractal Geometry of Nature*, W. H. Freeman and Co., New York 1982.

po zaslugi Philipsovega naročila ustvaril svoj najambicioznejši projekt, kibernetsko skulpturo *The Senster* (*Čutilec*, 1970–1974), ki jo je imel Philips, dokler je niso razstavili, štiri leta na ogled v svojem stalnem razstavnem prostoru v Eindhovnu. Skulptura, štirimetrska aluminijasta struktura, ki jo je nadzoroval računalnik, se je odzivala na glasove in gibanje gledalcev.

V poznih sedemdesetih in zgodnjih osemdesetih letih se je vse vrtelo okoli telekomunikacij, ki so novomedijski umetnosti dale navzočnost in profil, ki sta jo ponesla onstran meja poslovnega in univerzitetnega sveta. Dvostranski in večstranski komunikacijski sistemi so pritegnili pozornost avantgard in Fluxusa, satelitsko oddajanje pa je bilo pred pojavitvijo interneta tehnologija, ki je ponujala konkretne priložnosti za raziskovanje komuniciranja. Leta 1973 je satelitska tehnologija prvič v zgodovini uspešno prenašala vsemu svetu kulturni dogodek – koncert Elvisa Presleyja na Havajih. Videoumetnik Douglas Davis je 29. decembra 1976 ob podpori Muzeja sodobnih umetnosti v Houstonu na vseh kanalih družbe IntelSat prenašal sklepne minute svojega performansa *Seven Thoughts* (*Sedem misli*). Naslednje leto sta kalifornijska umetnika Kit Galloway in Sherrie Rabinowitz s finančno podporo agencije Nasa ustvarila *Satellite Arts Project '77* (*Satelitski umetniški projekt '77*), ki je prek satelita povezoval dva Nasina centra, enega na vzhodni in drugega na zahodni obali Združenih držav; plesalce, ki so nastopali v teh dveh centrih, so snemali in posnetke s pomočjo preprostega kromatičnega ključa montirali v eno samo sliko ter jo predvajali v živo. Tako so nastopajoči, med katerimi se je v resnici raztezala razdalja tri tisoč milj, lahko delovali, kot bi plesali skupaj na istem odru. Ples so torej uporabili kot tradicionalno uprizoritveno umetnost, ki je sposobna raziskovati omejitve in potenciale tehnologije.[65]

Istega leta so razstavo Documenta 6, katere kustos je bil Manfred Schneckenburger, posvetili komunikacijskim sredstvom, da bi raziskali položaj umetnosti v medijski družbi. Predstavili so fotografijo, video in videoinstalacije, s satelitskim prenosom performansov Douglasa Davisa, Nam June Paika in Josepha Beuysa pa so se približali tudi televiziji.

---

65 Cf. Annmarie Chandler, »Animating the Social: Mobile Image/Kit Galloway and Sherrie Rabinowitz«, v: Annmarie Chandler in Norie Neumark (ured.), *At a Distance: Precursors to Art and Activism on the Internet*, MIT Press, Cambridge, MA, in London, Velika Britanija, 2005, str. 153–174.

Osemdeseta leta

Umetniško raziskovanje komuniciranja se je razmahnilo predvsem v osemdesetih letih in se razširilo tudi na telematiko. Leta 1980 sta se zgodila dva pomembna dogodka: konferenca *Artists' Use of Telecommunications* (*Umetniška uporaba telekomunikacij*), ki jo je v Muzeju moderne umetnosti v San Franciscu organiziral Carl Eugene Loeffler, in *Hole in Space* (*Luknja v vesolju*), javni umetniški projekt Kita Gallowaya in Sherrie Rabinowitz. Konferenca je bila mednarodni dogodek, ki je prek satelita, Slow-Scan TV (videoprenos prek telefona) ali telematskega omrežja povezal udeležence z različnih koncev sveta: od Centra za napredne vizualne raziskave na inštitutu MIT v Cambridgeu (ZDA) do Univerze Tsukuba na Japonskem, od Centra za alternativne medije v New Yorku do družbe Trinity Video in Ontarijskega kolidža za umetnost v Torontu, od umetniškega centra Western Front Society v Vancouvru do Muzeja dvajsetega stoletja na Dunaju. Med udeleženci so bili Robert Adrian, Bill Bartlett, Douglas Davis, Carl Loeffler, David Ross, Aldo Tambellini, Norman White, Gene Youngblood in Peter Weibel. Dogodek je osvetlil trdnost omrežja tradicionalnih umetnostnih ustanov in raziskovalnih ter medijskih centrov. *Hole in Space* pa je z namestitvijo ogromnih zaslonov v Lincolnovem centru za uprizoritvene umetnosti v New Yorku in veleblagovnici Broadway v losangeleškem Century City ustvaril satelitski most med javnima prostoroma v dveh mestih (New York in Los Angeles). Na zaslonih so v živo prenašali, kar sta snemali kameri ob zaslonih, kar je ljudem na ulici, ki se dogajanja večinoma sploh niso zavedali, omogočilo medsebojno interakcijo, čeprav so bili več tisoč milj narazen. Rezultat je bil nadvse participativen, spektakularen dogodek, ki je pritegnil različno občinstvo, ki je raziskovalo različne ravni interakcije in komunikacije na daljavo; to je bila relacijska estetika *ante litteram*, a tudi, kot so to opredelili na YouTubu, »mati vseh videoklepetov«.

Leta 1982 je bil na vrsti *The World in 24 Hours* (*Svet v štiriindvajsetih urah*), ki ga je koordiniral Robert Adrian s festivala Ars Electronica v Linzu in kjer je bil predstavljen širok nabor komunikacijskih tehnologij, od telefona in faksa do Slow-Scan TC in telematskih omrežij. Leta 1983 mu je sledilo besedilo *La Plissure du Texte* (*Gube besedila*) Roya Ascotta (Pariz, Mestni muzej moderne umetnosti), ki so ga skupaj ustvarili različni uporabniki, povezani prek elektronskih oglasnih desk (Bulletin Board System/BBS), leta 1984 pa še *Good Morning Mr Orwell* (*Dobro jutro, gospod Orwell*), satelitsko predvajanje videodel in performansov v živo, ki ga je koordiniral Nam June Paik in ki ga je producirala WNET TV v New Yorku v sodelovanju s centrom Pompidou v Parizu, videlo pa ga je več kot deset milijonov ljudi. Vsi ti dogodki razkrivajo tako povečanje zanimanja v tradicionalnih umetnostnih institucijah kakor tudi vrenje na tem področju, pri čemer so sodelovala tudi podjetja in specializirani centri, nekateri od teh pa so nastali prav v tem desetletju.

Toda zanimanje tradicionalnih umetnostnih institucij je treba postaviti v kontekst. Porajajoče se tehnologije so bile vroča tema vsakodnevnih razprav in pokroviteljev v visokotehnološki industriji in med televizijskimi mrežami ni bilo težko najti. Na začetku osemdesetih let jih je bilo v družbi več kot kadar koli prej, kritične misli umetnikov in intelektualcev o medijih in njihovi sposobnosti manipulacije pa so dosegle širši krog družbe (*Network* [*TV-mreža*], film Sidneyja Lumeta o moči televizije, je bil prvič predvajan leta 1976). Poleg tega so si v desetletju, ko se je spet uveljavilo slikarstvo in ko je umetnostni trg eksplodiral, institucije postavile nalogo podpiranja manj stabilnih, tržno manj zanimivih umetnostnih žanrov, kot so video, fotografija in performans.

Povedano drugače, dokler so bile okoliščine temu naklonjene, so vnovično pojavitev novomedijske umetnosti v svetu uveljavljene umetnosti v osemdesetih letih pogojevali zunanji dejavniki, vse skupaj pa je bilo tako ali tako preveč bežno, da bi privedlo do kontinuitete. Vse to postane povsem jasno, če si ogledamo ključna dogodka tega desetletja: razstavo *Les Immateriaux* (*Nemateriali*), ki sta jo v pariškem centru Pompidou leta 1985 pripravila Jean Francois Lyotard in Thierry Chaput, in beneški bienale leta 1986 z naslovom »Umetnost in znanost«, ki ga je koordiniral Maurizio Calvesi.

Prvi dogodek pravzaprav ni bil razstava, posvečena novomedijski umetnosti oziroma *art numerique*, kot temu pravijo v Franciji. Zadeva se je začela kot projekt o »novih materialih ustvarjalnosti«, toda Lyotardova – precej pozna – vključitev ga je spremenila v raziskovanje postmoderne senzibilnosti. Lyotard je dejal: »Naš namen na tej razstavi ni povzeti novih

57

tehnologij [...] ali pojasniti, kako delujejo. Skušamo le odkriti in spodbuditi senzibilnost, ki je specifična za postmodernizem in za katero predvidevamo, da že obstaja.«[66] V sporočilu za javnost je bil projekt opisan kot »nerazstava«, eden od njegovih navedenih namenov pa je bil izzvati moderni, »predpisujoči« model razstavljanja, povezan s salonom in galerijo devetnajstega stoletja. V *Les Immateriaux* dela niso visela na stenah; na tla in strop so pritrdili kable, ki so razmejevali decentralizirano prizorišče, ki ga je bilo mogoče različno raziskovati. Obiskovalci so dobili prenosne kasetofone z zvočnim zapisom razstave, ki se je predvajal glede na njihov položaj na prizorišču; namen tega kolaža glasbe, zvokov in besedil, ki se niso vsi nanašali na predstavo, je bil ustvariti močan občutek nestabilnosti. Na dogodku so bila predstavljena tudi dela konceptualnih in minimalističnih umetnikov, od Josepha Kosutha do Dana Flavina in Roberta Rymana, dela predhodnikov, kot sta Marcel Duchamp in László Moholy-Nagy, in ustvarjalcev, ki uporabljajo komunikacijske tehnologije, kot sta Roy Ascott in Rolf Gelhaar; toda kot »umetniško delo« je bila zamišljena razstava kot taka, in to v tolikšni meri, da so razstavljena dela redko sploh omenjena v številnih komentarjih, ki jih je izzval dogodek.[67]

Spet smo naleteli na nenavaden kontrast: po eni strani je bil *Les Immateriaux* izjemno pomemben dogodek za novomedijsko umetnost, saj je izoblikoval estetske in filozofske kategorije, ki so bile v naslednjih desetletjih v središču pozornosti novomedijske umetnosti; po drugi strani pa je pokazal umetnostnim krogom tisto, na kar je Jasia Reichardt opozorila v zvezi z *Cybernetic Serendipity*, namreč da mora to področje šele ustvariti dokončne rezultate, ki bodo primerljivi z rezultati drugih umetniških teženj, in da ga je za zdaj treba ceniti predvsem zaradi raziskovalnih in eksperimentalnih vidikov.

Podobne reči opazimo tudi v zvezi z beneškim bienalom leta 1986, na katerem so »Tehnologijo in računalništvo«, del, katerega kustosi so bili Roy Ascott, Don Foresta, Tom Sherman in Tommaso Trini, namenoma predstavili v

---

66   V: Tilman Baumgärtel, »Immaterial Material: Physicality, Corporality, and Demateriali-
zation in Telecommunication Artworks«, v: Annmarie Chandler in Norie Neumark (ured.), *At a Distance: Precursors to Art and Activism on the Internet*, op. cit., str. 63.
67   Cf. Bernard Blistène, »Les Immatériaux: A Conversation with Jean-François Lyotard«,
Flash Art, št. 121, marec 1985, dostopno na spletnem naslovu www.kether.com/words/ly-otard/index.html [zadnji dostop marca 2013].

slogu »delavnice«. Srž tega dela je bil Planetary Network (Svetovno omrežje), ki ga je koordiniral Roy Ascott; v tej delavnici v središču prizorišča Corderie so navzoči umetniki pošiljali različna sporočila drugim umetnikom na dvajsetih krajih, od Kanade do Avstralije, in pri tem uporabljali tri komunikacijske protokole: elektronsko pošto, faks in Slow-Scan TV. Vidik mreženja – sodelovanje umetnikov po vsem svetu – je očitno prevladal nad dejanskim gradivom, ki so si ga udeleženci izmenjevali: videoposnetki, po faksu poslane slike, ki so jih umetniki ročno spreminjali, računalniško ustvarjene podobe in besedila. Po Ascottovih besedah je bilo jedro te predstave mreženje oziroma delo znotraj telematskega omrežja – s sestanki, interakcijami, pogajanji in vizualizacijami v elektronski areni.[68] V razstavnem katalogu se tudi Tom Sherman vrača k razumevanju interakcije kot konstitutivnega elementa elektronske umetnosti v poučnem besedilu,[69] ki obravnava tudi izključenost te umetnosti iz sveta umetnosti v sedemdesetih letih in njeno radikalno »drugačnost«, zaradi katere je elektronska umetnost še dandanes neprijetna; to drugačnost ustvarjajo njena ljubezen do strojev, ki se jih širša javnost boji, njena nagnjenost k sodelovanju, ki se ne ujema z nebrzdanim karierizmom sveta umetnosti, in pojem interakcija (med umetnikom in strojem, med umetniki s pomočjo strojev in med strojem in javnostjo).

Bienale leta 1986 je bil nedvomno pomembna platforma za novomedijsko umetnost, ki je v Benetkah dobila edinstveno priložnost za mreženje, uspelo pa ji je tudi raziskati velik del svojih potencialov. Ob Planetary Network je dogodek predstavil najprodornejša dela računalniške grafike, pa tudi manj tehnološke, bolj amaterske podobe: »prvi interaktivni umetniški videodisk« Lynn Hershman Lesson, fascinantno instalacijo zvokov in barvnih luči Briana Ena ter zvočno okolje *Very Nervous System* (*Zelo živčen sistem*, 1984) Kanadčana Davida Rokebyja – prostor, ki ga je nadziral sistem senzorjev, ki so zaznavali navzočnost gledalcev oziroma njihovo gibanje in to prevedli v

---

68   Cf. Roy Ascott, »Arte, tecnologia e computer«, v: AAVV, *XLII Esposizione Internazionale d'Arte La Biennale di Venezia: Arte e scienza: Biologia, Tecnologia e informatica*, razstavni katalog, Electa, Benetke 1986, str. 33.
69   Tom Sherman, »Amare la macchina è naturale«, v: AAVV, *XLII Esposizione Internazionale d'Arte La Biennale di Venezia: Arte e scienza: Biologia, Tecnologia e informatica*, op. cit., str. 43–45.

računalniško proizvedene zvoke.

Od osemdesetih let je ta ogromna in zelo razvejana scena dobila svoje prvo, privilegirano zbirališče na festivalu Ars Electronica v avstrijskem mestu Linz.[70] Festival Ars Electronica se je začel leta 1979 kot prenovljena različica festivala Bruckner, dogodka, posvečenega sodobni glasbi in pospremljenega z akademskim simpozijem. Po izhodiščni zamisli naj bi bil simpozij posvečen elektronski glasbi. Toda ko se je organizatorjem pridružila avstrijska državna radiotelevizija ORF (Österreichischer Rundfunk), katere lokalni direktor je bil Hannes Leopoldseder, so stvari postale bolj zapletene. Leopoldseder je predlagal, da opustijo format simpozija in vzpostavijo stalen festival, posvečen tehnologiji in njenemu vplivu na umetnost in družbo. S spektakularnim dogodkom na prostem se je 18. septembra 1979 pred stotisočglavo množico začel prvi festival Ars Electronica. Uspeh je vznemiril organizatorje, da so zares začeli razmišljati o stalnosti dogodka. Poslovni model, na katerega se je opiral festival, še ni bil ustaljen in vse do leta 1986 so ga prirejali kot bienale. V tem času se je umetniškemu odboru pridružil avstrijski ustvarjalec in kustos Peter Weibel in od leta 1986 so Ars Electronico začeli načrtovati kot vsakoletni dogodek s skupno temo festivala in simpozija. Leta 1987 so uvedli Prix Ars Electronica, nagrado z več različnimi kategorijami, ki naj bi odigrala pomembno vlogo pri spodbujanju ustvarjalnosti in tudi pri vzpostavljanju niza kritiških in kvalitativnih meril ter hierarhije zaslug v umetniški skupnosti. V zgodnjih devetdesetih letih so izvedli raziskave izvedljivosti ustanovitve stalnega centra, Centra Ars Electronica v Linzu; skupaj z laboratorijem Ars Electronica Futurelab je nato začel delovati leta 1995. Center je bil zasnovan kot »Muzej prihodnosti«, namenjen zbiranju in predstavljanju nastajajočih produktov digitalnega medija, laboratorij pa so posvetili produkciji in raziskovanju ter k sodelovanju pri izobraževanju in delavnicah pritegnili ustvarjalce, ki so jim dali na voljo najnaprednejšo tehnologijo.

Kot je razvidno iz tega kratkega pregleda, so imeli festival Ars Electronica in z njim povezani ljudje odločilno vlogo pri vzpostavljanju novomedijske umetnosti kot samostojnega področja. S spodbujanjem razpravljanja,

70   Cf. Hannes Leopoldseder, Christine Schöpf in Gerfried Stocker, 1979–2004 *Ars Electronica*, Hatje Cantz Verlag 2004.

oblikovanjem kategorij in meril za vrednotenje, omogočanjem produkcije in kroženja del, razvijanjem strateškega omrežja z drugimi centri, univerzami in podjetji ter s prispevki k razvoju ekonomije in modela trajnosti za novomedijsko umetnost je Ars Electronica postala nesporna meka novomedijske umetnosti. Lokalno je model Ars Electronice omogočilo dejstvo, da se je postindustrijsko mesto Linz skušalo preleviti v kulturno in tehnološko prestolnico Avstrije in osrednje Evrope. Toda njegov uspeh je bil povezan predvsem z obstojem cvetoče umetniške scene, ki je iskala stabilno platformo za produkcijo in razstavljanje svojih del, ki ne bi bila povezana z enkratnimi dogodki, kot je bil že omenjeni bienale leta 1986, in s počasnim, a zanesljivim razvojem alternativnega sistema festivalov in centrov, kot je inštitut V2_, ki so ga ustanovili leta 1981 v nizozemskem Hertogenboschu, leta 1994 pa se je preselil v Rotterdam, kjer vsako drugo leto organizira festival z imenom DEAF/Dutch Electronic Art Festival (Nizozemski festival elektronske umetnosti).

Vse te spremembe so očitno rezultat nezadržnega tehnološkega napredka, ki je postopoma prodrl tudi v vsakdanje življenje. Po apple II so se na trgu pojavili različni modeli domačih računalnikov; tu so bili atari 400, commodore VIC-20 (prvi računalnik, ki je dosegel prodajo več kot milijon primerkov), sinclair ZX spectrum, commodore 64 in IBM PC. Leta 1984 je podjetje Apple Computer poslalo na trg macintosh, ki je pomenil pravo revolucijo v zgodovini osebnega računalnika; bil je razmeroma poceni (stal je slabih 2.500 dolarjev), za delovanje je potreboval tipkovnico in miško, imel pa je tudi grafični vmesnik, ki je nadomestil dotlej običajno zeleno besedilo na črnem ozadju. Ta grafični vmesnik je napovedal uvedbo danes običajnih metafor po navdihu pisarniškega sveta, kamor je bil računalnik namenjen: namizje, koš za smeti, okna, kartoteka oziroma datoteka in dokumenti. In navsezadnje je imel ta računalnik tudi modem, napravo, ki mu je omogočala povezovanje s telematskim omrežjem prek enostavne telefonske povezave. Širiti so se začela tudi telematska omrežja; internet je sicer ostal povezan predvsem z ameriškim univerzitetnim sistemom, nekaj držav (denimo Francija z Minitelom) je ustvarilo nacionalna omrežja, na ljubiteljski ravni pa se je razmahnila uporaba elektronskih oglasnih desk (BBS). Ti računalniški sistemi so dejansko delovali kot elektronske oglasne deske, saj so se uporabniki povezovali z njimi, da bi sneli ali naložili datoteke in izmenjali sporočila. Tehnologija elektronskih oglasnih desk se je pojavila leta 1977 in postala priljubljena predvsem zaradi Fidoneta, omrežja različnih elektronskih oglasnih desk (ki ga je izumil Američan Tom Jennings leta 1984).

Toda računalništvo ni prodrlo v gospodinjstva (in vsakdanje življenje milijonov ljudi) le s pomočjo domačih računalnikov in omrežij. Leta 1961 so v laboratorijih inštituta MIT ustvarili *Spacewar!* (*Vesoljsko vojno!*), prvo videoigro vseh časov. Ni trajalo dolgo, preden je poslovni svet spoznal, da bi ta zelo preprosti interaktivni vmesnik lahko pomenil začetek donosnega sektorja kulturnega razvedrila. V drugi polovici sedemdesetih let so skupaj s prvimi domačimi platformami za videoigre postale priljubljene arkadne igre. Od *Ponga* (1972) do *Space Invaders* (*Vesoljski osvajalc*, 1978) in *PacMana* (znan tudi pod imenom *Puck Man*, 1980) je industrija videoiger rasla eksponentno in pojav NES (Nintendo Enterainment System) leta 1983 je v kolektivno zavest vtisnil neizbrisen pečat.

Ta razvoj je imel v kulturni sferi zelo očitne posledice. Osemdeseta leta so bila desetletje hekerjev, kiberpanka, osnovne telematike, virtualne resničnosti in začetka Free Software Movement (gibanje za prosto programsko opremo) – torej pojavov, ki so prezapleteni, da bi jih lahko tu obravnavali podrobneje. Kiberpank, na primer, se je v Združenih državah Amerike na začetku osemdesetih let začel kot literarno gibanje zaradi uspeha znanstvene fantastike Williama Gibsona in Brucea Sterlinga ter vnovičnega odkritja Philipa K. Dicka, v Italiji pa se je razvil kot politično gibanje, ki se je oprijelo osnove, ki jo je dal pank, vrenja v družbenih središčih in levičarskih protestnih gibanj leta 1977.[71] Podobno je bilo v Kaliforniji, kjer so ključno vlogo odigrale osebnosti, kot je Timothy Leary, predstavnik protikulture in zagovornik psihedeličnih drog, ki je začel razvijati videoigre in uporabljati elektronske oglasne deske ter postal vodilna figura »kiberkulture« in strokovnjak za virtualno resničnost. Tako hekersko gibanje kakor tudi filozofija prostega programja sta izšla iz tega kompleksnega miljeja.

71 Cf. Tatiana Bazzichelli, *Networking: The Net As Artwork*, Raziskovalni center za digitalno estetiko, Univerza v Aarhusu 2008, dostopno na spletnem naslovu http://darc.imv.au.dk/wp-content/files/networking_bazzichelli.pdf [zadnji dostop marca 2013].

Umetniki so imeli v oblikovanju te kulture dejavno vlogo, s svojimi deli pa so tudi obogatili njeno podobo. Pogosto je težko, če ne kar nemogoče, umetnost ločiti od konteksta, katerega dejavni, integralni del je. Zveza med novimi mediji in novomedijsko umetnostjo se je vzpostavila v preteklih desetletjih in utrdila v osemdesetih letih. Morda se je to po eni strani zgodilo zato, ker so bili ti umetniki izključeni iz tradicionalnih umetnostnih kontekstov ali pa so se jim namerno izogibali, in po drugi strani zato, ker se je močno povečalo število hibridnih, multidisciplinarnih osebnosti, ki niso delale razlik med svojo umetnostjo in svojim političnim aktivizmom ali svojim prispevkom k omrežju. Leta 1986 je Vittorio Fagone v svoji recenziji nekega italijanskega festivala pisal o »tretji kulturi« in uvedel razlikovanje med digitalno, humanistično in znanstveno kulturo; digitalna kultura je kultura, v kateri »inženirji, matematiki, informacijski tehnologi, arhitekti, glasbeniki in umetniki (ali, če želite, ›vizualni operaterji‹) ter grafični oblikovalci živijo in delajo skupaj, pri čemer sicer ne izmenjujejo vlog, pač pa pogosto modele in cilje. Elektronska umetnost je del tega prostora«.[72]

Vzporedno s tem se je utrdil tudi sistem odnosov, dogodkov in produkcijskih centrov, ki so podajali in podpirali »elektronsko umetnost«. V prejšnjih desetletjih je bila novomedijska umetnost zakoreninjena na univerzah in v raziskovalnih centrih, v osemdesetih letih pa je postala neodvisen, svojski »svet umetnosti« s temelji za svoj kontinuirani obstoj. V omrežjih je razpravljanje potekalo predvsem na elektronskih oglasnih deskah (BBS), v resničnem svetu pa se je novomedijska umetnost širila predvsem s pomočjo občasnih dogodkov, kot so festivali tehnologije in elektronske umetnosti po vzoru linškega modela. Proti koncu desetletja so se pojavili prvi »novomedijski centri«, ki so se zares razcveteli v zgodnjih devetdesetih letih. Pojavitev teh novih distribucijskih kanalov zunaj tradicionalnega sveta umetnosti je »tretji kulturi« dala precej trden temelj zaradi prepoznavnosti, kritiškega razpravljanja in ohranjanja. Toda v tem pogledu je Italija ostala razmeroma izoliran primer. Kljub navzočnosti dejavne, živahne umetniške scene (z umetniki in skupinami, kot so Tommaso Tozzi, Giovanotti Mondani Meccanici, Correnti Magnetiche,

---

72   Vittorio Fagone v: *VideoMagazine*, 1986. Navedeno v: Tatiana Bazzichelli, *Networking: The Net As Artwork*, op. cit., str. 95.

Mario Canali, Studio Azzurro, Giacomo Verde in kasneje še Piero Gilardi in Maurizio Bolognini) so se zaradi slabe udeležbe institucij razcvetele predvsem posamezne avtonomne iniciative, ki so bile rezultat prostovoljnih prizadevanj kustosov, kot sta Mario Costa in Maria Grazia Mattei, in ki so večinoma delovale na zasebnih ali obrobnih institucionalnih prizoriščih. Italija še danes nima nobenega medijskega centra in peščica italijanskih festivalov se zelo trudi, da bi pridobila mednarodni sloves.

Zgodnja devetdeseta leta

Leto 1989 je prelomno leto, kar se tiče razumevanja kasnejše usode novomedijske umetnosti, in prav lahko bi ga razglasili za simbolni trenutek v procesu njene institucionalizacije. Izhodiščno prizorišče tega je bila Evropa, kjer je število specializiranih institucij (umetniški centri, muzeji, delavnice, arhivi in festivali) raslo z osupljivo hitrostjo. Leta 1989 so v nemškem mestu Karlsruhe ustanovili center ZKM (Zentrum für Kunst und Medientechnologie/ Center za umetnost in medijske tehnologije), ki bi ga v splošnem pogledu lahko razglasili za glasnika tega procesa. Istega leta sta padec berlinskega zidu in konec sovjetskega imperija prinesla začetek povsem nove sezone v umetnosti. Rusija je morala skupaj z državami vzhodne Evrope hitro institucionalizirati sodobno umetnost, ki se je dotlej razvijala na neuradnih prizoriščih, kot so skvoti in zasebni domovi. Na ta proces je močno vplival človekoljubni milijarder George Soros s Sorosovimi centri za sodobne umetnosti (Soros Centers of Contemporary Art/SCCA).

Kot pravi Lioudmila Voropai, je imel proces institucionalizacije nekaj zanimivih vidikov.[73] Predvsem je novomedijska umetnost že od nekdaj poudarjala svojo »družbeno koristnost« in prispevek k ustvarjalnemu razvoju novih medijev, s čimer je prispevala k utrjevanju zmede zaradi zamenjevanja razvoja medija in njegove uporabe v umetniške namene, torej zamenjevanja »novih medijev« in »novomedijske umetnosti«. Zmešnjavo je spremljal

---

73   Lioudmila Voropai, »Institutionalisation of Media Art in the Post-Soviet Space: The Role of Cultural Policy and Socioeconomic Factors«, *Re:place*, november 2007, dostopno na spletnem naslovu http://pl02.donau-uni.ac.at/jspui/handle/10002/449 [zadnji dostop marca 2013].

nejasen in konflikten odnos med novomedijsko in sodobno umetnostjo, ki je bil pravzaprav posledica te zmešnjave; družbena koristnost novomedijske umetnosti je implicitno nasprotovala nekoristnosti sodobne umetnosti, ki svojo ekonomijo – ne po naključju – opira na luksuzni trg:

> Po eni strani se je medijska umetnost nameravala integrirati v umetnostni sistem kot podsistem. Po drugi strani je njen diskurz legitimacije – medijska umetnost je »več kot zgolj umetnost« – privedel do tega, da so njene dejanske »umetniške lastnosti« žrtvovali za neskončno vrsto tehnoloških preizkušenj in eksperimentov. Rezultat pa je bil to, da je medijska umetnost dobila podobo »nezadostne« umetnosti.

Konflikt med obema je postal še bolj izrazit, ko so ju prisilili v soobstoj znotraj iste institucije. To je bil center ZKM, ki že sam po sebi veliko pove o naravi odnosa med sodobno in novomedijsko umetnostjo na začetku devetdesetih let. Tu sta – kot ločen zakonski par, ki še vedno živi pod isto streho – hkrati obstajala dva svetova umetnosti, in to zaradi na videz učinkovite razdelitve na niz »inštitutov« in oddelkov, ki jih od leta 1999 koordinira direktor Peter Weibel; to so Muzej sodobne umetnosti, ustanovljen leta 1999, ki je tudi prizorišče začasnih razstav, Medijski muzej s svojo stalno, edinstveno zbirko »interaktivne medijske umetnosti«, ki se ji je v zadnjih letih pridružila vrsta »stalnih razstav« o najnovejšem razvoju na področju novomedijske umetnosti, Inštitut za vizualne medije, »raziskovalni in razvojni« oddelek centra (ki ga je ustanovil umetnik Jeffrey Shaw in ga kot direktor vodil do leta 2003), Inštitut za glasbo in akustiko, Inštitut za medije, izobraževanje in ekonomiko ter Filmski inštitut.

V resnici je ZKM odprl vrata na preurejenem industrijskem območju šele leta 1997, toda teren si je pripravil že prej, z nizom začasnih iniciativ, kot je bil Multimedijski festival leta 1989. Zaradi svojih preferenc, povezanih z usmerjenostjo svojega direktorja (oziroma tandema Weibel-Shaw), in zaradi izvora v zgodnjih devetdesetih letih je postal pravi pravcati tempelj za interaktivne, imerzijske in tehnološko prodorne instalacije v zadnjem desetletju prejšnjega stoletja, in to v tolikšni meri, da se fraza »ZKM-umetnost« v Evropi običajno uporablja kot ironično poimenovanje za tovrstno umetnost.[74]

Ne glede na kritike centru ZKM nedvomno pripada zasluga, da je bil prva institucija, ki je v devetdesetih letih načela vprašanje »muzeifikacije« novomedijske umetnosti in vprašanja, povezana s tem, kako novomedijsko umetnost ohranjati in kako formirati njen kanon, s tem pa je ZKM vzpostavil model za druge mednarodne akterje, kot je tokijski ICC/Intercommunication Center (Interkomunikacijski center), ki so ga ustanovili leta 1990 in ki je postal stalno prizorišče leta 1997.

Vrnimo se v Evropo. Videli smo že, da je v devetdesetih letih več institucij z dolgoletnim obstojem, kot sta Ars Electronica in V2_, utrdilo svoj položaj. Na Nizozemskem so zajetne institucionalne naložbe v nove medije leta 1990 privedle do ustanovitve ISEA/Inter-Society for the Electronic Arts (Meddružbe za elektronske umetnosti), ki organizira Mednarodni simpozij o elektronski umetnosti. Združenje, ki je med letoma 1996 in 2001 preselilo svoj sedež v Montreal, nato pa se vrnilo na Nizozemsko, je izjemno mednarodno usmerjeno, o čemer priča potujoča narava simpozija, ki ga vsakokrat pripravijo drugje.

V Nemčiji so Inštitut za nove medije (INM) ustanovili leta 1989 v Frankfurtu, in sicer kot eksperimentalno delavnico Umetniške šole, nato pa se je razvil v samostojno platformo za podiplomske študente. Leta 1988 so v Liverpoolu v Veliki Britaniji ustanovili FACT (takrat Moviola), ki ostaja najpomembnejša ustanova novomedijske umetnosti v tej državi.

To je le nekaj primerov z mednarodnega obzorja, ki se je nenehno širilo. V tem kontekstu si je nujno vsaj na kratko ogledati tudi, kaj se je dogajalo v vzhodni Evropi, in to ne le zato, ker je ta del Evrope pomembno prispeval k razvoju novomedijske umetnosti v devetdesetih letih, ampak tudi zato, ker se zdi, da tisto, kar se je tam zgodilo v enem samem desetletju, uteleša celotno zgodovino novomedijske umetnosti.

V vzhodni Evropi je avantgardna umetnost do devetdesetih let obstajala povsem zunaj institucionalne sfere. Prvi premik v to smer se je

---

74 Cf. Inke Arns v: »Media Art Undone«, okrogla miza na festivalu transmediale07, Berlin, 3. februar 2007. Popolni prepis prezentacij je dostopen na spletnem naslovu www.mikro. in-berlin.de/wiki/tiki-index.php?page=MAU [zadnji dostop marca 2013].

zgodil na Inštitutu za odprto družbo in omrežje Sorosovega sklada (Open Society Institute & Soros Foundation Network). Po letu 1991 so vzpostavili Sorosove centre za sodobne umetnosti (SCCA) v sedemnajstih državah nekdanjega sovjetskega bloka. Centri so bili razmeroma kratkotrajni; leta 1999, ko so prestrukturirali Sorosove sklade, so vsi postali neodvisne nevladne organizacije. Za mnoge je to pomenilo spoprijem s ključnim problemom financiranja, kar ni bilo vedno lahka naloga, kajti javna sredstva za kulturo so bila precej skopa. Toda nekaterim je uspelo preživeti.

Podpiranje novomedijske umetnosti je bilo eno od glavnih poslanstev Sorosovih centrov. To se je zgodilo zato, ker je bila njihova družbena koristnost na območjih, kjer je bil osebni računalnik še vedno redkost in statusni simbol, pravzaprav njihova sposobnost, da prebivalstvu (in umetnikom) zagotovijo dostop do omrežja in novih tehnologij. V postsocialističnih državah ni bilo nikakršne tradicije novomedijske umetnosti; informacijska tehnologija je bila povezana z vojaško uporabo in znanstvenim raziskovanjem, embargo, ki je sledil vojni z Afganistanom, pa je učinkovito preprečil, da bi zahodne tehnologije prišle v Rusijo. Toda mreženje, ki se je že začelo, in vsesplošna uporaba omrežja sta omogočila razcvet novomedijske umetnosti.

Leta 1993 je moskovski center SCCA vzpostavil lasten Laboratorij za novomedijsko umetnost, ki sta ga vodila Alexei Isaev in Olga Shishko. Leta 1994 je umetnik Alexei Shulgin ustanovil laboratorij Moscow-WWW-Art-Lab, isto leto pa je v Sankt Peterburgu odprla vrata tudi Galerija 21, neprofitni razstavni prostor na znanem naslovu na Puškinovi 10 – v skvotu, ki so ga predelali v umetnostni center. V Budimpešti so odprli še vedno delujoči C3, Center for Culture and Communication (Center za kulturo in komunikacije), ki je tradicionalne funkcije umetnostnega centra združil s pedagoškimi dejavnostmi in začel organizirati tečaje in delavnice o internetu in novih tehnologijah, v Ljubljani pa se je odprla Ljudmila, laboratorij za digitalne medije, ki se je posvetil promoviranju festivalov in dogodkov ter podpiranju umetniških dejavnosti Vuka Ćosića, enega od pionirjev spletne umetnosti.

Kot opaža Lioudmila Voropai, se je postsorosovsko obdobje začelo v zlati dobi novomedijske umetnosti na Zahodu. Leto 1999 je bilo leto potujoče razstave *Net_Condition* (*Spletno_stanje*), ki jo je pripravil center ZKM in ki je odprla sezono velikih muzejskih razstav, ki so se – predvsem v Združenih državah Amerike – nadaljevale do leta 2002. V Rusiji je zaton novomedijskih institucij privedel do težke situacije. Potrditev negotovega, slabo urejenega trga umetnosti, ki so ga podprli novi bogataši, ki se jim je umetnost zdela sredstvo za dokazovanje elitnega statusa, ni bila naklonjena novomedijski umetnosti, ki so jo – upravičeno ali ne – imeli za institucionalno umetniško obliko.

Te dni v Rusiji ni lahko najti ustvarjalca, ki bi sam sebe eksplicitno imenoval medijski umetnik. Pripadniki stare garde medijske umetnosti, ki se niso povsem umaknili z umetnostne scene in poniknili v oglaševalskih agencijah, televizijskih produkcijah in tako naprej, še naprej ustvarjajo umetniška dela, ki ne potrebujejo etikete »medijska umetnost«, da bi jih bilo mogoče prodati na umetnostnem trgu.[75]

To je stanje, ki se je bolj pred nedavnim in z enako dinamiko vzpostavilo tudi na Zahodu. Tu je razvoj sistema novomedijske umetnosti s pomočjo dinamike, ki smo jo skušali ilustrirati, potekal z roko v roki z naraščajočim zanimanjem tradicionalnih umetnostnih institucij. Toda teh underground tradicija novomedijske umetnosti običajno ne zanima in svojo pozornost raje osredotočajo na najnovejše dosežke, povezane z množičnim širjenjem digitalnih tehnologij in s pojavitvijo svetovnega spleta v drugi polovici devetdesetih let.

Dejansko je na začetku tega desetletja le malo umetnikov ozaveščeno uporabljalo »domače« tehnologije za produkcijo umetnosti; to so bili ustvarjalci, kot je Italijan Maurizio Bolognini, ki je na začetku devetdesetih let ustvarjal izrazito konceptualne instalacije: reprogramiral je osebne računalnike in jih »zapečatil«, tako da je bilo njihovo delovanje, ki je zvenelo kot monotono brnenje, mogoče zaznati, pač pa ga z nobeno izhodno enoto ni bilo mogoče tudi vizualizirati;[76] ali pa nemški umetnik Wolfgang Staehle,

75   Lioudmila Voropai, »Institutionalisation of Media Art in the Post-Soviet Space: The Role of Cultural Policy and Socioeconomic Factors«, op. cit.
76   Cf. AAVV, *Maurizio Bolognini: Infinito personale*, Edizioni Nuovi Strumenti 2007.

ki je v New Yorku leta 1991 uporabil več elektronskih oglasnih desk (BBS), da je ustvaril *The Thing* (*Stvar*), ki jo je zasnoval kot »družbeno skulpturo« v Beuysovem slogu. Domača uporaba računalnikov je ostala osrednje prizorišče formiranja digitalnih kultur devetdesetih let, novomedijska umetnost pa se je na začetku desetletja osredotočala predvsem na imerzijske sisteme in virtualno resničnost, navzočnost na daljavo in interaktivnost (s figurami, kot so Jeffrey Shaw, David Rokeby, Paul Sermon in v Italiji Mario Canali, Piero Gilardi in Studio Azzuro), tehnološko protetiko in robotiko (Eduardo Kac, Stelarc) ter tridimenzionalno grafiko in generativne algoritme (Karl Sims). Toda to delo je vključevalo uporabo najnaprednejših tehnologij in je bilo preveč osredotočeno na najnovejša tehnološka odkritja in izume ter preveč oddaljeno od razvoja sodobne umetnosti v tem obdobju, da bi bilo zares zanimivo v tem kontekstu.

S pojavitvijo svetovnega spleta (prvi komercialni spletni brskalnik, Mosaic, se je pojavil leta 1994) in množično distribucijo osebnih računalnikov (1995) se je stanje radikalno spremenilo. Računalniki devetdesetih let so bili poceni in imeli so intuitiven vmesnik; uporabljati jih je znal vsakdo z minimalnimi navodili (ki si jih pogosto dobil na univerzi ali delovnem mestu, mlajše generacije pa prek videoiger). Obdelovanje besedil, spreminjanje slik in ustvarjanje zvočnih in video datotek so bili razmeroma preprosti postopki. Hkrati pa je svetovni splet dal internetnemu omrežju večpredstavnostni, hipertekstualni vmesnik, ki je temeljil na programskem jeziku (HTML), katerega osnov se je mogoče naučiti v nekaj dneh. Ustvarjanje umetnosti z računalnikom ni več terjalo tehnološke izurjenosti, dostopa do raziskovalnih laboratorijev, sodelovanja z inženirji in drugimi profesionalci. Lotil se ga je lahko sleherni ustvarjalec in ta umetnost ni bila nujno dostopna le prek računalnika. Po eni strani je računalnik torej lahko uporabil kateri koli umetnik, po drugi strani pa vsakdo, ki je želel izkoristiti izjemni komunikacijski, estetski in pripovedni potencial svetovnega spleta. Natanko tako je nastala spletna umetnost. Zdaj ni šlo več za produciranje najjasnejših možnih podob z danim orodjem ali za ustvarjanje imerzijskih vmesnikov, temveč za raziskovanje in izpodkopavanje elementarnega jezika, proizvajanje kratkih stikov v komunikaciji in vdiranje v globalni komunikacijski medij. Prvi spletni umetniki niso izšli iz novomedijske umetnosti preteklih let, temveč iz fotografije (Alexei Shulgin), postkonceptualne umetnosti (Vuk

Ćosić), filma (Olia Lialina), ulične umetnosti (Heath Bunting), slikarstva (Mark Napier) in videoumetnost (Jodi); večina teh ustvarjalcev ima umetnostno izobrazbo in ne tehnološke. Nekateri so se k svetovnemu spletu zatekli zaradi razočaranja nad svetom sodobne umetnosti, drugi so ravno končali umetniško šolo, tretji (denimo Ricardo Dominguez) so bili povezani s političnim aktivizmom, ki je ravno v tem obdobju začel dojemati izjemni potencial svetovnega spleta za medijski vpliv. Spletna umetnost je bila ironična in subverzivna; poigravala se je z mejami pomena; ozirala se je k avantgardnim in neoavantgardnim gibanjem; ustvarjala je pastiše, kolaže in jezikovne igre; bila je produkt obdobja kulturne produkcije, ki je odpravila razlikovanje med izvirnikom in kopijo.

Spletna umetnost se je pojavila med letoma 1995 in 1997. Leta 1997, ki je eno najpomembnejših na koledarju sodobne umetnosti, ji je bil na Documenti posvečen poseben del. Leto pred tem je švicarski kolektiv etoy osvojil zlato Niko, najvišjo nagrado Prix Ars Electronica, v kategoriji »svetovni splet« za delo *Digital Hijack* (*Digitalna ugrabitev*), spektakularno izvedbo manipulacije spletnega iskalnika, ki je več sto tisoč uporabnikov interneta preusmerila na spletno stran kolektiva.[77] V kategoriji »računalniška animacija« je prvo nagrado prejel Pixar za animirani film *Toy Story* (*Svet igrač*, 1995), prvi film, ki je bil v celoti narejen s pomočjo računalniške grafike. Na fotografiji, ki je obeležila ta dogodek, etoyev agent z obrito glavo in sončnimi očali z zrcalnimi stekli, v oranžnem jopiču in črnih hlačah stoji na odru skupaj z japonskim interaktivnim umetnikom Masakijem Fujihato, kanadskim skladateljem elektroakustične glasbe Robertom Normandeaujem in scenaristom ter režiserjem Petom Docterjem iz Pixarja; vsi se smehljajo, a zdi se, da se sprašujejo, kaj počnejo skupaj na istem odru. In vprašanje nikakor ni irelevantno. Leto 1989 je bilo ključno za utrditev sveta novomedijske umetnosti, leto 1997 pa *annus horribilis*, ko sta se ta umetnost in njen svet razcepila; to je bil trenutek, ko so se tako imenovani novomedijski umetniki začeli spraševati, kaj jim je sploh skupno razen medija in slabe prepoznavnosti v svetovih *mainstream* umetnosti.

Zdi se, da so opisani dogodki, ki so se zvrstili od osemdesetih let,

---

77　Cf. Nico Piro (ured.), *Etoy – Cyberterrorismo: Come si organizza un rapimento virtuale*, Castelvecchi, Rim 1998.

skoncentrirani v Evropi. Kaj se je torej dogajalo v Združenih državah Amerike, domovini novih tehnologij in prvih umetniških eksperimentov v tej smeri? Lev Manovich pojasnjuje ameriški zastoj na tej fronti z dvema preprostima razlogoma.[78] Prvič, zaradi hitrosti, s katero so se nove tehnologije asimilirale v Združenih državah Amerike, so te tehnologije v zelo kratkem času postale nevidne. Povedano drugače, v Združenih državah Amerike ni bilo nobene prekinitve med pojavitvijo neke nove tehnologije in njeno normalizacijo, ravno takšne prekinitve pa umetnikom omogočajo, da razvijejo kritičen odnos do medija. Drugič, Manovich pripisuje odgovornost za zastoj pomanjkanju institucionalne podpore, vsaj v primerjavi z območji, kot so zahodna Evropa, Avstralija in Japonska, kjer se je svet novomedijske umetnosti v osemdesetih in devetdesetih letih lahko zanesel na javna sredstva. V Združenih državah Amerike je svet umetnosti naravnan tržno in v takšnem kontekstu je umetniška praksa, ki je vedno priznavala svojo neprimernost za trg, dolga leta težko shajala.

Takšno je bilo stanje do poznih devetdesetih let, ko so se razmere povsem spremenile. Univerze in umetniške šole so uvedle predmete in programe novomedijske umetnosti in novomedijskega oblikovanja. Prestižne akademske založbe, kot je MIT Press, so začele izdajati knjige na to temo. Ugledne institucije, kot so Princeton Institute for Advanced Studies (Inštitut za višji študij v Princetonu), Rockefeller Foundation (Rockefellerjev sklad) in Social Science Research Council (Raziskovalni svet za družboslovne vede), so se lotile organiziranja konferenc, podeljevanja nagrad in zagotavljanja finančnih sredstev. Najpomembnejši muzeji sodobne umetnosti – od Whitneyjevega muzeja ameriške umetnosti do MoME v New Yorku, od Muzeja moderne umetnosti v San Franciscu do Walkerjevega umetnostnega centra v Minneapolisu in muzeja Guggenheim v New Yorku – pa so se skupaj s številnimi univerzitetnimi muzeji vpletli v pripravljanje razstav, programov in kuratorskih služb. Celo nekaj zasebnih galerij, kot je Postmasters v New Yorku, je pripravilo samostojne in skupinske razstave novomedijske umetnosti. Ob specializiranih ustanovah, kot je Eyebeam v New Yorku, so se pojavile

78   Lev Manovich, »New Media from Borges to HTML«, op. cit.

tudi različne neprofitne organizacije (pogosto pod vodstvom umetnikov), že delujoče strukture, kot je organizacija Electronic Arts Intermix (EAI), ki jo je leta 1971 ustanovil Howard Wise in ki se je dotlej osredotočala predvsem na video, pa so postale bistveno bolj dostopne za digitalne medije. Povedano drugače, zanimanje za novomedijsko umetnost je v Združenih državah Amerike eksplodiralo v obdobju, ko je novomedijski sektor začel pridobivati finančni zagon in ko je novomedijska umetnost postala finančno in tehnično vzdržna za slehernega ustvarjalca.

Toda to je bil kratkotrajen pojav. Po zlomu »nove ekonomije« in posledični izgubi sredstev, ki so krepila zanimanje za novomedijsko umetnost, se je navdušenje ameriškega muzejskega sistema precej poleglo. Na tej točki se je ameriška scena novomedijske umetnosti soočila z dvema možnostma in preizkusila obe. Po eni strani je skušala opraviti naporno nalogo integracije v sistem sodobne umetnosti in njenega trga. Po drugi strani se je z zanimanjem ozrla k Evropi in skušala izoblikovati alternativni model preživetja, ki bi ji omogočil ohranitev njenih specifičnih lastnosti.

Primerjava obeh svetov

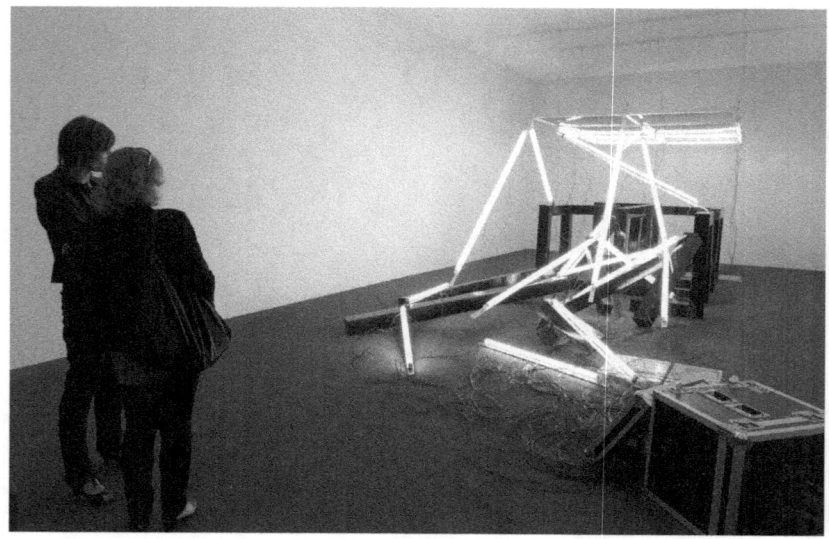

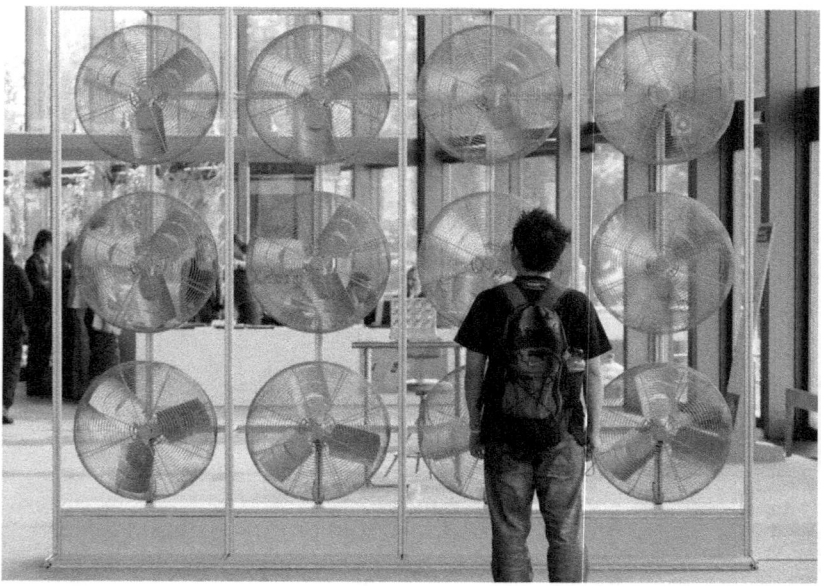

Zgoraj: *Art Unlimited* (*Neomejena umetnost*, 2009). Objavljeno z dovoljenjem Art Basel. Spodaj: Scott Snibbe, *Blow Up* (*Povečava*, 2005). Interaktivna instalacija, Ars Electronica, 2005. Vir: rubra. Objavljeno z dovoljenjem arhiva Ars Electronice.

Če se boš razglasil za umetnika, potem govori v jeziku umetnika.
Preveč ljudi v novih medijih je na to pozabilo.

Warren Neidich[79]

V devetdesetih letih smo bili priča vzniku umetniške prakse, ki je prodrla tako v svet sodobne umetnosti kakor tudi v svet novomedijske umetnosti. Sprva je vneto pripadala zgolj slednjemu, zaradi lastnosti, ki jih je razvila pred nedavnim, pa je zdaj primerna tudi za prvega, ob tem pa goji močno željo po preseganju razlikovanja med njima. Oba svetova imata svoje pozitivne in negativne lastnosti; oba morata iskati ravnovesje med konservativnimi težnjami in inovativno energijo in v obeh, kot sta zapisala kritika Inke Arns in Jacob Lillemose, »delujejo sile, ki nasprotujejo integraciji obeh svetov, čeprav bi to koristilo obema«.[80]

V tem poglavju bomo ta svetova primerjali in kontrastirali. Primerjava temelji na nizu konceptualnih stičišč, ki jih v svoji knjigi *Art Worlds* (*Svetovi umetnosti*) povzema Howard S. Becker; sem sodijo razumevanje umetnosti, na katerem temelji neki svet umetnosti, tip umetnika, ki je uspešen v tem svetu, sistem vrednotenja umetniških del in raven tolerantnosti oziroma dovzetnosti za ideje, ki se oddaljujejo od klasičnih kanonov. Poenostavljanju se ne bomo mogli povsem izogniti; v slehernem sistemu obstajajo pravila, ki mu zagotavljajo njegovo specifično naravo, izjeme pa ga delajo prepustnega in prilagodljivega posameznim temam; umetnosti ni mogoče dokončno opredeliti, saj se nenehno spreminja.

Obravnavi teh dveh svetov je bilo nujno dodati tretji razdelek o internetu, kajti pojavitev interneta in potrošniške elektronike je delovala kot topla greda za mutirani gen, ki je privedel do nastanka umetniške prakse, ki se ukvarja z novimi mediji in ki niha med obema svetovoma, ju presega in prestopa meje obeh.

---

79   V: Geert Lovink, »New Media Arts: In Search of the Cool Obscure: Explorations beyond the Official Discourse«, op. cit.
80   Inke Arns in Jacob Lillemose, »»It's Contemporary Art, Stupid‹: Curating Computer Based Art Out of the Ghetto«, v: Anke Buxmann in Frie Depraetere (ured.), *Argos Festival*, argoseditions, Bruselj 2005, dostopno na spletnem naslovu http://uncopy.net/wp-content/uploads/2011/04/arnslillemose-contemporarystupid.pdf [zadnji dostop marca 2013].

Koristno izhodišče za našo primerjavo je razlikovanje med Duchampovo (svet sodobne umetnosti) in Turingovo deželo (svet novomedijske umetnosti), ki ga je uvedel Lev Manovich v besedilu iz leta 1997.[81] Po Manovichevem mnenju ima kanonični umetniški predmet Duchampove dežele naslednje značilnosti: usmerjen je k vsebini, pa naj bo to lepota, »metafora za človekovo usodo«, kršenje pravil in tako naprej; je »zapleten« v tem smislu, da razumevanje predmeta vključuje uporabo različnih kulturnih kodov in zavzetje nespoštljive, postmoderne drže; je ironičen, avtoreferenčen in pogosto uporabi destruktiven pristop k materialu, ki ga uporablja.

Vice versa, kanonični umetniški predmet Turingove dežele kaže povsem nasprotne lastnosti: je tehnološko naravnan oziroma usmerjen k eksperimentiranju z najnovejšimi tehnologijami, ki so na voljo na trgu; je preprost in običajno mu primanjkuje ironije; tehnologijo, ki jo uporablja, jemlje zelo resno – zaradi česar je bližji računalniški industriji kot pa umetnosti.

V zvezi z zadnjo ugotovitvijo Manovich opaža, da se v Turingovi deželi skoraj nikoli ne razmišlja o omejitvah stroja, njegovih pomanjkljivostih, hibah in odpovedih; tu računalniki morajo delovati, in kadar ni tako, je rezultat šok (denimo med komercialnim prikazom), ne pa vtis, da gre za »čudovito dadaistično naključje«. Manovich opaža, da se je nekaj umetnikov začelo ukvarjati s tem, vendar ne verjame, da bi se umetnost Turingove dežele sploh kdaj lahko prelila v Duchampovo deželo, kajti ta »hoče umetnost, ne pa raziskovanja novih estetskih možnosti novih medijev«.

Manovicheva zmota je v tem, da razumevanje umetnosti, ki ga podpira Turingova dežela, zamenjuje z umetniško prakso, ki se dejansko manifestira v tej deželi. Leta 1997 je bila to še vedno opravičljiva zmota glede na to, da velik del novomedijske umetnosti v tem obdobju ni imel nobenih zadržkov glede tega, da je samega sebe opisoval kot »raziskovanje novih estetskih možnosti novih medijev«; ko pa je Manovich leta 2003 pisal o Ars Electronici in razvijal podobne misli, je bila ta zmota že »smrtni greh«.[82] To je bilo obdobje, ko je bilo

---

81   Lev Manovich, »The Death of Computer Art«, 1997, dostopno na spletnem naslovu www.manovich.net/TEXT/death.html [zadnji dostop marca 2013].
82   Lev Manovich, »Don't Call it Art: Ars Electronica 2003«, *Nettime*, 22. september 2003, dostopno tudi na spletnem naslovu http://manovich.net/DOCS/ars_03.doc [zadnji dostop marca 2013].

ločevanje predstave o umetnosti, kakršno so podpirali konteksti, kot je Ars Electronica, od predstave o umetnosti, ki jo implicira velik del »novomedijske umetnosti«, v polnem razmahu.

Sodobna umetnost: Ideja umetnosti

Kot je zapisal Arthur Danto, je od šestdesetih let (namreč od sprejetja nove »paradigme«, ki jo je v drugem desetletju dvajsetega stoletja uvedel Marcel Duchamp s svojimi prvimi najdenimi predmeti oziroma *readymadei*) vse lahko umetnost, dokler obstaja notranji razlog, zaradi katerega bi neko stvar morali razumeti kot umetnost.[83] Toda identificirati ta razlog ni vedno preprosto. V knjigi, ki naj bi običajnim smrtnikom pojasnila, »zakaj je sodobna umetnost res umetnost«, Francescu Bonamiju to spektakularno spodleti, ker uporablja posredne strategije, zaradi katerih se vedno znova oddalji od tega problema. V uvodu Bonami pojasni, da za razumevanje umetniškega dela »potrebuješ le nepristranski pristop«, radovednost in pogum ter da najpomembnejša stvar v umetnosti ni tehnika, temveč ideja, ki mora biti »nova« in »prava«: »Najpomembnejša stvar, v vseh primerih in – če je le mogoče – še preden se je domisli kdo drug, je to, da v pravem trenutku misliš pravo stvar.«[84] Toda Bonami ne pojasni koncepta »nov«. Ob popolni odsotnosti pravil je edino, za kar se zdi, da vzdrži natančen pregled, in k čemur se Bonami pogosto vrača, osrednja vloga ideje. »Prava ideja« oziroma »dobra vsebina« je edina stvar, ki Duchampa, ki se je »naučil mešati zrak bolje od drugih«, povezuje z »reakcionarno« umetnostjo Luciana Freuda, ki slika, »kot da Duchamp in Warhol nista nikoli obstajala«.

Bonamijevo simplificirano estetiko omenjam namesto bolj strukturiranih teorij, ker menim, da razkriva nekaj pomembnega o areni, ki jo analiziramo. Zdi se, da Bonami, ki se uvršča med mednarodno najbolj cenjene kritike in kustose, svojega dela ne opira na specifično »idejo umetnosti«. Kot kaže, deluje bolj kot nekakšen bajaničar, ki lahko vidi umetnost tam, kjer je drugi ne

---

83 Cf. Arthur Danto, *The Abuse of Beauty: Aesthetics and the Concept of Art*, Open Court Publishing, Chicago 2003.
84 Bonami, *Lo potevo fare anch'io: Perché l'arte contemporanea è davvero arte*, op. cit., str. 3–18 [prevod Domenico Quaranta].

morejo – in je skoraj vedno na pravem mestu. Očitno je, da je to mogoče, ker ima Bonami, ko se enkrat odloči, avtoriteto in sredstva, da svojo odločitev kot »pravo« oziroma »pravilno« vsili tudi drugim pripadnikom sveta umetnosti; to je podatek, ki namiguje na kontekstualno opredelitev umetnosti, po kateri je umetnost umetnost, ker jo obdaja kontekst, ki pravi, da je tako. Kot pojasnjujeta Blaisova in Ippolito, ta ideja ni nič več kot intelektualna provokacija (Duchampova), ki se je spremenila v intelektualno inercijo (sodobnega sveta umetnosti).[85] Če umetniško delo opredeljuje njegova avra in če v dobi tehnične reprodukcije umetniških del ta avra ni več integralni del umetnine, proces »podeljevanja« avre – delo kritikov, muzejev, galeristov in trgovcev z umetninami – ne sledi prepoznanju objekta kot umetnine, temveč se dejansko zgodi pred tem. Umetnost je umetnost, ker kritiki pišejo o njej, muzeji jo razstavljajo in zbiratelji zbirajo, ne pa obratno; avra ni vzrok, temveč *posledica* te intelektualne pozornosti, zanimanja muzejev, naložb zbirateljev in tako naprej.[86]

Ta teorija, ki se neredko pojavi tako med pripadniki sveta umetnosti kakor tudi med tistimi, ki umetnost kritizirajo od zunaj, je nedvomno zelo privlačna. Tako je tudi zato, ker če jo sprejmemo, zlahka najdemo dokaze, ki jo podpirajo, zelo težko pa najdemo argumente, ki jo izpodbijajo. Za primer vzemimo Damiena Hirsta, enega od zvezdnikov sodobnega sveta umetnosti; vse preenostavno ga je videti kot rezultat naložb oglaševalskega mogotca (Charlesa Saatchija), zelo trdnega sveta umetnosti (angleških veljakov), izjemno izurjenega (umetnikovega) občutka za posle in skupnega prizadevanja muzejev, zbirateljev, galerij, kritikov in kustosov. Mnogo teže je razložiti, zakaj nas njegove barvne pike očarajo, zakaj nas njegova krila metuljev fascinirajo in zakaj njegove lekarne in živali v formaldehidu utelešajo našo tesnobo bolje od številnih drugih sodobnih umetniških del. Povedano drugače, težko je vedeti, ali bi bili ta dela prepoznali kot umetniška dela, preden jim je svet umetnosti podelil avro, ki jo krepijo izbruhi besed, s katerimi jih opisujejo, kupi denarja, ki jih porabijo za njihove nakupe, in sakralni ambient bele kocke.

---

85   Glej Joline Blais in Jon Ippolito, *At the Edge of Art*, op. cit.
86   Cf. tudi Alessandro Dal Lago in Serena Giordano, *Mercanti d'aura: Logiche del"arte contemporanea*, Il Mulino, Bologna 2006 [prevod Domenico Quaranta].

Problem se seveda pojavi zaradi šibke narave redkih poskusov ponuditi drugačno definicijo umetnosti, ki bi presegla kontekstualno teorijo. Bonamijeva »teorija prave ideje« precej dobro izraža to šibkost. A kot kaže, niti precej bolj sofisticirani teoriji, denimo teoriji filozofa Maria Perniole (2000), ni uspelo obroditi sadov, ki se jih nadejamo. Dandanes »se nam zdi ›naravno‹, da so nekateri predmeti umetniška dela in da so nekateri ljudje umetniki; vsa druga vprašanja se zdijo odveč«, piše Perniola.[87] A kaj je tisto, razen ekonomske in komunikacijske vrednosti, zaradi česar je umetnost umetnost?

Po filozofovem mnenju je odgovor na to vprašanje v *senci umetnosti*, »nejasni obliki, ki vsebuje najbolj vznemirljive in skrivnostne elemente, ki ji pripadajo«. A Perniola noče opredeliti te sence, saj se zaveda, da je v njeni naravi, da »izgine, ko je izpostavljena svetlobi«. V najboljšem primeru lahko identificiramo nekaj komponent te sence – »razkošje realnega«, »spolno privlačnost anorganskega«, »logiko nesoglasja«. Če jo osvetlimo, pa to nujno pomeni njeno izginotje.

Zdi se, da iz vseh teh »šibkih« teorij izhaja potreba po močni vsebini, po sposobnosti umetnosti, da se osredotoči na problem in se mu približa, ga objektivizira in nam ga ponudi v analizo. Iz tega se razvije tudi predsodek do specifičnosti medija in umetnosti, ki ni »zgolj umetnost«. Ta predsodek je po eni strani povezan z *damnatio memoriae*, kar je doletelo Clementa Greenberga v Združenih državah Amerike, po drugi strani pa z dejstvom, da je umetnost, kot kaže, vstopila v »postmedijsko« fazo, ki se najbolje kaže v multimedijskih instalacijah in nomadskem omahovanju med različnimi mediji, ki je značilno za delo številnih umetnikov. Natančneje, po mnenju Rosalind Krauss je bila specifičnost medija premagana nekje v sedemdesetih letih – po eni strani zaradi Marcela Broodthaersa z njegovim »orlovskim načelom«, ki »zruši idejo estetskega medija in hkrati vse enakovredno spremeni v *readymade*, ki odpravi razliko med estetskim in komodificiranim«,[88] po drugi strani pa zaradi videa, ki je s svojo »konstitutivno heterogenostjo«, ki je skupna videu in televiziji, naznanil konec medijske specifičnosti. »V dobi televizije, tako je naznanil

---

87   Mario Perniola, *L'arte e la sua ombra*, Giulio Einaudi Editore, Torino 2000, str. ix.
88   Rosalind Krauss, *A Voyage in the North Sea: Art in the Age of the Post-Medium Condition*, Thames & Hudson, London 1999, str. 19.

[video], smo v postmedijskem stanju.«[89] Kar ne pomeni, da je vztrajanje v lastnem mediju neprimerno ali da je raziskovanje specifičnih lastnosti tega medija smrtni greh. Kraussova skuša to pojasniti v drugem besedilu, eseju s pomenljivim naslovom »Reinventing the medium« (»Vnovično izumljanje medija«). Po njenem mnenju umetniki v postmedijski fazi lahko vnovič odkrijejo oziroma izumijo medij, potem ko je ta zastarel, vendar ne zato, da bi raziskovali njegov ustvarjalni ali estetski potencial, temveč da bi ga preučili kot »teoretski predmet« umetnosti.[90]

Sodobna umetnost: Umetnik

V delu *Remainder* (*Ostanek*), prvem romanu angleškega umetnika in pisca Toma McCarthyja, je protagonist preživel nesrečo, ki ji je sledil mučen proces rehabilitacije, po katerem se glavnemu liku ni povsem povrnil spomin, dobil pa je več milijonov funtov odškodnine. S tem denarjem junak vztrajno poskuša povrniti avtentičnost nekaj kratkih epizod iz svoje preteklosti in sedanjosti, tako da te epizode zvesto rekonstruira in jih vnovič uprizarja. Njegov prvi projekt je poskus rekonstrukcije vzdušja v hiši, o kateri je protagonist prepričan, da je v njej živel. Prizorišče rekonstruira zelo podrobno (vključno z razpokami v zidovih, črnimi mačkami na strehi pred hišo, zvoki in vonji) in za polni delovni čas najame različne »igralce«, ki naj bi mu omogočili podoživljanje teh trenutkov, kadar bi se mu zahotelo. Sledijo drugi »projekti«, ki jih uprizarja s pomočjo številnih profesionalcev in »igralcev«; obsedeno rekonstruira manjšo nesrečo, ki jo je nekoč doživel na bencinski črpalki, umor in bančni rop. Vse to počne zato, da bi si omogočil podoživetje ščemečega občutka, ki ga prevzame, ko doseže pristnost.

V nekem trenutku ga nekdo vpraša, ali se morda nima za neke vrste umetnika. Toda junak odvrne: »Ne. Umetnost mi nikoli ni ležala. V šoli.«[91] To so pomenljive besede. Razkrivajo namreč, da umetnost dandanes ni nekaj, kar bi se učil v šoli, in da ni nujno povezana s tradicionalnimi umetniškimi

89 Ibid., str. 32.
90 Rosalind Krauss, »Reinventing the Medium«, *Critical Inquiry*, zima 1999, let. 25, št. 2, str. 289–305.
91 Tom McCarthy, *Remainder*, Vintage Books 2007, str. 237.

tehnikami. Povedo nam tudi, da je umetnost nekaj vizionarskega in odvečnega; ni povezana s predmeti, ampak s projekti; ne ustvarja nič uporabnega, pač pa terja popolno predanost, precejšnja sredstva in vpletenost številnih različnih profesionalcev.

Podoba umetnika, ki se izoblikuje tu, je še vedno trdno zasidrana v romantični predstavi o geniju, čeprav je ta očitno posodobljena, da ustreza sodobnim standardom. Figure, kot sta Olafur Eliasson, ki je ustvaril slapove, ki so padali po opornikih newyorških mostov, in Matthew Barney, ki je pet let svojega življenja preživel v ustvarjanju edinstvenega ciklusa filmov, ki je bil v celoti zasnovan kot sofisticirana alegorija moških genitalij, so popolno utelešenje te predstave. Romantični genij je pridobil status zvezdnika, od njega ali nje pa se tudi pričakuje, da je izvrsten podjetnik; pomislite na osebnosti, kot so Damien Hirst, Maurizio Cattelan in Francesco Vezzoli, pred njimi pa tudi Jeff Koons in Andy Warhol. Če se z vzvišenih vršacev umetnosti postopoma spustimo v kompleksno in raznoliko umetniško favno, mnogo teh vidikov zbledi, toda konstanta, ki ostaja, edina stvar, ki jo vedno pričakujemo od umetnika, je popolna predanost projektu oziroma ideji. O vsem razen o tej stalnici se razpravlja, o vsem ostalem se vedno znova pogaja. Mit popolne svobode dopušča tudi možnost izbire popolnoma reakcionarne poti – poti ročne spretnosti, tehnične veščine, obsedenega negovanja enega samega jezika. Umetniki lahko svoje identitete skrivajo za psevdonimi ali v kolektivih; zato se akademski slikar, kot je John Currin, lahko brati s takšnimi, kot je Jeff Koons, ki mu njegova marmornata doprsja izdelujejo izurjeni rokodelci. Koons, ki se postavlja v središče številnih od svojih del, raziskuje – in krepi – kult umetnikove osebnosti; v sodobni umetnosti pa zlahka naletimo na sodelovalne platforme, na katerih se prispevki posameznikov zlivajo v kolektivni rezultat; obstoj kolektivov, kot je indijski Medijski kolektiv RAQS (RAQS Media Collective) – platforma, ki deluje na umetniški, kritiški in kuratorski ravni –, ni nikakršno presenečenje.

Sodobna umetnost: Meje

V delu *Mercanti d'aura* (*Trgovci z avro*) Alessandro Dal Lago in Serena Giordano trdita, da »namen« pomeni nepremostljivo oviro, da bi bil neki predmet umetniško delo. Če ima predmet namen, ne more biti umetnost, kajti umetnost ne služi nobenemu namenu, temveč obstaja le zase. Pisca gresta celo dlje in trdita, da imajo predmeti, ki jih izdelajo zato, da bi služili nekemu namenu (torej izdelki svetov, kot so svet mode, svet oblikovanja in celotna kulturna industrija) moteče lastnosti, zaradi katerih je odpor do teh predmetov posebno silovit. Ti predmeti nas vznemirijo, ker so v vseh pogledih umetnine, so pa tudi »storitve, ki jih zaznamuje stigma drugovrstnih del«.[92]

To je nedvomno precej prepričljiva teorija. Larpurlartizem, ki so ga zasnovali esteti poznega devetnajstega stoletja, se je v številnih različnih oblikah ohranil tudi v umetnosti in kritiki dvajsetega stoletja. Toda ohranjanje predstave, da je svet sodobne umetnosti slonokoščeni stolp, ki ga nenehno ogrožajo manjvredne, drugorazredne prakse, je – iskreno rečeno – anahronistično. Vse umetnosti imajo svoje lastne »svetove umetnosti« in večino artefaktov, ki jih ustvarijo, je mogoče ceniti le glede na kanone teh svetov. A vendar lahko sleherni od teh svetov ustvari – je že ustvaril in ustvarja še naprej – niz artefaktov (običajno precej omejen niz), ki so sposobni izpolniti merila nekega drugega sveta, denimo sveta sodobne umetnosti. To se zgodi iz različnih vzrokov: bodisi zato, ker je zgodovinski razkol med nekaterimi od teh »svetov umetnosti« dejansko precej nova stvar, ali zato, ker si nekateri pojavi, ki so del mitologije sodobne umetnosti, denimo modernizem, zamišljajo spravo, ki se v rednih presledkih pojavlja še naprej, lahko pa tudi zato, ker je svet sodobne umetnosti, zamišljen kot prizorišče prostega eksperimentiranja, ki ga ne omejujejo skriti nameni, že od nekdaj posebno dojemljiv za pristope in osebnosti, ki jih drugi svetovi umetnosti vidijo kot anomalije.

Povedano drugače, povrhnjica sveta sodobne umetnosti je precej bolj porozna in prepustna kot pri drugih svetovih umetnosti, in čeprav se je v nekaterih obdobjih v preteklosti izkazala za manj porozno, je bilo obdobje, ki

---

92 Alessandro Dal Lago in Serena Giordano, *Mercanti d'aura: Logiche dell''arte contempora-nea*, op. cit., str. 225.

se je začelo leta 1989, s padcem berlinskega zidu in z vnovičnim oživetjem umetnostnega trga po recesiji ob koncu osemdesetih let, nedvomno posebno dovzetno za kontaminacijo. Na to v svojem kritiškem in kuratorskem delu pogosto opozarja Germano Celant:

> Umetnost [...] je končno doumela, da mora za to, da se lahko izrazi in predstavi kot proces neizprosnega vnovičnega izumljanja in srečanj, ne le sprejeti prepletanje in spajanje z drugimi jeziki, od arhitekture do mode, od oblikovanja do kina, ampak se mora tudi prožno izražati s pomočjo vseh medijev.[93]

To stanje ima za posledico dve gibanji: prisvajanje, ki umetnike spodbuja, naj se ukvarjajo z drugimi mediji, tako da jih vnašajo v svet sodobne umetnosti ali da se premikajo proti drugim svetovom, in približevanje, s katerim mnogo hibridnih, mejnih figur (filmski ustvarjalci, oblikovalci, glasbeniki in tako naprej) vnaša svoja dela v areno sodobne umetnosti. Kot bi lahko tudi pričakovali, se to ne dogaja le na»mejah imperija«, ampak v središču in vključuje tudi najpomembnejše osebnosti. Pomislite na Matthewa Barneyja in Širin Nešat, ki sta svoja dela predstavila na beneškem filmskem festivalu, pomislite na številne ustvarjalce, ki režirajo hollywoodske filme (od Roberta Longa do Kathryn Bigelow in Juliana Schnabla), ali pa na Pierra Bismutha, ki je dobil oskarja za scenarij za film *Eternal Sunshine of the Spotless Mind* (*Večno sonce brezmadežnega uma*, 2004), ki ga je napisal skupaj z režiserjem Michaelom Gondryjem. In pomislite tudi na sodelovanje Takashija Murakamija z Vuittonom, na dvojno identiteto Carstena Nicolaia (ki pod imenom Alva Noto deluje tudi kot glasbenik) in na nomadstvo Petra Greenawaya.

Vse to omogoča tudi notranji razvoj v svetu sodobne umetnosti, ki se čedalje bolj uveljavlja kot eden od sektorjev kulturne industrije in industrije zabave. In muzeji in institucije, ki so tradicionalno konservativnejši, olajšujejo ta proces s prirejanjem razstav, posvečenih modi in oblikovanju, in to na načine, o katerih bi se dalo razpravljati in tudi se razpravlja, vsekakor pa s tem oblikujejo nov trend.

---

93   Germano Celant, *Artmix: Flussi tra arte, architettura, cinema, design, moda, musica e televisione*, Feltrinelli, Milano 2008, str. 6 [prevod Domenico Quaranta].

Sodobna umetnost: Vrednost

O vprašanju, kako je vse to mogoče uskladiti s tradicionalno koncepcijo vizualnega umetniškega dela, ki naj bi bilo edinstven artefakt (oziroma izdelek z omejenim številom kopij), zanimiv za zbiratelje in torej tudi finančno dragocen, se nenehno razpravlja, saj očitno zajema nekaj zanimivih kompromisov.

V svetu sodobne umetnosti se vrednost določa po zapletenem sistemu, ki vključuje, kritiko, muzeje in druge institucije, nagrade, razstave in trg. Ker ne morem obravnavati vsakega od teh akterjev posebej, se bom posvetil predvsem trgu, ki je v moji analizi manjkajoči člen v svetu novomedijske umetnosti.

Umetnostni trg ima v svetu vizualnih umetnosti ključno vlogo že od devetnajstega stoletja, ko je umetnost začela počasi trgati vezi s plemstvom in institucionalnimi oblastmi in se spreminjati v zasebno dejavnost, večinoma namenjeno kultiviranemu meščanstvu, ki je iskalo družbeni ugled, ki ga lahko dobiš le s produktivnim odnosom do sveta kulture. Posebno po drugi svetovni vojni je bila umetnost čedalje tesneje povezana s trgom; »dematerializacija umetnosti« je postala mogoča v obdobju, ko je bil trg razmeroma šibak, ko pa si je v osemdesetih letih dvajsetega stoletja opomogel in ko je povpraševanje po artefaktih, ki bi jih bilo mogoče prodati, spet naraslo, so znova prišle v ospredje tradicionalne prakse, kot sta slikarstvo in kiparstvo. Zlom borze leta 1989 je skupaj z drugimi odločilnimi dejavniki – novo geopolitično stanje, aids, ki je izbrisal celotno generacijo umetnikov – odigral ključno vlogo v spreminjanju razmer v zgodnjih devetdesetih letih.

Faza, ki je sledila in ki še vedno poteka, je zapletena iz različnih razlogov. Globalizacija potiska v ospredje nove umetniške scenarije, nove razstavljavske platforme in nove trge; pojavljajo se novi začasni umetniški dogodki, kot so bienali, ki ustvarjajo nove destinacije za kulturni turizem; muzeje sodobne umetnosti prenavljajo in preskušajo teren globalnega muzeja, muzeji kot taki pa postajajo pravi umetniški predmeti s prostori, ki so pogosto privlačnejši od svoje vsebine; muzeji ponujajo vrsto storitev in postajajo žarišča družbe, v kateri imajo ključno vlogo storitveni sektor, mediji in kultura; in navsezadnje je vzpon informacijske družbe povzročil tudi eksponentno povečanje števila platform za kritiko in začetek izhajanja številnih novih revij.

Na čelu teh sprememb je trg umetnosti. Zasebne galerije prirejajo dogodke; s pomočjo sejmov sodobne umetnosti čedalje bolj pogojujejo sestavljanje muzejskih zbirk; s plačevanjem oglaševalskega prostora v umetnostnih publikacijah financirajo umetnostno kritiko, in četudi odnos, ki se je spletel med njima, vsaj v najbolj neoporečnih primerih ni pristna izmenjava, je neizbežno, da trg in kritika navsezadnje vzajemno pogojujeta izbiro. Število umetnostnih sejmov se je v zadnjem desetletju eksponentno povečalo in nekateri od njih (denimo Art Basel, Frieze ali newyorški Armory Show) so se vzpostavili kot osrednji kulturni dogodki, pomembne destinacije globalnega turizma, ki se kosajo z muzejskimi razstavami in bienali. In končno so tudi dražbe, osrednje prizorišče tako imenovanega sekundarnega trga, postopoma postale dovzetnejše za sodobno umetnost in tako imenovani primarni trg, njihova nihanja pa vplivajo na kariere posameznih umetnikov.

V knjigi *The Art Fair Age* (*Doba umetnostnih sejmov*, 2008) španski kritik Paco Barragán opredeli umetnostne sejme kot »urbane zabaviščne centre«, sodobno zbirateljstvo pa kot piramido: v spodnji plasti je umetnost zaželena kot »socialni kapital«, vir ugleda in potrditve; na naslednji ravni se umetnost zbira kot »finančni kapital«, namreč zaradi njene naložbene vrednosti; v tretji plasti piramide najdemo podjetja, ki vidijo umetnost kot zagotovo privlačno »blagovno znamko« in jo zato vključujejo v svoje tržne strategije; na vrhu pa pridemo do zasebnih zbirateljev, ki v umetnosti iščejo intelektualno izpolnitev.[94] Slednji čedalje pogosteje dajejo svoje zbirke v javnost – kot darilo muzejem (na primer zbiratelj Giuseppe Panza di Biumo), s prevzemanjem uveljavljenih ustanov (kot je nova palača Grassi, ki je zdaj last francoskega podjetnika Françoisa Pinaulta) ali ustanavljanjem lastnih (kot je Sklad Sandretta Re Rebaudenga v Torinu) –, s čimer krepijo svoj vpliv na proces institucionalizacije.

Tesno zvezo med svetom sodobne umetnosti in njegovo ekonomijo je prodorno analiziral angleški kritik Julian Stallabrass v knjigi *Art Incorporated* (*Umetnost, d. d.*, 2004), ki se eksplicitno osredotoča na »ureditev in

---

94   Paco Barragán, *The Art Fair Age*, Charta, Milano 2008.

vključitev umetnosti v nov svetovni red«.[95] Po Stallabrassovem mnenju je mikroekonomija umetnosti, ki ji vlada peščica trgovcev z umetninami, kritikov in zbirateljev, natanko tisto, kar umetnosti zagotavlja neodvisnost od pravil globalnega kapitalizma in množične kulture. Hkrati pa je sodobno umetnost mogoče razumeti kot ogromno metaforo za kapitalistični sistem, s katerim jo povezuje več kot ena afiniteta.

Potem ko pokaže, da so glavne značilnosti umetnosti devetdesetih let – multikulturalizem, uspešnost instalacije in poudarjanje mladosti – tesno povezane z njeno ekonomijo, se Stallabrass ustavi pri tem, kako ekonomija umetnostnega sveta pogojuje produkcijo. Avtor pojasni, da večina drugih svetov umetnosti temelji na ekonomiji uporabe, osrednji posel sodobne umetnosti pa je »produkcija redkih ali edinstvenih predmetov, katerih lastniki so lahko le zelo bogati, pa naj bodo to države, podjetja ali posamezniki«.[96] V zadnjih desetletjih se je ta ekonomija sprijaznila z obstojem jezikov, ki jih je mogoče tehnično reproducirati, kar je povzročilo nekaj čudnih kompromisov; po eni strani na trgu v zelo omejenih serijah obstajajo draga fotografska in videodela, opremljena z dokazi o pristnosti, po drugi strani pa umetniki, kot sta Jeff Koons in Takashi Murakami, ustvarjajo digitalne podobe, nato pa profesionalcem naročijo, naj jih naslikajo, s čimer datoteka, ki bi jo bilo mogoče reproducirati v neskončnost, postane edinstveno umetniško delo, in to s pomočjo prakse, ki je ročna in popolnoma tradicionalna (slikarstvo).

Vzponi in padci trga očitno vplivajo tudi na to, kateri tip umetnosti se producira. V večnem boju med tradicionalnimi jeziki (ki so privlačnejši za trg) in zahtevnejšimi oblikami prvi doživljajo predvidljivo oživitev ob slehernem ekonomskem razcvetu, drugi pa pridejo na dan siloviteje med vsako recesijo v »predvidljivem in mehaničnem procesu«.[97]

Kar se tiče umetnikov, jih značilnosti sistema skoraj vedno potisnejo v revščino. Obstaja sicer peščica velikih imen, ki zaslužijo ogromno, večina ustvarjalcev pa sodi na spodnji del lestvice zaslužka. Revščina je stranski učinek načina delovanja sistema, protislovje in hkrati tudi ideal: revščina

95   Julian Stallabrass, *Art Incorporated: The Story of Contemporary Art*, Oxford University Press 2004, str. 28.
96   Ibid., str. 102.
97   Ibid., str. 107.

umetnosti pristaja. Umetnik opravlja poklic visokega stanu, običajno so to ljudje višjega družbenega rodu, a z nizkimi dohodki, ki svoje ustvarjanje pogosto financirajo z drugimi dejavnostmi. Stallabrass sklene:»Trg umetnosti kot celota je arhaična, zaščitena enklava, ki za zdaj ostaja neobčutljiva za divjanje neoliberalne modernizacije, ki je pometla s številnimi drugimi manj komercialnimi praksami. Njegov status mu daje družbeni ugled in določeno stopnjo neodvisnosti, včasih celo od posameznega trga, ki je njegova osnova.«[98]

Stallabrassu bi lahko očitali, da je njegova ocena nekoliko preveč prozaična, da je umetnost nekaj čisto drugega, nekaj, kar ni tako zelo povezano z usodo trga. Lahko bi ugovarjali, da bo imela naša sedanjost, ko jo bodo čez dvesto let rekonstruirali, le malo skupnega s cenami na dražbah, poslovnimi naložbami in zbiratelji. To je delno res, saj nihanja umetnostne ekonomije vplivajo na kritiško razpravljanje in na sestavo muzejskih zbirk, kot nas je Stallabrass svaril že vse od začetka:»Svet umetnosti je vertikalno razslojen in horizontalno heterogen, obsega pa mnogo prekrivajočih se sfer povezovanja in trgovanja«.[99]

To je mogoče trditi tudi v zvezi z drugimi svetovi umetnosti in ravno zato je sistematičnost težavna. Hkrati pa se na horizontalni ravni stikajo, sekajo in prepletajo različni svetovi, ki vplivajo drug na drugega oziroma na svoje usode.

Novomedijska umetnost: Ideja umetnosti

Kot smo videli, je svet novomedijske umetnosti nastal zato, da bi ustvarjalcem, ki želijo eksperimentirati z najrazličnejšimi tehnologijami, za to ponudil priložnost onstran omejitev in meja sveta sodobne umetnosti, ki ga močno pogojuje njegova ekonomija in ki je kritičen do vsebin, ki presegajo raziskovanje medija. Novomedijska kritika nikakor ne izpodbija te konfiguracije, temveč jo jemlje kot samoumevno in jo ponavlja v neskončnost, vse do trditve, ki jo je postavil, denimo, Edward Shanken v knjigi *Media Art Histories* (*Zgodovine medijske umetnosti*), da ni sodobna umetnost nikoli sprejela novomedijske umetnosti, ker je že od nekdaj zavračala interpretacijski

---

98   Ibid., str. 114.
99   Ibid., str. 25.

model, ki temelji na odnosu med umetnostjo, znanostjo in tehnologijo.[100] Kar bi pomenilo, da jo je mogoče interpretirati le tako.

Leta 2006 se je Gerfried Stocker, direktor Centra Ars Electronica in s tem povezanega vsakoletnega festivala, vrnil k razpravljanju o tej ideji umetnosti. Besedilo z retoričnim naslovom »The Art of Tomorrow« (»Umetnost jutrišnjega dne«) je pomembno z več vidikov.[101] Stocker sicer priznava, da sedanje spremembe na področju novih tehnologij terjajo vnovičen razmislek o strukturi in delovanju festivalov, kot je Ars Electronica, vendar tega priznanja ne pospremi z dvomom o ideji umetnosti, na kateri temelji, namreč o prepričanju, da je umetnost »poskusna vožnja prihodnosti«,[102] da je medijska umetnost »eksperiment [...], ki ustvarjalce in zagovornike te ›nove umetnosti‹ pogosto poveže z inženirji in raziskovalci«,[103] in da je njena osnovna značilnost njena sposobnost za preseganje uporabe medija kot »medija reprezentacije«, zaradi česar mediji niso več le njeno orodje in sredstvo, ampak tudi njen predmet, in tako pride do zmagoslavnega sklepa:

Medijska umetnost ne kraljuje zaradi podob in zvokov, ki jih je sposobna zbrati in razposlati, temveč zaradi kakovosti, s katero orkestrira eksplicitne značilnosti uporabljenih medijev. Prenašanje tradicionalnih umetniških vzorcev in vedenjskih shem v medijsko umetnost ni poseben dosežek; izziv je izumljanje novih.[104]

Stockerjeva tarča je sodobna umetnost, ki se po njegovem mnenju obrača k novim medijem le zaradi »prenašanja tradicionalnih umetniških vzorcev in vedenjskih shem v medijsko umetnost«. Medijska umetnost pa po njegovem mnenju ozaveščeno uporablja različne medije. Stocker se očitno vede teritorialno in zavzema stališče proti tradicionalni poroznosti sveta sodobne umetnosti, proti potrebi umetnikov po priznanju in proti delu tistih,

---

100   Edward A. Shanken, »Historicizing Art and Technology: Forging a Method and Firing a Canon«, v: Oliver Grau (ured.), *Media Art Histories*, op. cit., str. 43–70.
101   Gerfried Stocker, »The Art of Tomorrow«, *a minima*, št. 15, 2006, str. 6–19.
102   Ibid., str. 7.
103   Ibid., str. 11.
104   Ibid., str. 13.

ki – izhajajoč iz podobne drže – so odločeni novomedijski umetnosti omogočiti vstop v svet sodobne umetnosti. Njegovo pojmovanje slednjega je pretirano enostavno in podcenjuje pomen splošno razširjene, neprofesionalne in ne avtoreferenčne uporabe novih medijev, njegovo razumevanje novomedijske umetnosti pa to omejuje na prizorišče preizkušanja in raziskovanja tehnologij prihodnosti. Kljub Stockerjevi obrambni drži pa je pomembno opozoriti, da njegovo stališče navsezadnje dejansko zbliža dve različni usmeritvi – raziskovanje medija, ki je nekoliko sorodno medijskemu, oblikovalskemu in industrijskemu raziskovanju, in pristop, ki poudarja družbene, politične in kulturne posledice novih tehnologij –, pri čemer daje prednost prvemu v škodo drugega. Pri tem je očitno tveganje, da bo prevladalo stremljenje po spektaklu, zabavi, umetniških delih, ki so videti kot ogromne igrače ali prototipi kulturne industrije. Ko se zgodi to, pa obstaja tveganje, da bodo dogodki novomedijske umetnosti podobni tistemu, kar je opisano v zabavnem odlomku, ki ga v delu *Zero Comments* navaja Geert Lovink in ki je nastal kot komentar o festivalu ISEA 2006:

> Festivalsko predstavo o »interaktivnem mestu« je menda zaznamoval duh igre, ki se zdi čedalje bolj naravnan k potrošniškemu spektaklu za srednji razred in k ekonomiji izkustva. Naj vam kot primer omenim nekaj umetniških doživetij, ki jih je bilo mogoče okusiti na festivalu ISEA:
> - lahko si jedel sladoled in pel karaoke,
> - lahko si poklical starca v San Joseju in se z njim pogovarjal o vajinih morebitnih skupnih točkah,
> - lahko si pritisnil gumb na neki napravi in dobil »umetniško« izdelano letalsko vozovnico s svojo fotografijo,
> - z uporabo športne igre v urbanem prostoru si se lahko klatil po mestu, kot bi bilo to športno igrišče,
> - z uporabo tehnologije Bluetooth si lahko vizualiziral svoje družbeno omrežje, medtem ko si krožil med ljudmi na konferenci in se pogovarjal s prijatelji,

- lahko si gledal/poslušal glasbo *noise*, ki so jo na konferenci ustvarjali rolkarji,
- na svojem mobilnem telefonu si lahko med vožnjo z vlakom poslušal erotično znanstvenofantastično pripoved o San Joseju,
- s pritiskanjem na stikala za luči si lahko v javnem prostoru ustvaril enobesedno sporočilo,
- lahko si si ogledal pisane tridimenzionalne reprezentacije brezžičnih digitalnih podatkov.[105]

Če je to *mainstream* novomedijske umetnosti, mar smo res lahko začudeni, če se kritiki, kustosi in predvsem umetniki množično selijo v svet sodobne umetnosti in pri tem trgajo vse vezi z izrazom, ki sugerira tako sumljive asociacije s svetom zabave?

Lahko bi ugovarjali, da novomedijska umetnost ne ustreza povsem ne Stockerjevemu stališču ne »irelevantni mobilni zabavi«, kot jo je ožigosala kanarinka. V naslednjem poglavju si bomo na kratko ogledali dortmundsko platformo Hartware MedienKunstVerein pod vodstvom Inke Arns, ki uteleša diametralno nasprotno stališče. Med eno in drugo skrajnostjo pa lahko zasledimo toliko odtenkov, da se Stockerjevo stališče zazdi manjšinsko. A vsekakor je to vodilna manjšina, ki se, kot pravi Geert Lovink, dvoumno umešča med »komercialno oblikovanje vzorčnih primerkov in muzejske strategije« in ki vpliva na celotno umetniško produkcijo, ki kroži v tej sferi.

Novomedijska umetnost: Umetnik

V knjigi *Art of the Digital Age* (*Umetnost digitalne dobe*) Bruce Wands opiše digitalnega umetnika kot tehnološko podkovanega človeka z dobro mero »tehnološke radovednosti«; to je pogosto programer, ki je vajen delati v sodelovanju z drugimi programerji in inženirji informacijske tehnologije; privlačijo ga nove tehnologije, umetnost pa razume kot raziskovanje in

105   V: Geert Lovink, *Zero Comments: Blogging and Critical Internet Culture*, op. cit. Iz sporočila, ki ga je *mainling* listi [iDC] 13. avgusta 2006 poslala umetnica kanarinka, dostopno na spletnem naslovu https://lists.thing.net/pipermail/idc/2006-August/001755.html [zadnji dostop marca 2013].

eksperimentiranje; je človek, ki rad tvega in se brez obotavljanja oddalji od utrjenih poti uveljavljenih jezikov in oblik ter se poda na nova področja.[106]

Čeprav ta definicija ne doda ničesar novega tistemu, kar smo že povedali, je zanimiva iz več razlogov. Predvsem se zdi, da je novomedijska umetnost povsem presegla romantično pojmovanje umetnika kot genija in da jo bolj zanima vrnitev k renesančnima modeloma umetnika kot rokodelca in znanstvenika. Dobro poznavanje programiranja ponese novomedijskega umetnika še na eno sociološko zanimivo področje – na področje hekanja (ki je tu uporabljeno v izvornem smislu, brez negativnih konotacij, ki so mu jih pripisali množični mediji).

Ni treba poudarjati, da so številni novomedijski umetniki v vseh pogledih hekerji (in se tako opredeljujejo tudi sami) in imajo mnogo skupnega s hekersko etiko: veliko navdušenje za svoje delo, malo interesa za ustvarjanje dobička, nagnjenje k izmenjavi znanja in prepričanje, da mora biti pretok informacij prost.[107]

Leta 2003 se je temu posvetila spletnoumetniška skupina [epidemiC] in sprožila nenavaden družbeni kratki stik. Povabili so jih k sodelovanju na festivalu Ars Electronica in [epidemiC] so ustvarili *Doubleblind Invitation* (*Dvojno anonimno vabilo*), program, ki je bil kot vizualizirana koda videti kot lep primerek »zamegljene kode«; formatiran je bil namreč kot kaligram – tehnična poslastica, ki uživa velik sloves v hekerskem svetu, kjer obstajajo celo tekmovanja, posvečena tej umetniški obliki. Če pa se je koda [epidemiC] izvedla, je številnim hekerjem, oboževalcem zamegljene kode, poslala elektronska pisma (navidezno v imenu kustosinje Christiane Paul) z vabilom, naj sodelujejo na festivalu. Odzivi povabljencev – nekateri so bili v zadregi, drugi navdušeni – razkrivajo tako bližino teh dveh podobnih kulturnih niš kakor tudi temeljno razliko v njunih pristopih k programiranju.

Ta podoba novomedijskega umetnika, ki je sicer abstraktna, se zdi tako oddaljena od podobe umetnika, ki jo neguje svet sodobne umetnosti, da bi nas lahko zapeljala v skušnjavo pomisliti, da je razlika med tema svetovoma

---

106   Bruce Wands, *Art of the Digital Age*, Thames & Hudson, London in New York 2006, str. 12–14.
107   Cf. Pekka Himanen, *The Hacker Ethic and the Spirit of the Information Age*, Random House 2001.

stvar antropologije in ne zgodovine. In čeprav je svet sodobne umetnosti, kot smo videli, dovolj prepusten, da občasno sprejme drugačne figure, ki so povsem nepovezane s pojmom »karierističnega« umetnika, privlačnost umetnostnega sveta, ki je pravzaprav povsem brez tržne ekonomije in ki se posveča razvijanju znanja in raziskovanju digitalnih medijev, ostaja močna.

Takšen primer je Casey Reas. Reas je ameriški umetnik, čigar delo sestavlja opredeljevanje procesov in njihovo prevajanje v podobe. Povedano drugače, Reas piše programe, ki z računalniško izvedbo ustvarjajo animirane podobe, ki jih je po želji mogoče prevesti v videoposnetke ali izpise. Leta 2001 je Reas, ki ni bil zadovoljen z orodjem, ki je bilo na voljo, v sodelovanju z umetnikom in oblikovalcem Benjaminom Fryem ustvaril *Processing*, odprtokodni programski jezik in prosto prenosljivi program za ustvarjanje slik, animacij in interaktivnih instalacij.[108] *Processing* zdaj uporabljajo številni umetniki, oblikovalci in raziskovalci ter seveda Reas sam pri svojem delu. Resda sodeluje z galerijami, a se ima predvsem za programerja, oblikovalca in raziskovalca; piše knjige, organizira konference in je koordinator oddelka za oblikovanje in medijske umetnosti na Univerzi Kalifornije v Los Angelesu (UCLA); njegovi izdelki (izpisi, videi in instalacije) so izdelani v omejenem številu, njegovi programi pa imajo odprtokodno licenco. Reas se preživlja predvsem s poučevanjem in delavnicami o programu *Processing*, ki jih vodi po vsem svetu.

V svetu novomedijske umetnosti ni težko naleteti na takšne zgodbe, prav tako kot ni težko naleteti na ustvarjalce, ki svoj talent in prizadevanja usmerijo v začasna poskusna sodelovanja in prostovoljno žrtvujejo lastno avtorstvo.

Novomedijska umetnost: Meje

Svet novomedijske umetnosti se opira na ekonomijo z distribucijskim sistemom, ki ne vključuje trga. Ta situacija pomembno vpliva na to, kako so umetniška dela, ki naj bi krožila v svetu novomedijske umetnosti, zasnovana in izdelana. Trg, ki temelji na kroženju unikatnih del oziroma del v omejenih izdajah, terja fetiše, predmete, ki zagotavljajo svojo trajnost in katerih

---

108 Cf. Casey Reas in Ben Fry (ured.), *Processing: A Programming Handbook for Visual Designers and Artists*, MIT Press 2007.

reproduktivnost je mogoče omejiti, njihova denarna vrednost pa lahko znatno preseže vrednost materiala, uporabljenega za izdelavo.

Če se znebijo teh omejitev, lahko umetniška dela obstajajo v nesnovni, odprti obliki in lahko nastajajo iz odnosa med delom in opazovalcem. Z zavračanjem fetišiziranega predmeta in avre, ki je tako vzrok kakor tudi posledica njegove finančne vrednosti, umetniška dela izgubijo prav tisto lastnost, ki jim omogoča, da se razlikujejo od drugih artefaktov. Če dodamo še to, da svet novomedijske umetnosti ne nasprotuje delom z uporabno vrednostjo, temveč je celo zelo naklonjen delom, ki izvabljajo aktivno udeležbo, da *techne* v svetu novomedijske umetnosti običajno prevlada nad vsebino in da je ta nasvet nastal kot posledica bega posameznikov iz njihovih »svetov« – iz različnih disciplin, od vizualnih umetnosti do glasbe, drame in plesa –, če upoštevamo vse te dejavnike, je očitno, da je tipično delo, ki ga terja svet novomedijske umetnosti, po naravi hibridno in da so meje tega sveta vse prej kot nespremenljive.

Medtem ko se je svet sodobne umetnosti šele pred nedavnim odprl za druge discipline, je svet novomedijske umetnosti že po svoji naravi multidisciplinaren. Toda »odprtost« se kaže v dveh popolnoma različnih oblikah; svet sodobne umetnosti v malo primerih in pod točno določenimi pogoji privzame odgovornost, da sprejme dela iz različnih disciplin in jim podeli status »umetnosti«, svet novomedijske umetnosti pa je »začasno pribežališče« za dela, ki so tako radikalna ali tako marginalna, da jih nihče drug noče sprejeti. Edini ključ, ki ga potrebuješ za vstop, je ustvarjalna uporaba tehnologije.

Ob tem omenimo še to, da si svet novomedijske umetnosti ne dela preglavic, če gosti – drugega ob drugem – projekte elektronske glasbe, ki so preveč radikalni, da bi preživeli v konkurenčnem svetu komercialne elektronske glasbe, primerke eksperimentalnega načrtovanja iger, ki le delno ali pa sploh ne ustrezajo distribucijskim potrebam multinacionalnih družb, ki se ukvarjajo z videoigrami, eksperimentalne arhitekturne projekte, ki ne bodo nikoli postali dejanske stavbe, in še marsikaj drugega.

Nekaj teh projektov, ko je njihova eksperimentalna faza mimo, si utre pot v druge kroge ali pa opusti opredelitev »umetnost« ter privzame bolj specifično definicijo, kot sta »indie games« (indie igra) in »computational design« (algoritemsko oblikovanje). Svet novomedijske umetnosti pogosto ostane edini pravi povezovalni element med praksami, ki izvirajo iz različnih navdihov in imajo različne cilje. Vsekakor pa so meje tega sveta, če dejansko sploh obstajajo, odprte in spremenljive, ustvarjalci in dela pa jih nenehno prečkajo, in to večinoma brez potnega lista.

Novomedijska umetnost: Vrednost

Zaradi odsotnosti umetnostnega trga procesi vrednotenja v svetu novomedijske umetnosti ostajajo povezani s sistemi distribucije in kritiškega komentiranja, ki sodijo k novomedijski umetnosti. Če odstranimo fetišistično željo po predmetih in dvoumni, omahljivi odnos med kulturno in finančno vrednostjo, ostane le kulturna vrednost, ki je neposredno povezana z navzočnostjo nekega dela v kritiškem razpravljanju, z njegovim kroženjem po distribucijskih kanalih novomedijske umetnosti in, če to pride v poštev, z njegovo navzočnostjo v prestižnih muzejskih zbirkah. Predstavitev v članku v *Leonardu* (akademska revija, ki so jo ustanovili leta 1968 in ki jo izdaja založba MIT Press), udeležba na festivalih, kot sta Ars Electronica in ISEA, in uvrstitev v zbirko ZKM v Karlsruheju so vse prelomni trenutki v karieri nekega umetnika ali umetnice.

Seveda ima tudi svet novomedijske umetnosti ekonomijo, toda zelo specifično. Produkcijo, distribucijo in kritiko umetnosti omogočajo javna in zasebna sredstva. Tako kot v drugih umetnostih morajo tudi tu ljudje običajno plačati vstopnino za ogled umetniških del. Ko pa v nekem dogodku sodelujejo ustvarjalci, to običajno pomeni, da organizatorji krijejo ne le stroške prevoza in postavitve del ter umetnikove potne stroške, stroške nastanitve in dnevnice, temveč poskrbijo tudi za takšno ali drugačno plačilo, kar se v svetu sodobne umetnosti ne zgodi nikoli, je pa precej pogosto v drugih umetnostnih svetovih, ki so bližji uprizarjanju in spektaklu, denimo v glasbi in gledališču.

Sicer pa v glavnem veljajo enaka pravila kot v svetu sodobne umetnosti. Umetniki morajo ponavadi imeti še eno službo, da lahko preživijo. Pogosto je neposredno povezana z ustvarjalčevo umetnostjo ali pa vsaj temelji na istih tehničnih veščinah. Mnogo umetnikov poučuje na univerzitetnih oddelkih za nove medije ali v umetniških šolah, številni so tudi kustosi in akademiki, mnogi delajo kot spletni oblikovalci, razvijalci programske opreme, skrbniki sistemov ali programerji ali pa opravljajo kakšno drugo delo v medijskem oziroma komunikacijskem sektorju.

Številni ustvarjalci se obrnejo k svetu sodobne umetnosti, da bi okrepili svoje prihodke, in svoja dela prevedejo v formate, ki so dovzetni za trg umetnosti – instalacije, natisi ali videi v enem samem izvodu ali omejenem številu izvodov. Nekaj se jih vtihotapi v druge distribucijske sisteme, kot so trg videoiger in svetovi oblikovanja, mode ali glasbe, drugi pa raziskujejo možnost uporabe distribucijskih modelov, podobnih tistim, ki jih uporabljajo za programsko opremo, in svoja dela prodajajo po nizki ceni v neomejenih nakladah ali pa preprosto prosijo za donacijo.

Internet: Novi kontekst umetnosti

Pojavitev interneta in potrošniškega računalništva v devetdesetih letih prejšnjega stoletja je popolnoma spremenila panoramo umetnosti, in to ne le umetnosti tehnološke narave. Pojavitev informacijske družbe je močno vplivala ne le na družbeno vlogo umetnosti, ampak tudi na njene distribucijske sisteme, na odnos med delom in javnostjo, na prizorišča za kritiško oziroma kritično komentiranje in na tržne mehanizme. Pravila globalne vasi veljajo za svetove umetnosti še bolj kot sicer; informacije se razširijo v trenutku, kar se zgodi v New Yorku ali Pekingu, takoj vpliva na dogajanje v Evropi, časovni presledek med pojavitvijo novosti in njeno normalizacijo pa je zdaj minimalen.

Še več, vse to je dobesedno pometlo s strogim ločevanjem obeh pravkar opisanih svetov. Prvič, novi medij je sprožil naraščajoče zanimanje umetnikov, ki niso pripadali svetu novomedijske umetnosti in ki niso bili nikakor povezani z njegovo zgodovino. Drugič, na sceno so prišle nove generacije ustvarjalcev, ki se jim je to ločevanje zdelo nesmiselno, nejasno in zastarelo. Navsezadnje pa se je internet – ne kot medij, temveč kot družbeno prizorišče in javni prostor – ponudil tudi kot »svet umetnosti« za novo, »avtohtono« umetniško prakso, ki nastaja na internetu, ki se tam distribuira in o kateri se tam tudi razpravlja – torej za spletno umetnost. Kljub vzponom in padcem je spletna umetnost še vedno glavni izziv tako za umetnostni trg na eni strani kakor tudi za novomedijsko umetnost na drugi strani. Svet novomedijske umetnosti se zdaj sooča s krizo in čedalje več umetnikov ga skuša zapustiti in vstopiti v svet sodobne umetnosti, kar je predvsem posledica novega pristopa k novim medijem, ki ga je sredi devetdesetih let uvedla spletna umetnost.

Da bi bolje razumeli vzroke za to, si lahko ogledamo enega od prvih primerkov spletne umetnosti. Leta 1995 se je prvič pojavilo spletišče jodi. org. Kasneje se je razvedelo, da se za tem imenom skriva dvoje umetnikov – Nizozemka Joan Heemskerk in Belgijec Dirk Paesmans –, na začetku pa je bilo jodi.org zgolj čudno spletišče, na katerega si lahko naletel med brskanjem po spletu. Ni imelo tradicionalnega vmesnika za dostop z življenjepisom ustvarjalcev in seznamom del, domača stran pa se je spreminjala brez opozorila, vsakokrat ko sta ustvarjalca dodala nova dela. Eno od prvih del je bilo črno ozadje, po katerem so se premikali utripajoči zeleni znaki, ki so ustvarjali nerazumljivo besedilo, sestavljeno iz črt, oklepajev, ločil, matematičnih simbolov in številk. Prvi vtis, ki si ga dobil, je bil, da je z brskalnikom nekaj narobe ali da je v kodnem zapisu strani nastala kakšna programska napaka. In če si se še malo pomudil tu in si ogledal HTML, si odkril nekaj nepričakovanega – sliko bombe, izdelano z znaki ASCII, ter še nekaj drugih grafik.

Dogajalo se je nekaj zelo preprostega, nekaj, kar je razumljivo vsakomur, ki je seznanjen z osnovami HTML. Ustvarjalca spletišča brskalniku nista dala navodil, naj ohranja izvorni format besedila v kodi, kar na vmesniku ustvari kompakten blok brez sleherних lingvističnih ali vizualnih referenčnih točk. Česar sta se avtorja Jodi dobro zavedala; njun namen je bil izpodkopati tradicionalni odnos med kodo in vmesnikom in uporabnika spodbuditi k razmisleku o dejstvu, da se pomen lahko skriva tam, kjer ga najmanj pričakujemo, in o večplastnih jezikih, ki so tipična lastnost vseh računalniških sistemov.

Pri premikanju po spletišču lahko opazimo še številne druge reči. Jodi zavračata uporabo spletnih strani kot urejevalne platforme, zato ustvarjata abstraktne strani, kjer se zdi, da ni nič na pravem mestu in kjer so osnovne funkcije HTML uporabljene predvsem dekorativno. Estetika, na katero namigujeta, je estetika računalnikov z besedilnimi vmesniki v starem slogu, estetika teleteksta in zgodnjih videoiger. Nobenih vstopnih ali izstopnih točk ni in v zanki nečitljivih strani se zlahka izgubiš.

Kot drugim spletnim delom iz tega obdobja se je jodi.org uspelo postaviti na presečišče dveh različnih idej umetnosti – sodobne in novomedijske – in izpodkopati obe. Ustvarjalca nista ne tehnika, ne znanstvenika, ne inženirja, temveč umetnika, ki se z jeziki interneta nista spoprijela zato, da bi raziskala njihov potencial v pozitivnem smislu, temveč da bi na glavo postavila njihova osnovna pravila in raziskala dopustno odstopanje. Ne glede na raven lastnega poznavanja teh jezikov jih uporabljata »slabo«, saj izpodbijata njihove temeljne konceptualne in funkcionalne predpostavke. Njun diskurz se osredotoča na medij, a le da bi o njem podvomil, ga kritiziral in »na novo izumil«, pri tem pa napada ideologije, ki ga oblikujejo; Nam June Paik je napadel video kot medij za predstavljanje realnosti, Jodi pa napadata spletno stran kot urejevalno in oglaševalsko orodje. Tu ni nobenega poudarka na *techne*, ravno nasprotno; vsakdo, ki se je vsaj malo usposabljal na tem področju, bi lahko ustvaril takšno stran. In končno delo tudi ne sodi v tradicijo tehnoloških umetnosti od zgodnje računalniške umetnosti naprej, saj namiguje tako na najradikalnejše provokacije sodobne umetnosti od dadaizma do Fluxusa in situacionizma kakor tudi na tehnološke subkulture preteklih desetletij od umetnosti ASCII do amaterske telematike.

A čeprav – tako kot v sodobni umetnosti – vsebina pogosto prevlada nad medijem, Jodi izpodbijata tudi pojmovanje umetniškega dela kot fetišiziranega predmeta s finančno vrednostjo in tradicionalne distribucijske sisteme sodobne umetnosti. Delo tandema Jodi je na spletu, dostopno vsem in ne le peščici izbrancev. Vsakdo si ga lahko prisvoji oziroma vsakdo, ki pride na to spletno stran, si ga zares prisvoji. Navsezadnje pa je njuno delo tudi brez slehernega okvira, ki bi mu podeljeval etiketo »umetnost«. Ravno nasprotno – dejstvo, da tega dela sprva ne dojemamo kot »umetnost«, nedvomno okrepi njegovo subverzivno moč, kajti približamo se mu brez zadržkov, neprevidno.

Da bi bolje razumeli zadnjo trditev, si oglejmo še en koristen primer. Leta 2000 je skrivnostno evropsko internetno podjetje UBERMORGEN. COM postavilo spletišče, ki je trdilo, da prodaja glasove ameriških volivcev najboljšemu ponudniku. Na prvi pogled je spletišče videti kot škandalozna platforma za elektronsko trgovanje, ki namerava, kot pravi njen logotip, »zbližati kapitalizem in demokracijo«. Kot kaže, je nekdo skušal izkoristiti čar »nove ekonomije«, da bi se vmešal v volitve največje demokratične skupnosti na svetu. Oktobra 2000 je bilo v članku v reviji *Wired* navedeno, da je na dražbi 21.000 glasov.[109] Hansa Bernharda, enega od ustanoviteljev UBERMORGEN. COM, so v reviji opisali kot »vlagatelja« (kasneje na televizijski mreži CNN pa kot »nenavadnega avstrijskega poslovneža«). V naslednjih mesecih je UBERMORGEN.COM uspelo še okrepiti medijsko pozornost, ne da bi kadar koli odgovorili na vprašanje v središču problema, vprašanje, ki je vznemirjalo tako mednarodno javnost kakor tudi FBI. Je to satira ali realnost? Umetniška provokacija ali dejanska možnost? Šele 9. novembra, dva dni po volitvah, so avtorji razkrili, da je spletišče »potegavščina« in »primer svobode izražanja«, v katerem noben glas ni dejansko zamenjal lastnika. To se je zgodilo po tem, ko so na njihov naslov poslali na stotine sodnih nalogov in odredb, napisanih je bilo na ducate člankov, na CNN pa so temu posvetili celo posebno oddajo. Z začasno zavrnitvijo etikete »umetnost« je UBERMORGEN.COM uspelo svojo kritiko ameriškega volilnega sistema, v katerem kampanje različnih strank velikodušno financirajo multinacionalna podjetja, posredovati zelo širokemu občinstvu, ki ga svet umetnosti ne bi mogel nikoli doseči, predvsem pa jim je to uspelo, ne da bi sporočilo operacije v očeh javnosti izgubilo moč, češ da je »le umetniška provokacija«.

Če povzamem, spletna umetnost se je že na začetku ponosno odmaknila od obeh prej opisanih svetov, čeprav ima z obema kar nekaj skupnih točk. Vzpostavila se je neke vrste pikra, nespoštljiva milenijska avantgarda, katere »novost« ni bila njena uporaba nekega novega medija, temveč to, da je implicitni potencial informacijske dobe popeljala do skrajnosti, tako kot so to storila avantgardna gibanja dvajsetega stoletja z industrijskim kapitalizmom. To obdobje ni trajalo dolgo, toda spletna umetnost je imela pomembne posledice za kasnejšo umetniško uporabo digitalnih medijev.

Zato nas ne bi smelo presenetiti, da je bila spletna umetnost prva

---

109   Associated Press, »Vote-Auction Sidesteps Legalities«, *Wired*, 26. oktober 2000, dostopno na spletnem naslovu www.wired.com/techbiz/media/news/2000/10/39753 [zadnji dostop marca 2013].

»medijska umetnost«, ki je vzbudila zanimanje sveta umetnosti po institucionalizaciji videa in po štiri desetletja trajajočem zavračanju paradigme »umetnosti in novih tehnologij«. Spletna umetnost je ugajala tistim, ki so bili prepričani, da »pretirano posvečanje pozornosti mediju ustvari dinamiko, ki jo je ameriški umetnik Joseph Squier opisal kot ›tehnofilsko zaslepljenost z orodjem‹ [...], in da povzroči pojavitev avtoreferenčnih umetniških oblik, ki se igrajo z možnostmi orodja in navidezno ignorirajo moč umetnosti, da preoblikuje stvarnost«, kot je dejal italijanski kritik Gianni Romano.[110]

A če je to res, zakaj to ni pomenilo konca obdobja razstav in dogodkov za različno občinstvo s »posebnimi interesi«, kot sta upala Inke Arns in Jacob Lillemose?[111] Zakaj novemu pristopu k tehnologiji, ki ga je vpeljala spletna umetnost, ni uspelo odpraviti ali vsaj na novo opredeliti ideje umetnosti, na kateri temelji svet novomedijske umetnosti? In končno, zakaj mu ni uspelo pridobiti sveta sodobne umetnosti?

Na ta vprašanja bomo skušali odgovoriti v naslednjem poglavju s pomočjo analize niza dogodkov sodobne umetnosti od sredine devetdesetih let do danes. Opozoriti je treba tudi na to, da je še trajajoči izziv, ki ga je spletna umetnost zastavila trgu umetnosti, skupaj z nekaj neizogibnimi tehnološkimi mojstrovinami, ki so jih tehnološko manj podkovani kritiki spregledali, preprečil njeno polno integracijo v svet sodobne umetnosti, medtem ko ne izziv trgu ne tehnična virtuoznost nista bila problem za svet novomedijske umetnosti, ki je tehnološko ozaveščen in ki nima umetnostnega trga. Poleg tega se je veliko navdušenje nad spletno umetnostjo, ki ga je v drugi polovici devetdesetih let pokazal svet umetnosti, polagoma poleglo po zlomu »nove ekonomije« in po presahnitvi virov zasebnih sredstev, s katerimi so muzeji uresničevali svoje interese. Svetu novomedijske umetnosti, ki je precej odvisen od javnih sredstev, pa je navsezadnje uspelo vzpostaviti omrežje institucij, festivalov in majhnih, dinamičnih spletnih platform, ki so dajale produktivno podlago za razvijanje novega pogleda na digitalne medije.

Tako se je »nova generacija novomedijske umetnosti« proti svoji volji

---

110 Gianni Romano, *Artscape: Panorama dell'arte in Rete*, Costa & Nolan, Ancona in Milano 2000, str. 7–9 [prevod Domenico Quaranta].
111 Inke Arns in Jacob Lillemose, »›It's Contemporary Art, Stupid‹: Curating Computer Based Art Out of the Ghetto«, op. cit.

prilagodila svetu novomedijske umetnosti, ki je še naprej, z redkimi izjemami, zakoreninjen v zastarelih ideoloških konceptih. Toda trenutno trenje dokazuje, da je bilo temu stanju usojeno, da je le začasno. Svoboda, ki jo je spletni umetnosti dal internet z dostopom do globalne platforme mimo vseh nišnih diskurzov, in kontekst, ki jo opredeljuje kot umetnost, ter njena moč, da stopi v stik s širokim, raznovrstnim občinstvom in tekmuje z drugimi vrstami kulturnih artefaktov, še vedno dajejo spletni umetnosti izjemen potencial. Bomba, skrita v kodi domače strani umetniškega tandema Jodi, je še vedno tam, pripravljena, da eksplodira.

Internet: Umetnik

Vse to postane bolj razumljivo, če si na kratko ogledamo figuro umetnika, meje in sistem vrednotenja, ki sodijo k internetu, če ga raziskujemo kot svet umetnosti.

Kar se tiče umetnika, bi bilo treba opozoriti, da je v zgodnjem obdobju spleta za številne umetnike, ki so že uporabljali druge medije, internet pomenil preprosto *še eno priložnost*, kontekst, v katerem je mogoče eksperimentirati z inovativnimi načini komuniciranja, stopiti v interakcijo z razvejenim mednarodnim občinstvom in poiskati možnost kako zaobiti mehanizme cenzure. Za mnogo drugih pa je bil internet *odločilna priložnost*, da nadaljujejo svoje delo zunaj sveta umetnosti, eksperimentirajo z novim jezikom, se izognejo marginalnemu položaju, na katerega jih je omejilo njihovo delo, družbeni status ali geografsko poreklo, ali preprosto da ustvarjalno izkoristijo izjemni potencial tega medija za komuniciranje, ki ga je dotlej menda dojelo le malo ljudi. V tej drugi skupini umetnikov, večinoma mladih ljudi, ki so delovali v srednji in vzhodni Evropi, se je v letih 1996 in 1997 začela uporabljati fraza »*net.art*«. Ta samoironična etiketa, ki je, tako pravi legenda, nastala zaradi manjše programske napake, je postala katalizator dinamične, široko razširjene scene, za katero je bil značilen niz elementov, ki so bili zelo specifični in hkrati prav tako radikalni: zavračanje posredovanja sistema in institucij, premagovanje paradigme delo-kot-objekt, odprava razlikovanja med ustvarjalcem in opazovalcem, izpodbijanje pojma avtorstvo in aktiviranje krogov – in kratkih stikov – komunikacije. Internet je postal Kabaret Voltaire novega dadaizma, zato se zdi povsem upravičeno govoriti o gibanju, hkrati pa to »net.artu« prida tudi močne zgodovinske, geografske in kulturne konotacije.

To zgodovinsko ozadje pokaže, da v luči dejstva, da ni splet nikoli izbran kot edini medij in da se ga pogosto uporablja le občasno, »spletni umetnik« sicer res ne obstaja, pač pa se morajo umetniki, ki se odločijo izvesti projekt na spletu, nedvomno lotiti vrste prerogativov, ki glede na naravo projekta niso sekundarni, in res je, da številni ustvarjalci, ki potisnejo ob stran vse zadržke, te prerogative sprejmejo brezpogojno, saj jih vidijo kot priložnost, da zadajo smrtni udarec nekaterim od dogem umetnostnega sistema. Delo na spletu pomeni predvsem opustitev pojma avtorstvo ali pa vsaj nujo po tem, da se ga vedno znova opredeljuje na novo, delo z drugimi in prepuščanje uporabniku ali programski opremi, da opravi del ustvarjalnega procesa. Identiteto kot tako je mogoče simulirati ali skonstruirati. Romantična legenda o umetniškem geniju bi v določenih okoliščinah sicer lahko preživela, toda splet ji je odbil plat zvona. Spletna umetnost je te elemente povezala in razvijala v različnih smereh – oblikovala je umetniške kolektive in dela, ki so temeljila na sodelovanju, vzpostavila je platforme, ki so spodbujale ustvarjalnost in aktivno sodelovanje oziroma prispevke uporabnikov, ustvarila je programsko opremo, ki opravi večino dela.

Slabitev pojma avtor je šla z roko v roki s pešanjem pojmovanja umetnine kot fetišiziranega predmeta. Digitalne podatke je mogoče kopirati in to bo vedno izvedljivo; informacije so po svoji naravi proste. Slehern poskus poseganja v to – omejevanje dostopa do nekega spletišča, na primer – je mogoče zaobiti, vsekakor pa se tak poskus upira osnovni naravi medija, saj brskalniki shranijo lokalne kopije strani, takoj ko do njih pridejo uporabniki. Še več, slabitev pojmov avtor, edinstveno umetniško delo in izvirnost ne spremeni le umetnikovega odnosa do lastnega dela, temveč vpliva tudi na »najdeni« material. Ob delovanju v medijski areni, ki jo preplavlja konstantni tok informacij, postaneta recikliranje in predelovanje specialiteta dneva.

In končno internet kot medij poruši tudi tradicionalno razlikovanje umetnostnega sveta med posameznimi vlogami; skupnostne prakse, umetnost kot komunikacija in dialog ter uporaba medija, ki je produkcijsko, distribucijsko, promocijsko, dialoško, potrošniško in kritiško sredstvo hkrati, obnovijo posredniške vloge, ki jih igrajo institucije, kritiki in kustosi, in jih prerazporedijo med ustvarjalce in javnost.

Vse to ni izključno domena spletne umetnosti, temveč je značilno za vse današnje umetniške prakse. V *Postprodukciji* je Nicolas Bourriaud razvil nekaj izjemno zanimivih misli o tej temi.[112] Umetnost razume kot postprodukcijo, umetnika pa kot multidisciplinarno osebnost, ki iz realnosti izbira kulturne artefakte in jih postavlja v nova okolja. Toda spletna umetnost nedvomno pomeni najradikalnejši pristop k temu doslej, zato je izziv, ki ga umetnostnemu sistemu zastavlja spletna umetnost, brez precedensa. Julian Stallabrass opaža, da mora »radikalna umetnost storiti več od tega, da politiko vzame za svoj predmet; spremeniti mora svojo izdelavo, distribucijo in to, kako jo vidimo«, in nato nadaljuje:

Eden od možnih odzivov je, da izstopiš iz konvencionalne arene galerijskih in muzejskih prikazov. Od sredine devetdesetih let z uveljavitvijo spletnega brskalnika dematerializacija umetniških del – zlasti njena breztežna distribucija na digitalnih omrežjih – ogroža zaščiteni sistem umetnosti [...]. V digitalni umetnosti uporaba najsodobnejših tehnoloških sredstev za ustvarjanje in distribuiranje del pride v konflikt s prakso, ki temelji na rokodelskih veščinah, pokroviteljstvom in elitizmom sveta umetnosti.[113]

Delovanje brez podpornega sistema ali trga ima posledice za umetniško prakso in za umetnike kot take. Po eni strani neodvisnost od struktur moči daje prednost anarhiji, spontanosti, nespoštljivemu duhu in pomanjkanju odgovornosti, čeprav hkrati terja tudi predanost, ki ni povezana z materialnimi oziroma finančnimi interesi. Po drugi strani pa delovanje na javni platformi, kjer je identiteta konstrukt in kjer se razlike med vlogami brišejo, omogoča umetnikom, da po svoji volji delujejo kot katalizator, institucija ali korporacija in

---

112   Nicolas Bourriaud, *Postprodukcija: Kultura kot scenarij: Kako umetnost reprogramira sodobni svet*, Maska, Ljubljana 2007.
113   Julian Stallabrass, *Art Incorporated: The Story of Contemporary Art*, op. cit., str. 191–192.

pri tem puščajo institucionalno kritiko za sabo, da ustvarjajo nove, neodvisne situacije in nove oblike aktivizma.

Internet: Meje

Umetnost ne dojema interneta kot strukturiran svet z mejami, temveč kot mejno območje. Internet sam nima meja, temveč je prag – točka srečanja in izmenjave med različnimi situacijami in kulturami. A celo internet je postopoma razvil svoje filtre in točke dostopa z nizom revij, portalov in zbirk, ki nekemu delu ali umetniku pripišejo avtoriteto zgolj zato, ker so ga producirali, objavili povezavo do njega ali o njem razpravljali. Obstajajo številni takšni primeri, denimo revija *Neural*, ki so jo ustanovili v Italiji leta 1993 in ki je pridobila velik mednarodni ugled s svojim spletiščem, angleško različico natisnjene revije (ki so jo začeli izdajati leta 2001) in z mreženjem svojega ustanovitelja Alessandra Ludovica.

Še en ključni akter je nedvomno *Turbulence* (*Turbulenca*), ki je nastal leta 1996 kot spletna platforma newyorškega NRPA/New Radio and Performing Arts, Inc. (Novi radio in uprizoritvene umetnosti, d. d.).[114] Odtlej je *Turbulence* naročil izvedbo več kot 150 projektov spletne umetnosti, organizira spletne razstave, promovira delo umetnikov, s katerimi sodeluje, vzpostavil pa je tudi dva pomembna bloga. Potem je tu še zgodba *Rhizoma*, ki je nastal leta 1996 kot *mailing* lista, posvečena umetnosti na spletu, nato pa se je razvil v neprofitno organizacijo, ki je od leta 2003 povezana z Novim muzejem sodobne umetnosti v New Yorku. Tem malim sestavom je uspelo, da so si priborili status pomembnih referenčnih točk z visoko ravnjo kredibilnosti, ki bi bila zunaj interneta dosegljiva le največjim institucijam.

Toda na spletu je – v nasprotju z zelo institucionaliziranima svetovoma, ki smo ju že opisali – kredibilnost krhka reč in vedno obstaja priložnost za usmerjanje enake ravni pozornosti, kot jo ponujajo ta spletišča (ali še več), a ne da bi šli skoznje. Zlasti sodobna dinamika Spleta 2.0 (Web 2.0) omogoča novim akterjem, da hitro postanejo konkurenca bolj uveljavljenim akterjem.

---

114 Cf. Domenico Quaranta, »Let's Get Loud! Interview with Helen Thorington, director of TURBULENCE.ORG«, *Cluster: On Innovation*, št. 5, 2005, str. 12–17.

Le nekaj mesecev je bilo potrebnih, da je blog *We-Make-Money-Not-Art*, ki ga je vzpostavila zdolgočasena delavka v komunikacijskem sektorju, postal ključna referenčna točka za svetove novomedijske umetnosti, inovativnega oblikovanja, tehnologije in sodobne umetnosti. Dandanes lahko značke Deliciousa – priljubljena storitev »družbenih zaznamkov«, ki omogoča uporabnikom, da objavljajo ali dajejo v souporabo svoje najljubše povezave – ali zapisi na Tumblru – platforma za mikrobloganje – hitro določijo srečno ali nesrečno usodo spletišča ali projekta in dobro urejen račun na Deliciousu, Tumblru, Twitterju ali Facebooku se zlahka kosa s katero koli spletno revijo.

Eden od vzrokov za to je dejstvo, da internet nima široke pahljače mehanizmov »sankcioniranja«, ki imajo še vedno pomembno vlogo v tako imenovanem resničnem svetu. V resničnem svetu pogosto vzbujajo in usmerjajo pozornost dejavniki, ki so zunaj umetniških del kot takih, torej dejavniki družbene, okoljske ali kulturne narave. V MoMO ne grem vedno zato, ker tam vidim najboljše, kar trenutno ponuja sodobna umetnost. V MoMO grem zato, ker se tam počutim kot del nekakšne kulturne aristokracije. V MoMO grem zato, ker mi izbor del, razstavljenih tam, omogoča, da vidim najboljše, ne da bi mi bilo zato treba prepotovati ves svet. V MoMO grem zato, ker je revija *Artforum* objavila pozitivno oceno najnovejše razstave. V MoMO grem zato, ker je tam razstavljeno delo, za katero je Charles Saatchi odštel celo premoženje.

Po drugi strani pa je brskanje po internetu zasebno doživetje in družabnost, ki jo ponuja, je organizirana drugače kot v resničnem življenju. Ugled ti ni nikoli dan, temveč si ga je treba vedno znova zaslužiti. Na internetu so spletišče MoME, časnika *New York Times* ali katera koli druga tradicionalna referenčna točka enako oddaljeni – le en klik stran – kot katera koli druga stran in nič mi ne more preprečiti, da si ogledam izbore (umetniških del ali informacij), ki jih ponujajo druga spletišča, pa naj za njimi stojijo velika imena ali pa tudi ne.

Odsotnost nekaterih dejavnosti družbenega oziroma okoljskega pogojevanja na internetu je eden od ključev do razumevanja, zakaj je propadlo mnogo »spletnih galerij« spletne umetnosti, ki so jih ob koncu prejšnjega tisočletja ustanovile institucije, ki so zelo vplivne v resničnem svetu. Dejstvo je, da se na spletu te institucije znajdejo v enakovrednem boju z drugimi akterji, ki imajo pogosto trdnejše zaledje, kar se tiče spletnih skupnosti. In v ekonomiji pozornosti, kakršna je internet, v morju informacij, kjer hierarhični filtri veljajo le do neke točke, je element skupnosti odločilen. Preden sklenemo to razmišljanje, si zato velja na kratko ogledati koncepta, ki sta se nam tako pogosto ponudila v tem odstavku – skupnost in ekonomijo pozornosti.

Da bi razumeli njegov potencial v celoti, si moramo prvi pojem ogledati v kontekstu »povezane inteligence«, o kateri je proti koncu devetdesetih let pisal Derrick De Kerckhove. Na spletu mreženje s svojo odprto, rizomu podobno dinamiko ustvarja skupnosti; kot pravi De Kerckhove, »omrežje je sporočilo internetnega medija«.[115] Dandanes, v dobi Spleta 2.0, je družbena narava elektronskih medijev postala kliše in hkrati priložnost, ki jo raziskuje čedalje več ljudi, v zgodnjem obdobju interneta pa so ji pripisovali izjemni »umetniški« in – še prej – »politični« potencial.

Fraza »ekonomija pozornosti« je postala popularna na začetku tega tisočletja, ko sta jo za naslov svoje slavne knjige *The Attention Economy* (*Ekonomija pozornosti*) uporabila Thomas H. Davenport in John C. Beck.[116] Ta teorija temelji na ideji, da je v dobi informacijske preobremenjenosti pozornost prava redkost in da je zato za reševanje različnih problemov, ki se tičejo upravljanja informacij, mogoče uporabiti ekonomske zakone. Ta ideja se je pojavila že v sedemdesetih letih, zares uveljavila pa se je ob prelomu tisočletja, ko je internet postal »fantastičen trg za pozornost«. Toda pozornost ni le nov cilj za tiste, ki so že dosegli finančni uspeh. Je tudi cilj za tiste, ki v konkurenci ogromnega kulturnega trga obupano iščejo občinstvo, da bi ga nagovorili. Ustvarjalec začetnik, odročna galerija in mladi glasbenik vsi iščejo pozornost, še bolj kot denar. Kakšno občinstvo je pred pojavitvijo interneta in drugih poceni komunikacijskih tehnologij (kot so elektronska pošta in mobilni telefoni) lahko dosegel umetnik, ki ga ni opazila nobena od znanih galerij? Kaj pa galerija, ki si ni mogla privoščiti oglasa v glavnih publikacijah na svojem področju ali predstavitve na osrednjih sejmih v svoji stroki? Ali glasbenik, ki

---

115   Cf. Derrick De Kerckhove, »Preface«, v: Tatiana Bazzichelli, *Networking: The Net As Artwork*, op. cit., str. 11.
116   Thomas H. Davenport in John C. Beck, *The Attention Economy: Understanding the New Currency of Business*, Harvard Business School Press 2001.

si ni mogel zagotoviti avdicije pri nobeni od glasbenih založb?

Dandanes lahko spretna uporaba alternativnih komunikacijskih sredstev doseže enako ali celo višjo raven pozornosti od tiste, ki jo ustvarijo zajetne trženjske naložbe. To je nekaj, česar se spletna umetnost zaveda že od nekdaj in, kot smo videli, tudi izkorišča, da zaobide tradicionalne filtre, ki umetnika ločijo od njegove oziroma njene publike. Ti filtri so se postopoma spet pojavili, toda okoli njih je še vedno dovolj manevrskega prostora za delovanje, iskanje in pritegovanje pozornosti.

Internet: Vrednost

Iz tega sledi, da v internetni ekonomiji pozornosti vrednosti ne merimo finančno, temveč s številom enkratnih uporabnikov, povezav in rezultatov, ki jih dajejo iskalniki. Ko so doseženi kvantitativni rezultati, se seveda vnovič pojavijo tudi merila kakovosti; vrednost nekega spletnega projekta je tako odvisna – predvsem – od tega, ali o njem govorijo v kontekstih, kot so *Rhizome*, *Neural* in *We-make-money-not-art*, ali je pritegnil pozornost specifičnih kritikov in ali je bil predstavljen na specifičnih prizoriščih, bodisi na spletu bodisi v resničnem svetu. Avra umetniškega dela, ki jo je odstranila funkcionalna oblika zaslona, ki ga uporabljamo za ogledovanje dela, njegova neskončna reproduktivnost brez izgube kakovosti, njegova dostopnost in popolna odsotnost finančne vrednosti se znova pojavijo v obliki »tag clouds« (oblakov značk). To seveda velja za sleherni »kulturni artefakt«, na katerega neusmiljeno vpliva »beseda, ki se na spletu širi od ust do ust«, a še posebno to velja za tiste oblike umetnosti, ki ne ustvarjajo nobene »prave« ekonomije. Seveda je delo spletne umetnosti mogoče naročiti in ga torej lahko financirajo zasebniki ali institucije; v zadnjem desetletju je bilo kar nekaj poskusov prodaje spletišč kot umetniških del in v nekaterih krogih ideja zbiranja spletišč uživa precej veljave. Nekaj projektov spletne umetnosti je navsezadnje celo »stalo« kar precej denarja, a ne le kar se tiče njihove prodajne cene, temveč bolj zaradi njihovega imena. Leta 2000 je Kenneth Aronson, ustanovitelj Hell.com, zasebnega spletnega prostora, ki ga je mnogo let kot zbirališče in delavnico za komentiranje in izpopolnjevanje svojih del uporabljala skupnost umetnikov, to domeno dal na dražbo za osem milijonov dolarjev. Prodal je ni, toda izklicna cena za tako »vroče« domensko ime nikakor ni bila pretirana. Proti koncu leta 1999 je spletna trgovina z igračami eToys ponudila kolektivu etoy 516.000 dolarjev za njihovo domeno etoy.com. Ko so umetniki ponudbo zavrnili, so pri eToys prešli na agresivnejšo taktiko, a so se hitro znašli sredi boja z aktivisti, umetniki, novinarji in drugimi podporniki etoya, ki so podjetju v imenu svobode izražanja povzročili precejšnjo finančno škodo (po uradnih podatkih je to, kar se je v zgodovino vpisalo kot *Toywar* [*Vojna igrač*], stalo 4,5 milijona dolarjev).

Toda ekonomija, ki temelji zgolj na pozornosti, ima tudi šibke točke, med katerimi je glavna njena začasnost, kar je nekaj, kar umetniškim delom ne ustreza. Konec koncev je to verjetno razlog, zakaj se ni spletna umetnost nikoli razvila v neodvisen svet umetnosti, temveč je ostala predvsem izjemna priložnost. Umetniki, ki so prvič nastopili na spletu v poznih devetdesetih letih, skušajo svoje delo, ne da bi ga opustili, prenesti na stabilnejši teren s sistemi distribucije in vrednotenja, ki so manj dovzetni za manipulacijo, a dolgoročno varnejši – v svet sodobne umetnosti in svet novomedijske umetnosti.

Za mlajše generacije to nikakor ni več vprašanje »prevajanja« del, ki so nastala na spletu, v obliko, ki ustreza tradicionalnim razstavnim prostorom in umetnostnemu trgu, temveč preprosto delujejo na vseh platformah, ki so jim na voljo. V takšnih okoliščinah izraz spletna umetnost kot tak postane šibkejši. Dandanes nimamo več opravka z umetnostjo, ki bi bila »specifična za internet«, temveč s »postinternetno« umetnostjo, če uporabimo skovanko ameriške umetnice in kritičarke Marise Olson, oziroma z »internetno ozaveščeno« umetnostjo, če nam je ljubša opredelitev, ki jo predlaga umetnik Guthrie Lonergan.[117]

---

117   Cf. Louis Doulas, »Within Post-Internet, Part One«, *Pool*, 6. april 2011, dostopno na spletnem naslovu http://pooool.info/within-post-internet-part-i/ [zadnji dostop marca 2013].

Boemski ples: Novomedijska in sodobna umetnost

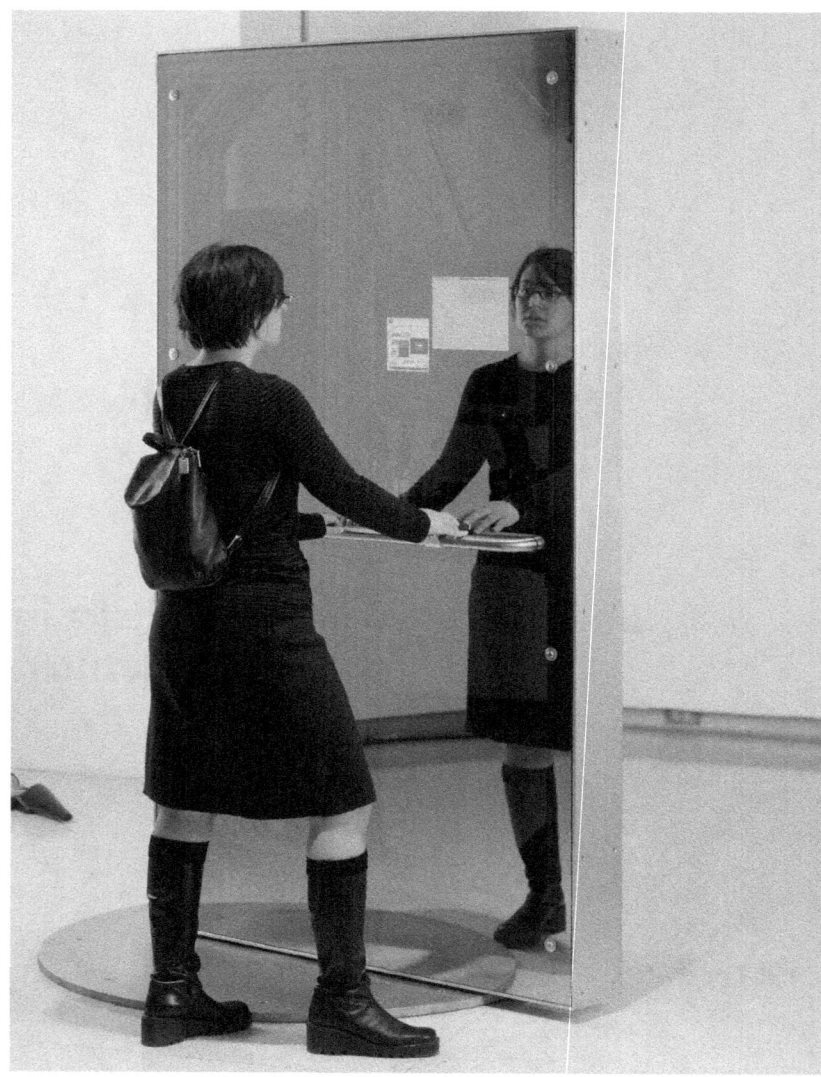

Portal, oblikovan v podjetju Antenna Design za *Art Entertainment Network* (*Omrežje za umetnost in zabavo*), Walkerjev umetnostni center, 2000. Objavljeno z dovoljenjem Walkerjevega umetnostnega centra, Minneapolis.

V prejšnjih poglavjih sem preučil pojem novomedijska umetnost. Oporekal sem njegovi konceptualni osnovi in osvetlil njegovo družbeno vlogo (če se izraz ohranja, je tako zato, ker obstaja svet umetnosti, ki se z njim istoveti). Orisal sem zgodovino tega sveta in ga opisal v primerjavi s svetom sodobne umetnosti. Na koncu pa sem poudaril še to, da se je svet novomedijske umetnosti v zadnjih letih izkazal za nedoraslega nalogi, da predstavlja kompleksnost umetnosti, ki se ukvarja z novimi tehnologijami, in da je vedno znova skušal prodreti v svet sodobne umetnosti.

Da bi razumeli dinamiko tega srečanja, se je vredno ozreti k *The Painted Word* (*Naslikana beseda*), uspešnemu pamfletu o svetu umetnosti, ki ga je leta 1975 objavil ameriški satirični pisec Tom Wolfe. V tem besedila Wolfe ironično opisuje odnos med avantgardnimi gibanji in institucionalizirano umetnostjo kot nenavaden paritveni ritual, ki poteka v dveh fazah: najprej se odvije boemski ples,»v katerem umetnik pokaže svojo robo v krogih, klikah, gibanjih,»izmih« domače soseske, torej v boemskem svetu, kot bi mu ne bilo mar za nič drugega«; nato sledi dovršitev,»med katero si kulturniki iz taistega sveta, *le monde*, ogledujejo različna nova gibanja in nove umetnike boemskega sveta, izberejo tiste, ki se jim zdijo po kakršnem koli merilu najvznemirljivejši, najizvirnejši ali najpomembnejši, in jih zasujejo z vsemi nagradami zvezdnikov«. Med boemskim plesom, pojasnjuje Wolfe, se umetnik vede kot ženska pri apaškem plesu (*la danse Apache*), saj prepleta zapeljevanje in zaničevanje, ponujanje in zavračanje, dokler se navsezadnje ne vda:

> Umetnik je kot ženska v akciji, ki topota z nogami, v enem trenutku kljubovalno kriči, v naslednjem hlini ravnodušnost, se prezirljivo upira pritiskom svojega zasledovalca … še več opletanja naokoli… še več razjarjenega besa… še več kričanja in tečnarjenja… dokler se navsezadnje z zadnjim mogočnim in čudovito dvoumnim krikom – bol! naslada! – ne preda… Puh, puh, puh, puh, puh… Kako to počneš, fant moj! … in luči se prižgejo in vsi, *tout le monde*, ploskajo…[118]

Kljub satiričnemu tonu in datumu izdaje, zaradi katerih je to besedilo

---

neprimerno za dešifriranje nedavnih sprememb v sodobni umetnosti, *The Painted Word* ponuja nekaj zanimivih vpogledov v dinamiko sveta umetnosti, namreč da tudi sodobna umetnost ostaja dejavnik družbenega ugleda in da je uspeh nekega umetnika še vedno precej v rokah omejene elite muzejskih kustosov, galeristov, zbirateljev in kritikov. Za naše potrebe pa je model »boemskega plesa« nadvse primeren opis tega, kako se novomedijska umetnost zadnjih dvajset let skuša približati platformi sodobne umetnosti. Če bi ga skušali pojasniti s pomočjo rituala, ki ga opisuje Wolfe, bi to dolgotrajno dvorjenje lahko opisali kot še potekajoči boemski ples dveh ljubimcev, ki jima ni še nikoli uspelo dejansko dovršiti svojega razmerja. Tudi diskurzu omahovanja smo dandanes še vedno priča, na primer v knjigi *New Media in the White Cube and Beyond* (*Novi mediji v beli kocki in onstran nje*, 2009), v kateri je zbranih več esejev o kuratorskih problemih, ki jih muzejem zastavlja novomedijska umetnost.[119] Charlie Gere piše, da se muzeji in galerije morajo ukvarjati z novomedijsko umetnostjo, ker brez upoštevanja te ni mogoče razumeti umetnosti zadnjih nekaj desetletij, Steve Dietz in Patrick Lichty pa trdita, da novomedijska umetnost (in zlasti spletna umetnost) ne potrebuje institucij, saj lahko povsem dobro shaja brez njih.

S tem ne bi bilo nič narobe, če bi bila novomedijska umetnost popolnoma nova avantgarda, pripravljena, da se spusti v ritual dvorjenja. Problem pa je v tem, da v našem primeru boemski ples traja že skoraj dvajset let, in čeprav se od časa do časa morda zazdi, da je dovršitev blizu, aplavza doslej še ni bilo. Zato se ta ritual danes zdi kot pomilovanja vreden ravs, ki se že predolgo vleče. A zakaj je tako? Kaj je šlo narobe? Kaj je svet umetnosti pričakoval od novomedijske umetnosti? Katere strategije je privzela ta, da bi se na tej platformi prikazala v najboljši luči? In ali je še mogoče popraviti napake iz preteklosti?

V tem poglavju bomo skušali odgovoriti na ta vprašanja, zlasti v zvezi z razstavami iz druge polovice devetdesetih let in v zvezi z razpravo o navzočnosti novomedijske umetnosti na trgu sodobne umetnosti.

---

119   Christiane Paul (ured.), *New Media in the White Cube and Beyond: Curatorial Models for Digital Art*, op. cit.

Naj se ples prične (1996–1998)

V prvem poglavju smo videli, da so se osemdeseta leta končala s tremi izjemnimi epizodami, kar se tiče prepoznavnosti novomedijske umetnosti v sferi sodobne umetnosti: z razstavo *Les Immateriaux* (*Nemateriali*, 1985) v pariškem centru Pompidou, beneškim bienalom leta 1986 in ustanovitvijo centra ZKM v Karlsruheju leta 1989. Kot smo že omenili, so bile to epizode, ki so se iz različnih razlogov – zaradi svoje »institucionalne« narave, geografske lokacije in ločenosti od finančnih interesov – končale, ne da bi na umetniškem obzorju tega obdobja pustile kaj dosti sledi. Elementi, ki človeku pridejo na misel med razmišljanjem o umetnosti osemdesetih let dvajsetega stoletja, so okrevanje trga, postmodernizem in vrnitev slikarstva. Celo refleksija Jeffreyja Deitcha o postčloveškem v sklopu potujoče razstave *Post Human* (*Postčloveško*, 1992–1993) se je za novomedijsko umetnost izkazala za napako oziroma za vlak, ki je že odpeljal. Čeprav je kustosovo raziskovanje temeljilo na navdušeni osveščenosti o tehnološki in znanstveni revoluciji, ki se je dogajala takrat, je estetske in kulturne posledice te revolucije iskal pri umetnikih, kot so Charles Ray, Robert Gober, Jeff Koons, Wim Delvoye in Paul McCarthy.[120] S svojim povabilom k refleksiji o vplivu informacijskih tehnologij, medijev in biotehnologije na naše življenje Deitcheva razprava o postčloveški razsežnosti ostaja dragocen in vse prepogosto spregledan namig za sodobne kustose.

Kar se tiče novomedijske umetnosti, pa je bilo spet vztrajanje pri uporabi »tehnologije kot orodja« tisto, zaradi česar se je sredi devetdesetih let vnovič pojavila na sceni sodobne umetnosti. Začuda se je to zgodilo po zaslugi Thomasa Krensa, dinamičnega direktorja Sklada Solomona R. Guggenheima od leta 1988 do leta 2008. Med svojo dolgo vladavino je Krens postal utelešenje vstopa muzeja v dobo globalizacije in spektakla; svojo ustanovo je spremenil v globalno blagovno znamko, z odprtjem muzeja Guggenheim v Bilbau pa je muzej spremenil v mejnik tudi v tem pogledu, da je razstavni prostor oziroma stavba postala privlačnejša od vsebine. Njegova tretja, manj razvpita bitka se je začela potihem leta 1993, ko je Guggenheim v Sohu priredil razstavo

---

120   Cf. Jeffrey Deitch (ured.), *Post Human*, katalog, Cantz/Deste Foundation for Contem-
porary Art 1992.

Virtual Reality: An Emerging Medium (*Virtualna resničnost: Porajajoči se medij*). Kustos razstave je bil Jon Ippolito, »virtualno resničnost«, za katero se je takrat zdelo, da jo čaka bleščeča prihodnost, pa je predstavljal niz instalacij različnih avtorjev. Kljub kratkosti (trajala je le kakšnih deset dni) je razstava pritegnila ogromno obiskovalcev in Krensa navdihnila, da je prizorišče Guggenheim SoHo, ki so ga odprli, da bi prevetrili skladovo zbirko moderne umetnosti, spremenil v »novomedijski« oddelek muzeja. Marca 1996 so projekt predstavili tisku. Prvi korak je bila priprava velike razstave z naslovom *Mediascape* (*Medijska krajina*) v sodelovanju z ZKM, ki so jo napovedali za junij tistega leta. Projekt je bil odvisen od sredstev nemškega Telekoma in italijanske elektroenergetske družbe ENEL, ki je že bila Guggenheimova pokroviteljica pri preteklih projektih. Tako ENEL kot tudi nemški Telekom sta obljubila podporo prihodnjim projektom; natančneje, nemški Telekom je Guggenheimu namenil kakšnih 2,5 milijona dolarjev na leto in kril stroške izdelave ogromnega videozidu, povezanega s podobnim sistemom v Nemčiji, za katerega naj bi umetniki na povabilo ustvarjali nova dela, ENEL pa se lotil vzpostavljanja »elektronske knjižnice« (za ogledovanje plošč CD-ROM in drugega digitalnega gradiva) in produkcije plošč CD-ROM o razstavah, ki jih je prirejal Guggenheim. Krens je oznanil tudi namen razširiti muzejevo zbirko »multimedijske umetnosti«.[121]

V tem kontekstu je imela razstava *Mediascape*, katere kustosa sta bila Jon Ippolito in John Hanhardt, dvojno vlogo; po eni strani je podčrtala bleščečo svežino umetnosti, ki uporablja nove tehnologije, po drugi strani pa je osvetlila njeno zakoreninjenost v novejši zgodovini sodobne umetnosti, saj jo je postavila ob bok znanim, uveljavljenim umetnikom. V prvem nadstropju so si obiskovalci ogledali orjaško videoinstalacijo Nam June Paika *Megatron* (1995), ki sta ji sledila interaktivna instalacija *Piano-As Image Media* (*Klavir kot slikovni medij*, 1995) Tošia Ivaija in generator besedil *Passage Sets* (*Nabori odlomkov*, 1994) Billa Seamana.

Interaktivne instalacije je zaokrožilo delo Jeffreyja Shawa *The Legible City*

---

121   Cf. Lee Rosenbaum, »Guggenheim Soho to Go High-Tech«, *Artnet*, 29. marec 1996, dostopno na spletnem naslovu www.artnet.com/magazine_pre2000/news/rosenbaum/rosenbaum3-29-96.asp [zadnji dostop marca 2013].

(*Čitljivo mesto*, 1991), instalacija virtualne resničnosti, ki je gledalcu, ki je sedel na kolesu, omogočila, da se je premikal skozi različne urbane prostore, kjer so zgradbe nadomestile tridimenzionalne črke, ki so opisovale mesto. *Mediascape* je ta dela povezal z videoinstalacijami Inga Guntherja, Marie-Jo Lafontaine, Brucea Naumana, Billa Viole, Steine in Woodyja Vasulka ter z delom Jenny Holzer, ki je svoje slovite »floskule« prikazala s svetlečimi diodami.

Vsa dela na razstavi – razen del Nam June Paika, Jenny Holzer, Brucea Naumana ter Steine in Woodyja Vasulka – so bila del zbirke ZKM, ki je takrat vsebovala več kot tisoč primerkov novomedijske umetnosti brez stalnega bivališča. In nemški Telekom in ENEL sta vse prej kot omahovala pri šopirjenju s svojimi prispevki. Roberta Smith je v časniku *New York Times* ironično pripomnila:

Guggenheim SoHo zdaj vključuje prve galerije velikega newyorškega muzeja, posvečene poslovnim pokroviteljem. [...] Čeprav so majhne, so te galerije faustovska šibka točka v načrtovanju muzejev; vsaka od njih je od stropa do tal okinčana s popolnoma odvečno bleščečo kovino, razkošno strojno opremo, črno gumo in nenavadnimi sedeži. [...] V teh trendovskih prenatrpanih prostorih je težko vedeti, ali moram iz naftalina potegniti svoj kostum Luka Skywalkerja, si nadeti opremo za telovadbo ali preprosto obsedeti, dokler se ne pojavi mladi doktor Frankenstein.[122]

Kar se tiče razstave, pa je Roberta Smith o delu *The Legible City*, eni od ikon novomedijske umetnosti, zapisala, da je »eno od najslabših del na razstavi«, in sklenila:

Mediascape vse prepogosto operira v vrzeli med umetnostjo in razvedrilom, ne da bi bila bodisi prvo bodisi drugo. [...] To je zabavno in razburljivo, a to je predvsem tehnika. In ne glede na to, v katerem stoletju si, od Egipčanov in starih Grkov naprej tehnika oziroma zdaj

---

122   Cf. Roberta Smith, »A Museum's Metamorphosis: The Virtual Arcade«, *New York Times*, 18. junij 1996.

tehnologija ni nikoli zagotavljala trajne estetske moči.

Lucy Bowditch je v reviji *Afterimage* podčrtala igrivo površnost interaktivnih del, ki so se, paradoksalno, izkazala za manj privlačna od drugih, bolj razmišljajočih del, denimo od del Jenny Holzer ali Brucea Naumana:»Kot kaže, ima ZKM veliko igrač, in v tem trenutku prevladujejo tiste, katerih namen je naključno odvračanje pozornosti.«[123] John Haber pa je zapisal, da »se ta razstava ukvarja s tehnologijo v škodo nekaj zanimivih umetnikov in umetniških teženj«in da so kustosi zagrešili napako z vztrajanjem pri tem, kaj vse zmorejo računalniki, namesto da bi raziskali, kaj je pri tem novega, kar se je temu kritiku zdelo »nenavadno staromodno«.[124] Vsi trije so se strinjali, da je imela zamisel, da bi »multimedijsko umetnost« iz zbirke centra ZKM postavili ob bok različnim klasičnim primerom sodobne umetnosti, ki »temelji na medijih«, da bi prvi dali legitimnost, nasproten učinek, saj je privedla do očitkov pomanjkljivosti; predstavljala se je kot nekaj novega, izkazala pa se je za »staromodno«; hotela je biti interaktivna, navsezadnje pa je bilo vse zgolj igra, sama tehnologija brez vsakršne vsebine. Dihotomije, ki smo jih analizirali v prejšnjem poglavju in ki so povzročile razkol med obema svetovoma, so se v tem prvem srečanju torej vnovič pojavile povsem nespremenjene.

Ob svojem prvem nastopu v newyorški družbi je bila novomedijska umetnost videti kot načičkana razcapana novinka, kot kmečka nevesta na plačilnem seznamu podjetja s področja visoke tehnologije. Razstava *Mediascape* je bila spotikljaj v njenem boemskem plesu s svetom umetnosti, napačen gib, ki ga je ponovila ob skoraj vseh pomembnih dogodkih v naslednjih letih. Osnovna napaka je bila stvar perspektive; novomedijska umetnost se je pojavila na platformi sodobne umetnosti in ji skušala »prodati« idejo, ki je sprva povzročila njeno izključitev; povedano drugače, poudarjala je tehnologijo in »raziskovanje medija« namesto svojega kulturnega potenciala. Tehnologija, njena uporaba in slavljenje njene aktualnosti so postali »tema« razstave, njeno konceptualno jedro; novomedijska umetnost se je na plesišču prvič

123 Cf. Lucy Bowditch, »Driven to Distraction: Multimedia Art Exhibition by the Guggenheim Museum Soho«, *Afterimage*, januar-februar 1997.
124 Cf. John Haber, »Medium Rare«, 1996, dostopno na spletnem naslovu www.haberarts.com/tvscape.htm [zadnji dostop marca 2013].

zasukala v oguljenih oblačilih.

Druga napaka je bil izbor partnerja. Novomedijsko umetnost so promovirali s pomočjo visokotehnološkega sektorja, katerega interesi so bili seveda pristranski, saj je svojim dosežkom želel pridobiti ugled in legitimnost. Slednja pa je seveda pogoj za prvega; če večino stroškov krije pokrovitelj s področja visoke tehnologije, bo dogodek hočeš nočeš slavil tehnologijo. Vse drugo – zlasti seveda vsi kritični pomisleki – bo neizbežno odrinjeno na drugo mesto. Poleg tega bo novomedijska umetnost, ker ni razvila nobenih drugih »partnerstev« (kar se tiče kritikov ali trga), če izgubi to podporo, videti, kot da je nenadoma padla v nemilost.

Tretja napaka je bil izbor. V *Mediascape* se je novomedijska umetnost predstavila platformi sodobne umetnosti z deli, ki niso bila primerna, da jo zastopajo v tej areni; tehnične novotarije, kot je *The Legible City*, so kulturno prešibke, da bi ustrezale pojmu umetnosti, ki ga zagovarja svet sodobne umetnosti. Še ko so razstave začele prikazovati vsebinsko čvrstejša dela, občutek, da gledaš nekaj tujega, ni zbledel. In tu se vrnemo na začetek; dokler se bodo ta dela promovirala z namenom poveličevanja tehnologije, kot pravi Haber, bo ta perspektiva zasenčila vsa pomembna dela in zanimive težnje. Kot bomo videli v naslednjem poglavju, za novomedijsko umetnost edina pot do tega, da jo bo svet sodobne umetnosti jemal resno, vodi prek tega, da se enkrat za vselej otrese te perspektive in izraza, ki jo uteleša.

Še en problem, ki se je pojavil z razstavo *Mediascape*, je bilo dejstvo, da se je zgodila v nekakšnem »vakuumu«, kajti zdelo se je, da zapletenih interesov muzeja in tehnološkega pokrovitelja ne podpira noben drug sektor v svetu umetnosti. Medtem ko je uradna kritika zvenela skeptično glede formalnih značilnosti novomedijske umetnosti, njenega igrivega, tehnofilskega pristopa, v svetu umetnosti ni bilo nobene »militantne« kritike, ki bi jo lahko zagovarjala. Kar je bilo na ogled v muzeju Guggenheim SoHo, se ni nikoli prej pojavilo v nobeni od manjših, modnih in živahno delujočih institucij, kaj šele v kakšni zasebni galeriji. Ni bilo trga, nobene skupine zbirateljev, ki bi kupovala to umetnost.

Prav v tem obdobju se je vrsta »pionirjev« lotila takšnega pripravljanja terena, toda medtem ko se je od leta 1996 do leta 2001 ljubezenska zgodba med novomedijsko umetnostjo in velikimi muzeji razvijala hitro zaradi soudeležbe in finančne podpore podjetij »nove ekonomije«, je pripravljanje terena potekalo precej počasneje. Kar se tiče zasebnih ustanov, je bila prva, ki se je premaknila v to smer, nedvomno galerija Postmasters v New Yorku. Leta 1984 sta jo v četrti East Village ustanovila Magdalena Sawon in Tamas Banovich, nato se je leta 1989 preselila v Soho, leta 1998 pa v Chelsea. Leta 1996, ko je bila galerija še v Sohu, sta bili tam na ogled dve zanimivi skupinski razstavi – *Can You Digit?*[125] in *Password: ferdydurke (Geslo: ferdydurke)*. Kustos obeh je bil Tamas Banovich. Tema je leta 1997 sledila razstava *MacClassics (MacKlasiki)*. Te tri razstave so se očitno odzvale na potrebo po raziskovanju tega področja in po ozaveščanju o problemih, ki jih odpirajo nove tehnologije. Prva je predstavila štirideset del umetnikov in oblikovalcev, ki so večinoma delovali v Silicijevi dolini. Razstava *Password: ferdydurke* je dobila ime po poljskem romanu,[126] ki sta ga oboževala galerista, osredotočila pa se je na dematerializacijo podobe. *MacClassics* pa se je oprla na privlačnost računalnika kot predmeta, na kultni status starih računalnikov Mac (Macintosh) in na nostalgično držo, ki je del tega statusa. Ta umetnost je bila reakcija na vratolomno hitrost tehnološkega razvoja. Za razstavo je kustos priskrbel kup starih računalnikov in prosil sodelujoče ustvarjalce, naj jih uporabijo, kakor želijo. Razstava *MacClassics*, ki je bila daleč pred svojim časom, je premaknila poudarek s poveličevanja tehnologije ali nekega vidika tehnologije, kar je bilo še vedno v ospredju na razstavi *Can You Digit?*, na raziskovanje vpliva medijev, v tem primeru osebnih računalnikov, na našo kulturo in okus. Še več, *MacClassics* se je izognila sleherni retoriki »novih medijev« in iskala umetniško rehabilitacijo »nove« tehnologije, ki je že zastarela, ki so jo že izpodrinili novi modeli, ter se osredotočila na nostalgični element tega oziranja v nedavno preteklost. In končno je *MacClassics* na en mah rešila tudi problem domnevne »nesnovnosti« digitalne umetnosti, kajti ustvarjalci so dobili navodilo, naj nekaj ustvarijo

125 Naslov prve razstave je v slovenščino neprevedljiva besedna igra, ki po eni strani namiguje na digitalizacijo (*Can You Digit?* v smislu »Ali znaš digitalizirati?«), po drugi strani pa na slengovski pomen glagola *dig* (*Can You Dig-it?* v smislu »Ti je ta zadeva všeč?«, »Jo razumeš?«) (Op. prev.)
126 Witold Gombrowicz, *Ferdydurke*, prev. Katarina Šalamun-Biedrzycka, Mladinska knjiga, Ljubljana 1974. (Op. prev.)

za razstavni prostor in pri tem računalnike uporabijo ne le kot medij oziroma sredstvo za izdelavo dela, temveč kot njegov sestavni del. V tistem obdobju je bil zadnji vidik vse prej kot samoumeven. Sledila je burna razprava, ki jo je sprožil zlasti oddelek spletne umetnost na documenti X (1997), katere kustosinja je bila Catherine David. Simona Lamunièra, ki je bil odgovoren tudi za spletišče documente X, so imenovali za vodjo tega oddelka. Documenta Catherine David se je v zgodovino vpisala kot documenta, ki je obudila kritično in politično zavest, se vrnila k držam neoavantgardnih gibanj šestdesetih let in zavrnila »udomačitev« umetnosti.[127] Ta pomembna pobuda ni bila le razstava, temveč platforma za dogodke, razprave in projekcije, kjer so zastopana dela izrecno zavrnila institucije, mnoga pa so zavzela tudi položaj v javnih arenah. Slikarstvo je bilo povsem izključeno, pač pa je dogodek raziskoval povezave med generacijo šestdesetih let in kritično, radikalno umetnostjo devetdesetih let, povezave med koncem hladne vojne, zmago kapitalizma in grožnjo bližajoče se globalizacije. V tem kontekstu je imelo spletišče ključno vlogo. Kot pojasnjuje Davidova, se je documenta X odvijala v različnih »prostorih« – na petih razstavnih prizoriščih, pa tudi v knjigi/katalogu, v programu razprav in okroglih miz ter predvsem na spletišču:

> Med koncentričnimi krogi, ki ustvarjajo kulturni dogodek documenta X, spletišče pomeni najoddaljenejši zunanji krog. Omogoča sodelovanje v dogodku v Kasslu, in to v obliki, ki odlikuje internet – znotraj okvira, ki je hkrati intimen in globalen, v lastni dnevni sobi in v najrazličnejših kotičkih našega sveta.[128]

Spletišče je poleg praktičnih informacij o dogodku predstavilo tudi niz spletnih projektov, med katerimi jih je nekaj nastalo po naročilu za documento X, objavilo pa je tudi seznam virov, ki dokumentirajo porajajoče se umetniške scene in aktivizem na spletu. Seznam obsega nekaj zgodovinskih projektov

---

127   Cf. Jonathon Nichols, »Documenta X«, oktober 1997, dostopno na spletnem naslovu www.artdes.monash.edu.au/globe/issue7/doctxt.html [zadnji dostop marca 2013].
128   Catherine David, »Dx and New Media«, 20. junij 1997, dostopno na spletnem naslovu www.documenta12.de/archiv/dx/lists/debate/0001.html [zadnji dostop marca 2013].

spletne umetnosti, od tandema Jodi do *Metroneta* Martina Kippenbergerja, od *Visitors Guide to London* (*Vodnik za obiskovalce Londona*) Heatha Buntinga do *On Translation* (*O prevajanju*) Antonija Muntadasa in *Makrolaba* slovenskega ustvarjalca Marka Peljhana.

Tisti projekti, ki so vsebovali tudi element instalacije, recimo *Metronet* in *Makrolab*, so bili porazdeljeni po različnih prizoriščih dogodka. Tisti, ki so obstajali le na spletu, so imeli omogočen dostop z vrste računalnikov, nameščenih v enem samem prostoru, v dvorani documenta-Halle, blizu knjigarne in kavarne. Ta odločitev je sprožila razpravo, ki jo je še vedno mogoče spremljati na forumskih straneh spletišča. Sekcija documente X z naslovom »Websites« (»Spletišča«) je bila zaprt prostor, obdan z modrim zidom, ki so ga nekateri interpretirali kot okoren poklon enemu od pokroviteljev, podjetju IBM. Računalniki so bili na pisalnih mizah, kar je aktiviralo še eno asociacijo, ki se je med ustvarjalci izkazala za nepriljubljeno – povezavo med računalniki in delovnim mestom. Računalniki pa tudi niso bili povezani z internetom, kar je v bistvu pomenilo, da so bila dela odrezana od svojega okolja. Zamisel združiti kakšen ducat del v prostoru, ki je sicer gostitelj enega samega dela, nedvomno ni prispevala k povečanju vrednosti v očeh publike, ustvarila pa je tudi – kot sta na forumu opazila člana tandema Jodi – lažno povezavo med umetniki, ki jih sicer druži le dejstvo, da uporabljajo internet.[129] Iz odziva Simona Lamunièra je bilo razvidno, da se je vsega tega zavedal, toda v tistem trenutku se je getoizacija zdela edina alternativa popolnemu neobstoju.[130]

Ne glede na to razpravo pa je zanimivo stališče Catherine David, kar se tiče vprašanja »novih medijev«:

> Nove tehnologije niso nič drugega kot novo sredstvo za doseganje nekega cilja. Same po sebi so pomembne, a to je vedno odvisno od tega, kako so uporabljene. Nasprotujem naivni veri v napredek in poveličevanju možnosti tehnološkega razvoja. Velik del tega, kar umetniki dandanes ustvarjajo z novimi mediji, je zelo dolgočasen. A

129 Jodi, »Dx Webprojects«, 9. julij 1997, dostopno na spletnem naslovu www.documenta12.de/archiv/dx/lists/debate/0010.html [zadnji dostop marca 2013].
130 Simon Lamunière, »Dx Webprojects«, 10. julij 1997, dostopno na spletnem naslovu www.documenta12.de/archiv/dx/lists/debate/0014.html [zadnji dostop marca 2013].

ravno tako nasprotujem tudi obsojanju tehnologije. Tehnologija sama po sebi zame ni kategorija, po kateri bi presojala umetniška dela. Ta tip kategoriziranja je ravno tako zastarel kot delitev na klasične umetnostne žanre (slikarstvo, kiparstvo ...). Zanima me ideja nekega projekta; v najboljšem primeru bi se morala sredstva za izvedbo projekta izkristalizirati kar iz te ideje.[131]

Odločitev Catherine David, da je Lamunièra prosila, naj za documento X izbere nekaj spletnih projektov, je treba torej razumeti takole: dogaja se nekaj, kar presega tradicionalno paradigmo novih medijev in preusmerja pozornost z medija na vsebino. Če bi sporočilo Catherine David razumeli takrat, bi bila zgodovina zadnjih petnajstih let zelo drugačna.

Pravzaprav se je v tem obdobju zgodil še en poskus pripraviti razstavo novomedijske umetnosti, ki ne bi poveličevala tehnologije in ki bi se izognila retoriki »novih medijev« ter se osredotočila na dela, ki imajo kaj povedati; to je bila razstava *Serious Games: Art Interaction Technology* (*Resne igre: Tehnologija umetniške interakcije*, 1996–1997), katere kustosinja je bila Beryl Graham in ki je bila na ogled sprva v umetnostni galeriji Laing v Newcastlu, nato pa v umetnostni galeriji Barbican v Londonu. Namen razstave je bil razviden iz slogana, ki jo je spremljal – »Ne razstava o novi tehnologiji, ampak razstava o interakciji« –, pri čemer se interakcija ni nanašala le na pristno interaktivno naravo digitalnega medija, temveč na relacijsko dinamiko, ki so jo ustvarjala razstavljena dela. Kot je pojasnila kustosinja: »Moje izkušnje na področju fotografije so me prepričale, da se je na razpravo o kateri koli tehnološki umetniški formi, ki se vsaj od štiridesetih let devetnajstega stoletja vrti okoli vprašanja, »a je to umetnost«, najbolje odzvati tako, da kažeš dobra dela, dokler nekdo ne objavi razsodbe.«[132] »Dobra dela«, ki jih je zbrala Grahamova, so bila interaktivne instalacije, ki so vključevale element igre ali vsaj uporabnikove vpletenosti v delo, hkrati pa zastavljale tudi »resna« vprašanja. *Rehearsal of Memory* (*Vaja spomina*, 1995) angleškega ustvarjalca

---

131   Catherine David, »Dx and New Media«, op. cit.
132   Beryl Graham, »Serious Games«, v: Christiane Paul (ured.), *New Media in the White Cube and Beyond*, op. cit., str. 191.

Harwooda je hipertekst, po katerem se je mogoče premikati in ki združuje besedila in podobe pacientov psihiatrične bolnišnice. *Indigestion* (*Slaba prebava*, 1996) tandema Diller+Scofidio je interaktivna miza, ob kateri kosilo postane priložnost za razvijanje nekoliko *noir* pripovedi in za raziskovanje ključnih vprašanj, povezanih z razredom in spolom.

Konec devetdesetih let ti pomembni dogodki niso bili več videti osamljeni primeri, temveč osnova piramide v nastajanju. Leta 1993 je Bruce Wands na Šoli vizualnih umetnosti v New Yorku (School of Visual Arts in New York) osnoval Newyorški digitalni salon (New York Digital Salon), vsakoletno razstavo »digitalne umetnosti«. Prva leta se je salon osredotočal na računalniško grafiko in kar nekaj časa je trajalo, da se je otresel tega pristopa in začel razstavljati dela, ki presegajo nepomembne primerke, ki v najboljšem primeru razkazujejo neko tehnologijo.[133] Toda obstoj salona je pokazal, da zanimanje za digitalne tehnologije v akademskem svetu narašča. V naslednjih letih so muzeji ameriških univerz postali gonilna sila pionirskih razstav novomedijske umetnosti.

V tem obdobju so se pojavile tudi različne neprofitne iniciative, pogosto povezane s spletom. Leta 1997 sta Robbin Murphy in Remo Campopiano v Listovem centru za vizualne umetnosti (List Visual Arts Center) na inštitutu MIT v Massachusettsu organizirala razstavo *PORT: Navigating Digital Culture* (*VRATA: Navigacija po digitalni kulturi*, 25. januar–29. marec 1997), eno od prvih razstav, posvečenih internetu kot delovnemu mestu umetnikov.[134] Murphy in Campopiano sta ustanovitelja mreže *Artnetweb*, ki sta jo leta 1993 zasnovala kot elektronsko oglasno desko (BBS), na spletu pa pognala leta 1995; to je omrežje umetnikov, intelektualcev in kustosov, ki producira dogodke, projekte in spletno revijo. V tem obdobju so nastale še druge podobne iniciative. *The Thing* je leta 1991 v New Yorku kot elektronsko oglasno desko osnoval umetnik Wolfgang Staehle in jo leta 1995 prenesel na splet; *äda'web* je prav tako v New Yorku leta 1994 vzpostavil kustos Benjamin Weil, ki si je stvar zamislil kot

---

133   Dokumentacija Newyorškega digitalnega salona od leta 1993 naprej je dostopna na spletnem naslovu www.nydigitalsalon.org [zadnji dostop marca 2013].
134   Spletne strani *Artnetweb* od leta 2008 niso več dostopne.

platformo za produkcijo naročenih spletnih projektov umetnikov ob podpori produkcijske skupine; *Stadium* je bil ustanovljen leta 1995, leta 1999 pa ga je kupil umetnostni center DIA (DIA Center for the Arts) v New Yorku; *Rhizome* pa je leta 1995 v Berlinu ustanovil ameriški umetnik Mark Tribe. Delo teh institucij – nekatere od njih, denimo *Rhizome* in *The Thing*, še delujejo – se je izkazalo za odločilno v več pogledih; spodbujale so mreženje in razprave, producirale spletna dela, organizirale razstave in sklepale vezi in partnerstva z vodilnimi institucijami.[135]

Te institucije pa so medtem začele najemati kustose, ki so se specializirali za novomedijsko umetnost. Leta 1996 je Walkerjev umetnostni center v Minneapolisu Steva Dietza imenoval za »ustanovnega direktorja« Novomedijskih iniciativ. Leta 1998 je bil Dietz kustos skupinske razstave *Beyond Interface: Net Art and Art of the Net* (*Onstran vmesnika: Spletna umetnost in umetnost na spletu*, 1998), ki je nastala kot prispevek h konferenci *Museum & the Web* (*Muzej in splet*), ki jo od leta 1997 vsako leto prirejajo v Torontu. Razstava *Beyond Interface* je muzejskim profesionalcem skušala dokazati, da umetniška praksa na internetu obstaja, pri tem pa je načela več vprašanj o tem, kako bi se s to novo obliko umetnosti lahko spoprijeli muzeji sodobne umetnosti. V nekaj letih je Dietz povzročil vrtinec dejavnosti, vključno z razstavami in platformami za razpravo, razvijati je začel zbirko in naročati projekte.

Naslednja velika stvar (1999–2001)

Iniciative, kot je *Museum & The Web* (*Muzej in splet*), pričajo o čedalje večji potrebi muzejev, da se priključijo digitalnemu vlaku in vstopijo v informacijsko družbo z digitalizacijo svojih virov in sredstev, z raziskovanjem novih načinov sodelovanja z javnostjo in sprejemanjem izziva, ki ga prinašajo drugi, manj institucionalni, a tehnološko bolj iznajdljivi akterji. V obdobju, v katerem se je amatersko spletišče *Le WebLouvre* (zdaj *Web Museum*), ki ga je osnoval francoski kustos Nicolas Pioch leta 1994, zdelo bolj informativno in lažje

---

135   Cf. Domenico Quaranta, Net Art 1994–1998: *La vicenda di Ada'web*, Vita e Pensiero, Milano 2004.

dostopno od večine muzejskih spletišč, so se muzeji zavedeli, da se morajo vzeti v roke. Če to povežemo z eksponentno rastjo »nove ekonomije«, s pojavitvijo številnih poslovnih struktur, ki so iskale nekaj, kar bi jim dalo legitimnost, tudi v kulturnem smislu, in z medijskim pompom o novih tehnologijah, ki so vsilile lastno pripoved in razvnele kolektivno domišljijo (spomnimo se, denimo, kako pogosto se je govorilo o »virusih« in »hekerjih«, ali pa histerije, ki je zavladala ob tako imenovanem milenijskem hrošču), ter s pristnim zanimanjem, ki so ga vzbudile nekatere z novimi mediji povezane umetniške prakse, kot je spletna umetnost, zlahka razumemo močno povečanje števila institucionalnih razstav, posvečenih temi »umetnost in nove tehnologije« ob prelomu tisočletja.

Toda v poznih devetdesetih letih so internet in tehnološko naprednejše in kulturno bolj ozaveščene novomedijske institucije utirali pot in snovali najpomembnejše iniciative. Tokijski NTT InterCommunication Center/ICC (Interkomunikacijski center NTT), ki je leta 1997 končno dobil stalne prostore v nebotičniku Tokyo Opera City Tower v tokijski četrti Niši Šinjuku, je zelo aktivno prirejal razstave, seminarje in konference. Istega leta so odprli sedež centra ZKM v Karlsruheju in leta 1999 pripravili po obsegu in obliki »globalno« in zelo ambiciozno razstavo. Net_Condition (Spletno_stanje), ki ga je koordiniral Peter Weibel, se je ponašalo z vrsto kustosov, predstavljeno pa je bilo na štirih prizoriščih hkrati: v centru ZKM za umetnost in medije v Karlsruheju, na festivalu steirischer herbst (Štajerska jesen) v Gradcu v Avstriji (kustos Peter Weibel), v MECAD/Media Center d'Art i Disseny (Medijski center za umetnost in oblikovanje v Barceloni v Španiji, kustosinja Claudia Giannetti) in v NTT InterCommunication Center (Interkomunikacijski center NTT) v Tokiu na Japonskem (kustos Tošiharu Ito). Glavno prizorišče je bilo v Karlsruheju, kjer je bilo na razstavi, ki jo je koordiniral Jeffrey Shaw, predstavljenih skoraj sedemdeset ustvarjalcev in sedem kustosov, ki so bili (razen Benjamina Weila) vsi povezani s centrom ZKM. Ko so zaprli platformo äda'web, je njenega ameriškega kustosa k sodelovanju povabil ICA/Institute of Contemporary Art (Inštitut za sodobno umetnost) v Londonu in Benjamin Weil je pri Net_Condition sodeloval kot kustos za nove medije pri Inštitutu za sodobno umetnost. Leta 2001 pa je v SFMoMA/San Francisco Museum

124

of Modern Art (Muzej moderne umetnosti v San Franciscu) sodeloval pri organizaciji razstave *010101: Art in Technological Times* (*010101: Umetnost v tehnoloških časih*).

Razstava *Net_Condition* je obravnavala »pogled umetnikov na to, kako družba in tehnologija vstopata v medsebojno interakcijo, kako druga drugo ›pogojujeta‹«, raziskala pa je zlasti vprašanje, kako organizirati razstavo o umetnosti na spletu na različnih fizičnih prizoriščih. Hkrati pa *Net_Condition* ni bila mišljena kot razstava spletne umetnosti, temveč bolj kot refleksija »o družbenih okoliščinah, ki so ustvarile internet, in o okoliščinah, v katere internet sili druge umetnosti«.[136]

V skladu s tem je bil velik del prizorišča posvečen fizičnim instalacijam, ki so imele tudi spletno razsežnost. Značilen primer tega je hipertrofična struktura z naslovom |H|U|M|B|O|T| (1999–2004), partnerski projekt na temo potovanja in navigacije tako v dobesednem oziroma praktičnem smislu kakor tudi v prenesenem pomenu, pri katerem so sodelovali umetniki, hekerji, pisci in skupina italijanskih arhitektov A12. V prostorih ZKM je njihovo delo dobilo babilonsko obliko instalacije, ki je vsebovala slikarske palete, znanstvene instrumente, knjige, zemljevide, računalnike, svetilke in kose starega pohištva.

Kljub temu pa je ključno vprašanje, s katerim so se ukvarjali v kritiških razpravah, ostalo vprašanje, ali je mogoče doseči spravo med institucijami in antiinstitucionalno umetnostjo *par excellence* (torej umetnostjo, ki si je izbrala splet kot sredstvo za doseganje neposrednega stika z gledalcem) in kako bi bilo to mogoče doseči. *Net_Condition* je skušal formulirati več različnih odgovorov na to vprašanje, ki pa so bili vsi problematični. Najprej je bil tu *Lounge* (*Dnevna soba*, kustos Walter van der Cruijsen), ki je skušal ustvariti vtis internetnega vzdušja »družbene povezanosti«; vseboval je vrsto starih delovnih postaj, kjer so ljudje lahko brskali po spletu, klepetali in spremljali konference umetnikov. Nekaj del je bilo prikazanih na računalnikih, povezanih s spletom, druga pa so predstavili s projekcijami. Nato je bil tu *Plain.html* (*Goli.html*, kustos Benjamin Weil), posvečen nizu zgodovinskih projektov,

---

136   Matthew Mirapaul, »Museum Puts Internet Art on the Wall«, *New York Times*, 16. september 1999, dostopno na spletnem naslovu http://theater.nytimes.com/library/tech/99/09/cyber/artsatlarge/16artsatlarge.html [zadnji dostop marca 2013].

ki ni bil prirejen za razstavo, temveč je tvoril nekakšno »zgodovino spletne umetnosti«, ki je vsebovala visokotehnološki *Net.Art Browser* (*Brskalnik spletne.umetnosti*), ki ga je oblikoval umetnik Jeffrey Shaw, ki je bil tudi eden od sodelujočih kustosov. Tu pa so se pojavili prvi problemi. Instalacija je bila neke vrste »fizični navigator«, ravni zaslon, nameščen na steno s tekači, ki ga je s pomočjo brezžične tipkovnice lahko nadzoroval obiskovalec. S premikanjem zaslona desno ali levo se je obiskovalec lahko povezal z izbranimi spletišči. Po mnenju kritičarke Josephine Berry, ki je napisala recenzijo tega dogodka za revijo *Telepolis*, »lahko človek le upa, da je *Net.Art Browser* [...] mišljen kot nekakšna šala«, kajti njegov edini učinek je bil »denaturiranje [...] izkušnje brskanja v nesmiselno javno predstavo namesto ustaljene zasebne prakse«.[137] In tako ni menila le Berryjeva. Jodi na tem prizorišču nista hotela predstaviti svojega dela, Vuk Ćosić, ki je sprejel povabilo k sodelovanju, pa se je na dan odprtja pojavil s šopkom in ga sočutno položil k vhodu v muzej. Res je treba reči, da je željo po popravljanju napak documente X – odklanjanje pisarniških metafor in zavračanje omejevanja spletne umetnosti na računalniške zaslone kot njena običajna sredstva dostopa – sicer treba ceniti, toda prikaz, ki sta si ga izmislila Shaw in Weill, je odprl vrsto problemov. Občutek getoizacije je ostal; vseh 32 del je bilo zbranih v enem samem prostoru, ki je bil poleg tega delo enega samega umetnika, ki je tako neizogibno vsilil svojo vizijo ostalim sodelujočim. Temu dodajmo še dejstvo, da tipični pristop spletne umetnosti k tehnologiji skorajda ne bi mogel biti dlje od Shawove vizije, in drugo je zgodovina.

Leta 2000 sta se število in kakovost dogodkov močno povečala, pridružili pa so se tudi novi akterji. Pod okriljem Steva Dietza je Walkerjev umetnostni center začel leto z novim spletnim projektom, *Art Entertainment Network* (*Omrežje za umetnost in zabavo*), spletnim podaljškom velike razstave z naslovom *Let's Entertain* (*Zabavajmo!*), ki je zajela celotni muzej. Na fizičnem prizorišču muzeja je bila razstava – ki je prikazala več kot štirideset ustvarjalcev

---

137   Josephine Berry, »The Unbearable Connectedness of Everything«, *Telepolis*, 28. september 1999, dostopno na spletnem naslovu www.heise.de/tp/artikel/3/3433/1.html [zadnji dostop marca 2013].

– predstavljena kot posebna instalacija, ki sta jo oblikovala Masamiči Udagava in Sigi Moeslinger iz podjetja Antenna Design New York, d.d.; to je bil črn, monolitski »portal« z računalniškim zaslonom. Do različnih del je bilo mogoče dostopati preprosto z vrtenjem portala okoli njegove osi, s čimer se je spletna navigacija spremenila v fizično gibanje. Ta prehod je deloval kot vmesnik med »resnično« in »spletno« razstavo in implicitno trdil, da je internet idealen prostor za doživljanje spletne umetnosti. Zaradi tako prikazane ponižnosti se je Dietz izognil plohi kritike, ki se je zgrnila na *Net.Art Browser* Jeffreyja Shawa, toda problema razstavljanja spletne umetnosti v fizičnem prostoru s tem ni rešil, temveč zgolj preložil.

Aprila istega leta je kustos Patrick Lichty v umetnostnem centru Beachwood (Beachwood Center for the Arts) v Ohiu pripravil razstavo *Through the Looking Glass* (*Skozi zrcalo*). Tu je bilo na ogled več kot dvesto del, »fizični« dogodek pa je spremljala tudi spletna razstava. Dogodek si je za cilj zastavil razmislek o vplivu tehnologije na umetniški predmet, prvič v zgodovini pa se je taka prireditev lotila tudi raziskave arene novomedijske umetnosti v vsej njeni teritorialni in geografski kompleksnosti. Jeseni, medtem ko je Center za vizualne umetnosti Iris in B. Geralda Cantorja (Iris and B. Gerald Cantor Center for the Visual Arts) na Univerzi Stanford v spletni razstavi z naslovom *Refresh: The Art of the Screen Saver* (*Osveži: Umetnost ohranjevalnika zaslona*) raziskoval umetniške možnosti ohranjevalnikov zaslona, je drug univerzitetni muzej (Beallov center za umetnost in tehnologijo [Beall Center for Art & Technology] na Šoli za umetnost [Irvine School of the Arts] na Univerzi Kalifornije v Irvinu) pripravil razstavo *SHIFT-CTRL – Computers, Games & Art* (*SHIFT-CTRL – Računalniki, igre in umetnost*), prvo institucionalno razstavo, posvečeno odnosu med umetnostjo in videoigrami. Kustosa sta bila Antoinette LaFarge in Robert Nideffer, zanimivo pa je bilo dejstvo, da sta pri tej razstavi sodelovala Muzej moderne umetnosti (MoMA) v San Franciscu (ki je Beallovemu centru posodil svojega novega kustosa za nove medije Benjamina Weila) in Walkerjev umetnostni center, ki jim je posodil Antenna Design, ki naj bi oblikoval postavitev. Tehnični pokrovitelj je bilo podjetje Apple Computer.[138]

138   Cfr. Robert F. Nideffer, »SHIFT-CTRL: Mediating the Process of Academic Exhibition-ism«, 2000, dostopno na spletnem naslovu www.nideffer.net/classes/135-09-W/readings/nideffer.html [zadnji dostop marca 2013].

Medtem se je dogajanju v Evropi pridružil prestižni muzej sodobne umetnosti Kiasma v Helsinkih in februarja 2000 predstavil razstavo *Alien Intelligence* (*Tuja inteligenca*, kustos Erkki Huhtamo). Stroške tega pomembnega dogodka novomedijske umetnosti – ki je predstavila dela umetnikov, kot so David Rokeby, Tošio Ivai, Christa Sommerer in Laurent Mignonneu, Perry Hoberman in Ken Feingold – je krila Nokia, vodilna družba telekomunikacij in porajajočega se sektorja mobilne telefonije. Kot je dejal kustos, »medijske umetnike zanimajo nove tehnologije in tudi velika podjetja, kot je Nokia, imajo lahko korist od takšnega razgledovanja. Nikakršno presenečenje ni, da je mnogo tehnoloških družb v zadnjih letih ustanovilo programe in laboratorije za gostujoče umetnike«.[139]

Tudi ti dogodki potrjujejo, da so bile ob prelomu tisočletja razmere naklonjene novomedijski umetnosti; takrat sta želja muzejev, da gredo v korak s časom, in podpora visokotehnološkega sektorja, ki si je prizadeval za kulturni ugled, sprožila pojav novih kuratorskih figur, ki so krepile navzočnost umetnosti novih tehnologij z delovanjem v muzejih ali pa so se kot neodvisni kustosi selile iz muzeja v muzej.

Rezultati skupnega prizadevanja so bili vidni leta 2001, a že leta 2000 se je ta proces skupaj s svojimi vrzelmi pokazal na milenijskem Whitneyjevem binealu, enem od dogodkov, ki jim tradicionalno pripisujejo vlogo napovedovanja umetnosti bližnje prihodnosti. S 55 sodelujočimi umetniki, od katerih jih 29 ni bilo rojenih v Združenih državah Amerike, je bil Whitneyjev bienale leta 2000 eden največjih in najbolj mednarodnih dogodkov v zgodovini tega bienala. Koordinator dogodka je bil takratni direktor muzeja Maxwell L. Anderson, ki je sodeloval s šestimi zunanjimi kustosi, dogodek pa je obsegal tudi poseben del, posvečen »internetni umetnost« (kustos Lawrence Rinder), kjer so bila predstavljena dela devetih umetnikov (na enem samem zaslonu). Temu delu, ki ga je financiral francoski Telecom, so namenili veliko reklame in postal je eden od vrhuncev bienala. Novost pa kljub temu ni bistveno vplivala na medije, ki so bili večinoma kritični do bienala, ki ga je Jerry Saltz opisal kot »železniško nesrečo s preživelimi«.[140]

139 V: Perttu Rastas, »Alien Intelligence«, *Kiasma Magazine* 2000, str. 5–99.
140 Jerry Saltz, »My Sixth Sense«, *The Village Voice* 2000.

In zdaj smo prišli do leta 2001. Preprost seznam dogodkov zadošča, da vidimo, kaj vse se je takrat dogajalo:

010101: Art in Technological Times (*010101: Umetnost v tehnoloških časih*), SFMoMA, San Francisco, 3. marec–8. julij 2001, kustosi: John S. Weber, Aaron Betsky, Benjamin Weil, Janet Bishop, Kathleen Forde, Davit Toop, Adrienne Gagnon in Erik Davis; razstava je predstavila 35 umetnikov in oblikovalcev; produkcija: Intel Corporation.

Art Now: Art and Money Online (*Umetnost zdaj: Umetnost in denar na spletu*), galerija Tate Britain, London, 6. marec–3. junij 2001, kustos: Julian Stallabrass; predstavljene so bile tri instalacije; glavni pokrovitelj: Reuters.

BitStreams (*Bitni tokovi*), muzej Whitney, New York, 22. marec–10. junij 2001, kustosa: Lawrence Rinder in Debra Singer, predstavljenih 49 ustvarjalcev; glavni pokrovitelj: Philip Morris Companies Inc.

Data Dynamics (*Dinamika podatkov*), muzej Whitney, New York, 22. marec–10. junij 2001, kustosinja Christiane Paul, predstavljenih pet instalacij; glavni pokrovitelj: France Telecom North America.

Telematic Connections: The Virtual Embrace (*Telematske povezave: Virtualni objem*), Walkerjev umetnostni center, Minneapolis, 7. februar–24. marec 2001, organizator: Mednarodna zveza neodvisnih kustosov (Independent Curators International/ICI), New York, kustos: Steve Dietz; gostovanje na šestih drugih prizoriščih v letu 2001; delni pokrovitelj dogodka: Rockefellerjev sklad.

Dystopia + Identity in the Age of Global Communications (*Distopija + identiteta v dobi globalnih komunikacij*), galerija Tribes, New York, 2. december 2000–13. januar 2001, kustosinja: Cristine Wang, predstavljenih več kot petdeset ustvarjalcev.

Net.art per Me (*Net.art zame*), Benetke, Santa Maria del Soccorso/Beneški bienale, 6. junij–27. junij 2001, kustos: umetnik Vuk Ćosić; razstava je bila podaljšek slovenskega paviljona na beneškem bienalu, v katerem so se tisto leto predstavili Vuk Ćosić, 0100101110101101.ORG in Tadej Pogačar.

Game Show (*Razstava iger*), MASS MoCA, North Adams, Massachusetts, 27. maj 2001–marec 2002; razstava je predstavila »umetniške igre«, ustvarjene v prejšnjem desetletju, imela pa je tudi spletni del, katerega kustosa sta bila Mark Tribe in Allex Alex Galloway iz Rhizoma.

Prvi pomembni vidik je očitno število medijsko opaznih dogodkov tisto leto, kar se tiče števila umetnikov, prizorišč, naložb in njihovega kulturnega standarda. Seveda takoj opazimo, da je zanimanje prepleteno z medijskim pompom, ki je obdajal nove tehnologije in z njimi povezane finančne interese, a to ne zmanjša aktualnosti in kalibra nekaterih od teh dogodkov. Vzemimo dva primera, ki imata malo skupnega z modelom »velika institucija/velik pokrovitelj/velika razstava«: *Dystopia* in razstava, organizirana v sklopu beneškega bienala. *Dystopia* je v galeriji Tribes, neprofitni ogranizaciji, pripravila Cristine Wang, kustosinja newyorškega Alternativnega muzeja (Alternative Museum). Ta galerija slovi po kakovosti svojih prireditev, toda v primerjavi z velikimi muzeji ostaja nišni akter. Razstava ni imela nobenih velikih pokroviteljev in se je – že s samim naslovom – izogibala medijskemu pompu ter se raje osredotočila na temo identitete v dobi globalnih komunikacij. Kot kaže, je bil uspeh razstave *Dystopia* – ki je bila všeč tako obiskovalcem kakor tudi kritikom – manj povezan z izborom predstavljenih del kot pa z obliko razstave, ki je dogodek označila za »alternativen«, združiti pa ji je uspelo tako video in digitalne natise kot slikarstvo in kiparstvo, velika imena (kot sta Mike Bidlo in Jonas Mekas) in manj znane umetnike, nove in stare medije. Povedano drugače, izbor del ni temeljil na njihovem mediju, temveč na njihovem sporočilu, kar se tiče teme razstave.

Tudi navzočnost spletne umetnosti na beneškem bienalu ne odraža tega merila. V svojem uvodu v katalogu Vuk Ćosić namiguje na dejstvo, da je bilo odprtje slovenskega paviljona povod za manjši politični incident. Ker nobeni od nasprotujočih si frakcij ni uspelo vsiliti svojega kandidata, se je odločitev za povabilo razmeroma obrobnima figurama (Vuk Ćosić in Tadej Pogačar) in italijanskemu umetniškemu tandemu (0100101110101101.ORG) izkazala za diplomatsko rešitev, ki je pozornost usmerila tudi k slovenskemu prispevku h gibanju, ki je bilo takrat v tisku deležno precejšnje pozornosti. To strategijo je pohvalil tudi kustos bienala, Harald Szeemann, ki je izjavil, da je virus, ki sta ga razširila 0100101110101101.ORG, najinovativnejše delo celotnega dogodka, kar je poželo navdušen odziv občinstva. Poleg razstave lastnih del v slovenskem paviljonu se je Vuk Ćosić odločil, da bo kot kustos pripravil skupinsko razstavo, ki je eksplicitno zavrnila paradigmo novih medijev in predstavila dela, ki so iz naftalina potegnila zastarele tehnologije. Ćosić si je izmislil frazo »new low tech media« (»novi nizkotehnološki mediji «) in pojasnil: »S tem sloganom skušam identificirati ustvarjalce, ki se odzivajo na trapasto neodzivnost umetnostnega sistema in širše družbe na tehnološki razvoj«.[141]

A kljub zavračanju retorike »novih medijev« je obema omenjenima dogodkoma – skupaj z ostalimi dogodki na prej navedenem seznamu – uspelo ustvariti vtis, da je tisto, kar predstavljata, »naslednja velika stvar« v umetnosti. Vpletenost treh osrednjih muzejev (Whitney, SFMoMA in Tate Britain) je skupaj z nenehnim prizadevanjem Walkerjevega umetnostnega centra in nedavno ustanovljenim muzejem MassMOCA ta vtis neizbežno še dodatno utrdila.

Namesto da bi si te dogodke ogledali podrobneje, je na tej točki koristno raziskati okoliščine, ki so privedle do njihovega nastanka, in kakšen je bil odziv nanje. *010101: Art in Technological Times* se je zgodil po zaslugi Davida A. Rossa, dinamičnega in vizionarskega direktorja muzeja. Ross je februarja 2000 zaposlil Benjamina Weila kot »kustosa za nove medije«. Toda *010101* ni bila razstava novomedijske umetnosti, temveč dogodek, posvečen vplivu novih tehnologij

---

141   V: Vuk Ćosić (ured), *Net.art Per Me*, razstavni katalog, Benetke, Santa Maria del Soccorso, junij 2001; MGLC 2001, str. 14.

na naše vsakdanje življenje.[142] Zato se ni ujel v past getoiziranja novomedijske umetnosti s še eno »namensko« razstavo, temveč je raje ustvaril platformo, na kateri je bilo mogoče primerjati stare in nove medije. Res pa je, da je bila tema razstave predstavljena v slavnostnih in promocijskih tonih, ki niso dopuščali kritike. »Ti pionirji umetnosti demonstrirajo, da digitalna tehnologija – tako kot pred njo že fotografija in video – ponuja novo in vitalno sredstvo za ustvarjalno izražanje in komuniciranje,« je v katalogu zapisala Pam Pollace, podpredsednica oddelka za trženje pri Intelu.[143] Zasnova razstave v visokotehnološkem okolju z belimi zavesami in plazemskimi zasloni, na katerih so se izpisovali aforizmi vizionarjev, kot sta Arthur C. Clarke in Marshall McLuhan, je pokazala tudi to, da *010101* ni povsem prebolel svoje zaslepljenosti z medijem. Razstava, ki so jo prikazovali kot najambicioznejši dogodek muzeja SFMoMA, je svoja vrata odprla marca, pričakovanja pa je že 1. januarja 2001 povečal spletni del dogodka, katerega kustos je bil Benjamin Weil. Ta del so vzpostavili, da bi gostil spletne projekte, ki jih na razstavi ne bi bilo mogoče pokazati na fizičnem prizorišču. Weil je očitno priznal neuspeh vmesnika *Net.Art Browser*, ki so ga izdelali za dostopanje do spletnih projektov na razstavi *Net_Condition*. Odprtje spletnega dela *010101* je pomenilo konec procesa, ki se je začel leto pred tem, ko je muzej SFMoMA v sodelovanju z nagradami Webby oznanil začetek podeljevanja nagrad za digitalno umetnost in ustanovitev e-prostora (e-space), lastne spletne galerije za spletno umetnost.[144]

Vsi ti dejavniki pomenijo, da je razstava skušala preusmeriti pozornost s tehnologije kot medija k tehnologiji kot problemu, pri tem pa je prvi vidik ostal v središču večine kritiških diskurzov. A tudi deset let kasneje *010101* ostaja ambiciozen, vizionarski in inteligenten projekt, iz njegovih močnih in šibkih točk pa se lahko še marsikaj naučimo.[145]

142   Cf. Rossove izjave za *Wired*, navedeno v: Jason Spingarn-Koff, »010101: Art for Our Times«, *Wired*, 28. februar 2001, dostopno na spletnem naslovu www.wired.com/culture/lifestyle/news/2001/02/41972 [zadnji dostop marca 2013].
143   V: AAVV., *010101: Art in Technological Times*, katalog, SFMoMA, San Francisco 2001, str. 7.
144   Cf. Joyce Slaton, »Museum Offers Webby Art Award«, *Wired*, 18. februar 2000, dostopno na spletnem naslovu www.wired.com/culture/lifestyle/ news/2000/02/34414 [zadnji dostop marca 2013]. Ta projekt so ustavili januarja 2002.
145   Cf. Beryl Graham, *Curating New Media Art: SFMoMA and 010101*, University of Sunderland 2001.

Dejstvo, da je *010101* sovpadel z razstavama, ki sta bili na ogled v Whitneyju, mu prav gotovo ni koristilo. *BitStreams* in *Data Dynamics* sta bili sestrski razstavi, ki sta zapolnjevali Whitneyjev program od marca do junija. Prva je bila velika skupinska zadeva, pri kateri je sodelovalo skoraj petdeset umetnikov, medtem ko je bilo na drugi prikazanih le pet instalacij. Čeprav sta se razstavi dopolnjevali, ju je treba videti kot ločena dogodka; razstava *BitStreams* je bila obsežen pregled umetniške uporabe novih tehnologij kot orodja in kot medija, *Data Dynamics* pa je bil manjši dogodek z velikimi ambicijami – podeliti spletni umetnosti navzočnost v fizičnem prostoru, pa čeprav zgolj v banalnem smislu »zasedanja prostora«.[146] Christiane Paul – ki je želela preseči pristop velikih zaslonov in projekcij, ki ga je privzel predhodni Whitneyjev bienale, in zamisel združevanja vseh del v eni sami instalaciji, ki bi jo oblikoval kustos – je z umetniki sodelovala pri ustvarjanju instalaciji podobne prezentacije izbranih petih del. Nekatera od izbranih del so bila sprva instalacije ali skulpture, druga – denimo *Apartment* (*Stanovanje*, 2001) Mareka Walczaka in Martina Wattenberga – pa so bila dostopna na spletu in so jim instalacijsko formo nadeli prav za muzejsko prizorišče; nekatera od del so nastala prej, druga pa po naročilu za ta dogodek.

Če se vrnemo k *BitStreams*, je pristop te razstave razviden iz prvih vrstic besedila, ki ga je za katalog napisal Larry Rinder, eden od kustosov: »Vse od izuma fotografije ni nobena iznajdba bolj vplivala na umetniško prakso kot pojavitev digitalne tehnologije.«[147] Kritiki niso spregledali prazničnega tona. V reviji *Art in America* je Barbara Pollack namenila razstavi dolg članek, v katerem je dogodek opisala kot »digitalno ekstravaganco brez ironije«, ki je pokazala zgolj to, da »umetniki, tako kot vsi drugi ljudje, uporabljajo računalnike«. Po njenem mnenju je razstava razkrila »naštudirano površnost«, umetnike pa so menda izbrali za to, da bi predstavili specifične tehnične naprave. Tem očitkom je Pollackova dodala še druge, ki so sicer precej postranski, a nič manj tehtni: odsotnost človeške razsežnosti v kakršni koli obliki, posebna naklonjenost

---

146   Cf. Sarah Cook, »An Interview with Christiane Paul«, *Crumbweb*, 28. marec 2001, dostopno na spletnem naslovu http://crumbweb.org/getInterviewDetail.php?id=10&t-s=1241707558&op=3&sublink=9 [zadnji dostop marca 2013].
147   Lawrence Rinder, »Art in the Digital Age«, v: Lawrence Rinder in Debra Singer (ured.), *Bitstreams*, katalog, Whitney Museum of American Art, New York 2001.

abstraktnim jezikom, skoraj popolna izključenost žensk kot ustvarjalk, ki utrjujejo stereotipno predstavo o tehnologiji kot domeni mladih moških, in popolna odsotnost temne plati tehnologije in umetnikov, ki s svojim delom izpodkopavajo vsesplošno slavljenje tehnologije.

Članek Barbare Pollack je zanimiv, ker temelji na dobrem poznavanju in spoštovanju novomedijske umetnosti, čeprav izpodbija njen obstoj v smislu kategorije. Pollackova piše:»Digitalna umetnost [...] je neurejena kategorija, ki se s simuliranjem umetniških form, kot so slikarstvo, kiparstvo, fotografija, film in instalacija, in izpodkopavanjem nekoč nedotakljivih ločnic med temi kategorijami znebi formalizma.« Tej kritiki se je v reviji *Feed* pridružila Stefanie Syman:

Če je nekaj digitalno ali izdelano z digitalnimi sredstvi, nam to še ne pove kaj dosti o umetnosti kot taki [...]. Digitalna umetnost je zgolj udobna kategorija, ki bi jo morali ukiniti.[148]

Konec plesa (2002–2010)

A strastno navdušenje muzejev se je polagoma ohlajalo. To je povzročilo več različnih razlogov. Financerji s pristranskimi interesi so se umikali; kritiki so dvomili o koristnosti medijsko utemeljene opredelitve, kar se je kazalo tudi v tem, da nekaj pomembnih institucij ni hotelo odpreti tej umetnosti namenjenih posebnih oddelkov; čedalje bolj pa se je utrjevalo tudi mnenje, ki ga ponazarja omenjeni članek Stefanie Syman, da novi mediji itak prodirajo v ateljeje vseh umetnikov, zaradi česar je ta že tako ali tako sporna kategorija postala še bolj nesmiselna.

Treba je reči, da je bila Symanova takrat ena redkih, ki so doumeli, da novomedijska umetnost začenja pešati. Rinderjevo in Rossovo navdušenje je bilo nalezljivo, odpor konservativnejših kritikov pa je bil videti kot naravna posledica prepuščene zmage. Dvomi o kontekstualizaciji digitalne umetnosti niso izginili, toda bili so zanemarljivi v primerjavi z agresivno kampanjo, tako

148   Stefanie Syman, »Bell Curves and Bitstreams. Stefanie Syman on the Beginning of the End of Digital Art«, *Feed*, 27. marec 2001.

kar se tiče muzejev kakor tudi glede trga. Če bi snemal film v slogu zlate dobe Hollywooda, bi leto 2001 lahko predstavil s posnetkom navdušenih časopisnih naslovov: »Digitalno je postalo kritično. Zdaj ko je digitalna umetnost vstopila v muzej, jo bo svet umetnosti vzel resno?« (*Arts Journal*), »Zdaj ko so videli bleščečo modro lučko, nihče v muzeju noče zamuditi naslednje velike stvari« (*Nymag.com*), »Predanost teh muzejev novim medijem je spodbudila razprave o problemih zbiranja in ohranjanja digitalnih medijev« (*Art Newspaper*), »Novi naskok novih medijev: Digitalna umetnost – v vseh svojih oblikah – se prebija v ospredje med ustvarjalci, kustosi in občinstvi« (*Art News*). Lahko bi nadaljevali v tem slogu, toda stanje je bilo precej jasno: kot kaže, so tako skeptiki kakor tudi spreobrnjenci menili, da je boemskega plesa konec in da je končno čas za dovršitev tega razmerja. Toda k navdušenju, ki so ga kazali leta 2001, se ni nikoli več vrnil niti eden od velikih muzejev. V naslednjih letih so se nekateri od njih po tihem znebili svojih »kustosov za nove medije« (Walkerjev umetnostni center, SFMoMA in Guggenheim), drugi – denimo Whitney in galerija Tate – so jih postavili na stranski tir, saj so še naprej delovali v tej areni, a z mnogo previdnejšim pristopom, omejenim na produkcijo spletnih projektov. In tudi trg, ki se je že zdel pripravljen, da pogoltne te okusne nove zalogajčke, se je polenil.

A če se vrnemo k razstavam, se zdi, da so dogodki, ki so se zgodili med letoma 2002 in 2009 in ki so vsebovali komponento novomedijske umetnosti, v bistvu sledili trem različnim modelom. Prvega bi lahko imenovali pristop »slonokoščenega stolpa«, saj je, čeprav nekaj let kasneje, pomenil nadaljevanje modela velikih razstav, ki so raziskovale umetniško uporabo novih tehnologij. Tako kot pri *Bitstreams* je tema pri tem modelu, če sploh obstaja, povsem postranska, kot ovojni papir za reciklirano darilo. Ta model se v resnici ni spremenil že od obdobja *Mediascape*; predstavljal je mešan nabor umetniških del, ki so imela le malo skupnega razen čedalje dvoumnejše etikete novomedijska ali digitalna umetnost. Reproduciranje tega modela je lahko privedlo do zanimivih, kuratorsko dobro pripravljenih in pedagoško koristnih razstav. Problem pa je, da koncept v nobeni od teh preoblek ne preseže lakoničnega sklepa Barbare Pollack: te dni umetniki, tako kot vsi drugi ljudje, uporabljajo računalnike. In čeprav je bil namen prizadevanj priboriti tej umetnosti institucionalno legitimnost, je bil njihov neizbežni učinek pravzaprav omejitev na geto – na zlato kletko, ki pa vendarle ostaja kletka.

Drugi model bi lahko opisali v luči pogosto pretresanih »profesionalnih kvot«. Kljub ironičnemu opisu je to v bistvu pozitiven model; novomedijska umetnost se je začela po malem pojavljati na tematskih razstavah sodobne umetnosti. To je pristop, ki so ga skušali udejanjiti v *010101*, a brez tehnofilske nadgradnje. Leta 2003, na primer, je dunajsko razstavišče Künstlerhaus pripravilo razstavo z naslovom *Abstraction Now* (*Abstraktnost zdaj*, kustosa: Norbert Pfaffenbichler in Sandro Droschl). Kot pove naslov, je bila to velika pregledna razstava abstraktne umetnosti, predstavilo pa se je kar nekaj umetnikov, ki pri svojem delu uporabljajo programsko opremo in splet, od tandema Jodi do Mariusa Watza, Golana Levina in Caseyja Reasa.

Tretji model, model »neopaznega gosta«, je pristop, ki ga je privzela večina dogodkov med letoma 2002 in 2010. V tem primeru je novomedijska umetnost stopila na oder sodobne umetnosti s pomočjo kuratorsko in konceptualno čvrstih, srednje velikih dogodkov, ki so se pogosto odvijali v manjših ustanovah ali zasebnih galerijah. Teme so običajno izvirale iz arene digitalne kulture, dela pa so sodila v novomedijsko umetnost, čeprav tega ponavadi niso poudarjali. Novomedijska umetnost se zaveda, da je bolje delovati neopazno, kadar deluje na področjih, ki niso njena lastna domena. Zato se pazljivo izogiba izjavam, kot je: »To je umetnost tehnološke dobe, to je ultimativna sodobna umetnost«. Namen tega pristopa je očitno pokazati, da tudi na tem področju lahko nastanejo zanimiva dela, ki popolnoma zadenejo neki vidik sodobnega *zeitgeista* – sodobna umetnost v najboljši izdaji. Takšni dogodki imajo zelo pomembno vlogo posredovanja, ki jo je mogoče primerjati s prejšnjo kategorijo; občinstvu sodobne umetnosti ponujajo priložnost, da se sooči z aktualnimi problemi, ki jih mediji pogosto obravnavajo površno in ki jih *mainstream* umetnostni svet često spregleda, in da se seznani z določenim tipom del, razkrivajo pa tudi, da novomedijska umetnost ni le preizkušanje medija in slavljenje tehnologije, temveč tudi raziskovanje nekaterih temeljnih vidikov naše dobe – videonadzora, postčloveškega sveta, konca zasebnosti, invazivne narave komunikacijskih sredstev, možnih načinov izpodkopavanja tega in tako naprej. Brez agresivno samozavestnega pristopa, ki je bil značilen za iniciative leta 2001, tovrstni dogodki med obiskovalci izzovejo drugačno razpoloženje, in ker nihče ne trdi, da ta dela sodijo v specifično kategorijo, se izognejo nadležnosti in predsodkom, ki jih izraz ponavadi vzbudi v svetu umetnosti.

Specifična oblika sodobnosti

Čeprav imata več pozitivnih vidikov, modela »profesionalnih kvot« in »neopaznega gosta« osvetljujeta tudi nekaj problematičnih področij. Prvi model v pozitivnem smislu kaže, da je novomedijsko umetnost mogoče vstaviti v druge sisteme diskurza, ki niso nujno povezani z mediji, tehnologijo in digitalno areno, v negativnem pogledu pa razkriva odpor sveta sodobne umetnosti do ključnega vprašanja sedanjega obdobja, to je do vprašanja vznika informacijske družbe in njenih posledic za življenje, družbo in identiteto. Povedano drugače, razkriva odpor do vprašanj, ki si jih prizadevajo zastaviti dogodki, kot sta *Post Human* (1993) in *010101* (2001), pa čeprav se tega pravzaprav lotevajo z zgrešenim pristopom. Poleg pomanjkanja »medijske osveščenosti« med kustosi sodobne umetnosti je težko najti kakšen razlog za ta odpor. Potrebni so ljudje, kot sta Deitch in Ross, kajti to so osebnosti, ki so sposobne uskladiti vpletenost v »medijsko kulturo« in sodobno umetnost.

Takšne figure so se na sceni že pojavile in verjetno jim je usojeno, da se njihovo število še poveča, pa čeprav zgolj iz generacijskih razlogov. Maja 2008 je v muzeju Stedelijk v Amsterdamu kustos Andreas Broeckmann, sicer direktor berlinskega festivala transmediale, pripravil razstavo z naslovom *Deep Screen. Art in Digital Culture (Globoki zaslon: Umetnost v digitalni kulturi)*. S to razstavo je Broeckmann, ki se je usposabljal kot »kustos za nove medije«, skušal preseči paradigmo novih medijev, saj je zbral dela, ki neodvisno od svojega medija izražajo novo estetiko in kulture informacijske družbe: Jasmijn Visser se je predstavila z velikimi risbami na papirju, ki so pravi katalogi ikon in podob iz sveta komunikacij; abstraktne slike Rolanda Schimmla so eksplozije svetlobe, izvlečene iz digitalnih animacij; majhne modularne skulpture Driessensa in Verstappna pa ustvarjajo računalniški programi in veliki tiskalniki za tridimenzionalno tiskanje.[149] *Deep Screen* je nagovoril oba naša svetova in jima skušal poslati različni sporočili. Svetu novomedijske umetnosti je sporočil, da ni več nobenega razloga za obstoj paradigme novih medijev, svetu sodobne umetnosti pa je naznanil, da ga je ta paradigma prikrajšala za umetnike in dela, ki so bistveni za prepričljivo upodobitev sodobne stvarnosti.

Druga kustosinja, ki z različnimi sredstvi zelo aktivno deluje v tej smeri, je Nemka Inke Arns, ki je od leta 2005 umetniška direktorica platforme Hartware MedienKunstVerein v Dortmundu. Po njenem mnenju:

> Kar opredeljuje medijsko umetnost danes, ni njena pahljača medijev, temveč njena specifična oblika sodobnosti, njeno z vsebino povezano raziskovanje naše sodobnosti, ki ga v veliki meri zaznamujejo mediji. [...] Kateri mediji so uporabljeni, je čedalje manj pomembno. Povedano drugače, medijska umetnost ni več formalna kategorija oziroma formalni žanr, kakor so jo razumeli prej, zlasti v devetdesetih letih [...], temveč se opredeljuje z intenzivnim, z vsebino povezanim raziskovanjem sveta, ki nas obdaja in ki je čedalje bolj prežet z mediji oziroma se čedalje bolj opira na nove tehnologije. Hkrati pa to raziskovanje ne pomeni nujno uporabe novih tehnologij, temveč uporablja (skoraj) vse medije in tehnologije. Osvobodilo se je pritiska uporabiti najnovejšo tehnologijo, se znebilo konceptualne podpore, ki jo nudi novost nekega medija, in zdaj se sooča z izzivom umetnosti. (Končno) je začelo odraščati.[150]

To mnenje se prenaša v kuratorske prakse, ki se sicer razvijajo v majhnem medijskem centru na obrobju imperija, a dajejo zelo zanimive rezultate. Arnsova izbira za svojo ustanovo kulturno močne projekte in se z ustvarjalci pogovarja o najboljšem načinu izražanja njihove energije v obliki razstave.

---

149   Cf. razstavni katalog, Andreas Broeckmann (ured.), A AVV, *Deep Screen: Art in Digital Culture*, op. cit.
150   Cf. Inke Arns v: »Media Art Undone«, konferenčna predstavitev na festivalu transmediale07, Berlin, 3. februar 2007. Popolni zapis prezentacij je dostopen na spletnem naslovu www.mikro.in-berlin.de/wiki/tiki-index.php?page=MAU [zadnji dostop marca 2013].

To pogosto pomeni »produkcijo« del iz nič, zlasti pri spletni umetnosti. V tem procesu se Arnsova pri prezentaciji del, če je le mogoče, izogiba uporabi visokotehnoloških naprav. The Wonderful World of irational.org. Techniques, Tools, and Events 1996–2006 (Čudoviti svet irational.org: Tehnike, sredstva in dogodki 1996–2006, 2006), na primer, je bil zastavljen kot dokumentiranje dela irational.org, spletne skupnosti umetnikov in aktivistov, ki so jo ustanovili v Veliki Britaniji leta 1996 in ki še vedno deluje. Irational.org je strežnik, katalizator projektov, seznam osebnih strani, kolektivnih projektov in mailing list. Kako, za božjo voljo, bi se torej lahko lotili predstavljanja nečesa, kar je tako zelo povezano s spletom, horizontalnim sodelovanjem in komunikacijo, na javnem prizorišču? V Dortmundu so to storili z zelo omejeno uporabo klasičnega računalnika, povezanega s spletom, skupaj z videi, projekcijami, natisnjenimi logotipi in slogani na stenah, dokumenti, plakati in efemernimi izdelki, ki so nastali v desetih letih delovanja. Razstava je irational.org prenesla v fizični prostor in nam predstavila njen »magični svet«. Sleherni obiskovalec, ki ga je stvar posebno prevzela, se je lahko z njo podrobneje seznanil tako, da si jo je ogledal na spletu. Dogodek je bil zelo uspešen in so ga kasneje priredili še na več drugih prizoriščih; to mu je omogočila njegova sposobnost preiti k bistvu, predstaviti srž projekta brez vsiljevanja »tehnološkega okvira«, ki bi imel le malo skupnega z irational.org (ki še danes podpira izrazito nizkotehnološko estetiko).

Tako vprašanje »materializacije novomedijske umetnosti« kakor tudi vprašanje sedanje nezmožnosti ohranjanja te konceptualne kategorije je obravnavala razstava, ki je bila na ogled aprila 2009 v iMAL-ovem Centru za digitalne kulture in tehnologijo (iMAL Center for Digital Cultures in Technology) in katere kustosa sva bila Yves Bernard, direktor centra, in jaz sam. Dogodek, ki se je razvil iz dvomov in refleksij, ki so se pojavili med pisanjem te knjige, se je izkazal za odlično priložnost za preverjanje njenih tez. Ker sem svoja vprašanja preoblikoval v provokativne izjave in jih postavil v javno areno, mi je uspelo najti mnogo odgovorov.

Tako kot Deep Screen je tudi Holy Fire: Art of the Digital Age (Sveti ogenj: Umetnost digitalne dobe) temeljil na dvojnem pristopu. Razstava, ki jo je pripravil neki medijski center, je bila del spremljevalnega programa Art

Brussels, enega od najpomembnejših sejmov sodobne umetnosti v Evropi. Zaradi te povezave je bil *Holy Fire* kot kamenček, ki se je dotaknil gladine dveh bližnjih, a nepovezanih ribnikov in oba vzvalovil s svojimi idejami. Kuratorska zasnova je izražala temeljno načelo organizacijskega procesa, namreč pripravo razstave novomedijske umetnosti, ki bi predstavila izključno dela iz zasebnih zbirk in komercialnih galerij. Ta praksa, ki je v svetu sodobne umetnosti povsem običajna, za razstavo novomedijske umetnosti nikakor ni bila nekaj samoumevnega. Projekt je začenši z naslovom ironično namigoval na retoriko velikih razstav, ki so tako navdušeno sprejele nove tehnologije, in skušal te projekte tako rekoč izpodkopati od znotraj. Obiskovalcem sejma Art Brussels je pokazal, da je tako imenovana novomedijska umetnost resnično umetnost, da jo je mogoče zbirati in da so njeni najizvrstnejši izdelki že na voljo na trgu. Krogom novomedijske umetnosti je pokazal, da se je paradigma novih medijev izčrpala, in to tako, da je smelo predstavil širok nabor del, ki v bistvu »razen medija« niso imela nič skupnega. V mnogo primerih pa niti tega ne. Eden od najzanimivejših rezultatov raziskovanja zbirk in galerij je bilo opažanje, da umetniki in dela, ki jih običajno povezujemo z areno novomedijske umetnosti, pogosto izbirajo stabilne, predmetne forme in povsem tradicionalne medije – risanje, kiparstvo, tisk in video – za predstavljanje lastnega dela v svetu sodobne umetnosti. In to je tako ne le zato, ker je tiskane izdelke laže prodati kot pa del programske opreme, temveč predvsem zato, ker v razstavnem prostoru tiskani izdelek deluje bolje od dela programske opreme, ker učinkoviteje podaja vsebino dela in končno, kot piše Inke Arns, ker je »novomedijska umetnost« (narekovaji so zdaj postali obvezni) končno »odrasla« in prebolela svoje začetno spoštovanje do medija.

Holy Fire si je za cilj zastavil tudi spodbujanje internih razprav, kar je skušal doseči v svojem katalogu z objavo krožnega intervjuja z umetniki, kustosi, kritiki in galeristi; predvsem pa je sprožil burno razpravo, iz katere se je izcimilo kakšnih sto člankov in komentarjev, ki so se večinoma osredotočali na vprašanje, ali se je primerno pogovarjati o trgu.[151] Toda zbirateljstvo je bilo le eno od vprašanj, ki se jih je lotila razstava. Kot je zapisala Régine Debatty:

Če sem povsem iskrena, sem takšno razstavo prav potrebovala. Lani poleti sem spoznala, da mi beneški bienale ponuja mnogo plodnejše in bolj zadovoljujoče umetniško doživetje kot pa Ars Electronica. Medijska umetnost je pogosto žrtev modnih muh in niza nesporazumov. Ne morem vam povedati, kako pogosto sem, na primer, slišala koga zamenjati »neko čudno početje s tehnologijo« za medijsko umetnost (ali videla takšno razstavo).[152]

Zbirateljstvo in trg

Naj se je izkazal za še tako dolgočasnega ali zanimivega, nujnega ali neprijetnega, *Holy Fire* je vsekakor dokazal vsaj eno – da je zastavljanje vprašanja o odnosu med trgom in novomedijsko umetnostjo kot sprehajanje po trgovini s pirotehničnimi sredstvi s prižgano vžigalico. Sicer to vprašanje – le eno od mnogih, ki jih je zastavila razstava, in sploh ne glavno – ne bi bilo izhodišče za javno razpravo, kar je vloga, ki mu še vedno pripada. Toda to nas ne bi smelo presenetiti. Kot smo videli, prodaja del ni tradicionalen del specifične ekonomije novomedijske umetnosti. »Finančna fetišizacija umetnosti« ima ključno vlogo v svetu sodobne umetnosti, ki ga, kot je opozoril Yves Michaud, ki je pri tem citiral Lea Castellija, tvori »omejeno število bogatih ljudi, ki hočejo dobiti v roke določena dela, preden ta postanejo finančno nedostopna«.[153] Precej očitno je, da je ta s prostim očesom vidna razlika žarišče

---

151 Eno od prizorišč razprave je bilo spletišče Rhizoma, kjer je napoved razstave sprožila razpravo z več kot sedemdesetimi prispevki. Razprava je arhivirana na spletnem naslovu http://rhizome.org/editorial/ 2008/apr/1/the-rematerialization-of-art/ [zadnji dostop marca 2013]. Vzporedno s tem je članek na francoskem spletišču Fluctuat.net naletel na enako obsežen odziv, ki je arhiviran na spletnem naslovu www.fluctuat.net/blog/9941-Holy-Fire-le-net-art-est-il-soluble-dans-le-capitalisme-. Različne članke in recenzije so objavili tudi *Art Fag City*, *We-make-money-not-art*, *El Pais*, *Poptronics*, *ABC* in druge spletne in tiskane revije.
152 Regine Débatty, »Holy Fire, Art of the Digital Age«, *We-make-money-not-art*, 22. april 2008, dostopno na spletnem naslovu http://www.we-make-money-not-art.com/archives/2008/04/holy-fire.php [zadnji dostop marca 2013].
153 V: Yves Michaud, *L'artiste et les commissaires*, Hachette Pluriel Reference 2007.

vojne med tema svetovoma. Vsekakor pa vznik oblike zbirateljstva, ki podpira neki trend, jezik ali gibanje, še vedno pomeni eno od prelomnih točk boemskega plesa. Mnogo stvari se je spremenilo v svetu umetnosti, odkar je Tom Wolfe napisal svoje besedilo, in morda je treba vnovič razmisliti o njegovi opazki, da »javnost ni (in tudi nikoli ni bila) povabljena« oziroma da nima nobene vloge v zmagi (ali porazu) nekega trenda. Kljub temu pa še vedno nesporno drži, da stik med trgovcem z umetninami in zbirateljem ostaja eden od dejavnikov, ki najmočneje vpliva na usodo umetnosti.

Svet novomedijske umetnosti očitno sluti, da če se bo umetnostnemu trgu uspelo polastiti njegovih praks, mu bo morda uspelo to, kar je spodletelo muzejskim razstavam v petnajstih letih, namreč omogočiti novomedijski umetnosti, da se pridruži sodobni umetnosti. Po mnenju nekaterih je *Holy Fire* obudil strahove, da bi vztrajno poudarjanje tega vprašanja lahko nekako ogrozilo ta občutljivi proces, drugi pa so upali, da mu bo razstava v pomoč. Seveda *Holy Fire* ni imel moči ne za eno ne za drugo. Poleg tega ima svet novomedijske umetnosti, kot bomo videli v naslednjem poglavju, preveč tehtnih razlogov za obstoj, da bi ga raztrgali v trenutku, ko je boemski ples na vrhuncu. Vsekakor pa, da vas ne bo skrbelo, je ta faza še precej daleč. *Holy Fire* je skušal povečati prepoznavnost navdušenega delovanja manjšega števila galerij in zasebnih zbirateljev, toda opraviti je treba še veliko dela. Muzeji sicer že nekaj časa vztrajno poskušajo izkoristiti digitalno umetnost, druga pomembna področja sveta sodobne umetnosti pa se stvari lotevajo precej počasneje. In zaradi lenobnosti kritikov, kustosov, galerij in zbirateljev so spodleteli vsi poskusi legitimiranja del, ki uporabljajo nove medije, v svetu sodobne umetnosti.

Skupaj z drugimi omenjenimi akterji imajo trg in zbiratelji torej moč obrniti ta trend. Na naslednjih nekaj straneh si bomo na kratko ogledali korake, storjene v tej smeri.

Kot smo videli, je bila prva galerija, ki je pokazala zanimanje za nove medije, galerija Postmasters v New Yorku leta 1996. Dolgo je bila v tem tudi povsem osamljena. Februarja 2008 so njeni ustanovitelji izjavili:

Že od nekdaj iščemo umetnost, ki odseva naš čas – delo, ki ga žene neka ideja, ki je zazrto v prihodnost in ki ne bi moglo nastati prej. To seveda ni odvisno od medija, zdi pa se, da so novomedijski umetniki pomenili dotok sveže krvi. [...] Novomedijska umetnost je čudovita razširitev orodij, ki so nam na voljo, in področja kulture – je dodatek in ne nadomestilo. Naš cilj je, da »novomedijske umetnike« oklestimo novomedijskega dela in jih postavimo v širše polje, kjer bodo znani preprosto kot umetniki.[154]

Kot vidimo, galerija Postmasters vztraja, da ni specializirana galerija, čeprav ji je njeno pionirsko delovanje za dolgo prislužilo prav ta sloves. Leta 2001 so v tisku objavili novico o prodaji digitalnega umetniškega dela Camille Utterback in Romy Achituv (*Text Rain/Besedilni dež*, 2000), za katerega je galerija Postmasters iztržila 15.000 dolarjev. V naslednjih letih je še naprej vlagala precej energije v to delo, zastopala umetnike, kot so etoy.corporation, Natalie Jeremijenko, John Klima, Eva in Franco Mattes (znana tudi kot 0100101110101101.org), Jennifer in Kevin McCoy, Wolfgang Staehle, Eddo Stern in Maciej Wisniewski, in skupaj z nekaterimi od teh ustvarjalcev raziskovala alternativne strategije finančne podpore.

Zdaj pa galerija Postmasters ni več osamljena. Leta 2001 je članek v reviji *Forbes* ob galeriji Postmasters omenil tudi ime Sandra Gering. Galerija Sandre Gering (zdaj Gering & Lopez), ki so jo ustanovili leta 1991, se je leta 2000 preselila v Chelsea in v svoje vrste vključila tudi nekaj »novomedijskih« umetnikov, denimo Johna F. Simona, Jane Simpson, Xavierja Veilhana, Vincenta Szareka, Davida Tremletta in Karima Rashida. Susan Delson, avtorica članka v *Forbesu*, pojasnjuje, da so dela Johna F. Simona skulpture, ki obsegajo tudi zaslon z računalniško animacijo, in da so izdelana v omejenem številu, pove pa tudi, da »zbiratelj, ki je kupil vseh pet primerkov, zdravnik John Burger iz New Jerseya, še nikoli ni imel osebnega računalnika. Po njegovem mnenju so Simonova dela abstraktna umetnost – ›tako inteligentna, tako ustvarjalna, tako drugačna od vsega, kar sem videl doslej‹ in digitalni vidik je

---

154   V: Domenico Quaranta in Yves Bernard (ured.), *Holy Fire: Art of the Digital Age*, op. cit., str. 125.

malodane nepomemben«.[155] Drugi zasebnik, ki ga zanima Simonovo delo –
po zaslugi kustosa Maria Diacona –, je modni oblikovalec Max Mara, ki je to
javno oznanil leta 2009, ko je na svojem sedežu priredil razstavo, na kateri
so bila razstavljena dela, ki jih je kupil ali naročil pri umetniku v prejšnjem
desetletju (od zgodovinskega dela *CPU* [*CPE*, 1999] do nedavnega *Visions*
[*Vizije*, 2009]). Diaconovo besedilo v katalogu namiguje na motivacije, ki so
podobne Burgerjevim;[156] V očeh kritika – in zbiratelja – Simonova »programska
umetnost« (»software art«) postane dragocena, ker se nepričakovano naveže
na dediščino abstraktne umetnosti dvajsetega stoletja.

Forbes omenja tudi Galerijo Julie Friedman, ki so jo odprli v Chicagu leta
2001, zaprli pa leta 2006, le eno leto po selitvi v New York. Leta 2001 je ta
galerija postavila na ogled *Genesis* (*Genezo*), kompleksno instalacijo Eduarda
Kaca, ki je digitalne tehnologije spojila z biotehnologijami. Iz jasnih kronoloških
razlogov pa revija *Forbes* ne omenja galerije Bitforms, ki se je nekaj mesecev
kasneje (novembra 2001) odprla v Chelseaju in ki si je zastavila ambiciozen
program – podpreti »uveljavljene umetnike in tiste, ki se šele uveljavljajo, ki
sprejemajo nove medije in prakso sodobne umetnosti in ki tako oblikujejo
nove jezike in umetniška izkustva«. Bitforms je bila prva in nekaj časa edina
galerija, ki se je specializirala za novomedijsko umetnost. Njen ustanovitelj
Steven Sacks je ravno doživel slabo izkušnjo v sektorju spletnih podjetij, ko
je leta 2001 videl *Bitstreams* in *010101*: »Videl sem tržno priložnost; nobenih
galerij ni bilo, ki bi se v celoti posvetile novim medijem,« je povedal reviji *Wired*
leta 2005.[157] Takrat se je zdelo, da gre galeriji zelo dobro. Članek so objavili
ob odprtju podružnice v Seulu, njene prve podružnice zunaj Združenih držav
Amerike. To je bil rezultat dogovora s Čung Jae-Bongom, enim od najbogatejših
poslovnežev v Južni Koreji. Chung je videl delo Daniela Rozina, ki je bilo
razstavljeno v seulskem hotelu Walkerhill, in je takoj stopil v stik z Rozinovo
galerijo, Bitforms. Rezultat je bilo odprtje podružnice v blagovnici MUE, eni

---

155 Susan Delson, »If Picasso Were A Programmer«, *Forbes*, Best of The Web, 25. junij
2001, str. 44–47.
156 Mario Diacono (ured.), *John F. Simon, Jr. Outside In: Ten Years of Software Art*, katalog,
Zbirka Maramotti, Reggio Emilia 2009, Gli Ori, Pistoia 2009.
157 Tom Vanderbilt, »The King of Digital Art«, *Wired*, št. 13.9, september 2005, dostopno
na spletnem naslovu www.wired.com/wired/archive/13.09/sacks.html [zadnji dostop marca
2013].

od Chungovih modnih trgovin. Galerija se je ravno takrat vrnila z madridskega sejma ARCO:»›To je bil velik uspeh; prodali smo veliko del,‹ je povedal [...], ›prinesel sem delo *Wooden Mirror* (*Leseno ogledalo*) Dannyja Rozina – to delo je bilo kot Mona Liza. Najeti sem moral nekoga, da je nadzoroval množico. Zame je bil pomemben razvojni trenutek, kar se tiče tega, kako ljudje gledajo na umetnost.‹« Dve izdaji dela so prodali španskim ustanovam za 120.000 dolarjev. Izobraževanje zbirateljev je očitno potekalo dobro, vsaj na nekaterih frontah. Daniel Rozin ustvari »interaktivna ogledala«, v katerih tehnologija povsem izgine za kosi lesa, kovinskimi ploščami, mozaičnimi ploščicami iz odsevnega stekla ali smetmi, pobranimi na cesti. Stvaritve nadzoruje neviden sistem, ki zaznava obliko tistih, ki stojijo pred delom, in oblikuje materiale, ki tvorijo ogledalo, tako da »odsevajo« obliko in barvo osebe, ki si to ogleduje. Ta dela so zelo odvisna od magičnosti tehnologije, a jo »prevajajo« v nadvse privlačne predmete.

Toda prodaja programskih umetniških del je postajala čedalje zapletenejša, celo za Bitforms. Leta 2002 se je govorilo o prodaji dela *The Waiting Room* (*Čakalnica*), »omrežne instalacije« Marka Napierja za 1000 dolarjev na »souporabo«.[158] Delo je bilo en sam izdelek »v souporabi« njegovih zbirateljev – interaktivno spletno okolje, ki so ga z abstraktnimi oblikami in zvoki animirala dejanja obiskovalcev/zbirateljev. Do aprila je galerija prodala le tri možnosti souporabe od petdesetih, ki so bile na voljo. Tri leta kasneje, po podatkih iz članka v reviji *Wired*, so bile prodane vse. Eden od lastnikov pripoveduje: »Neko noč, ob dveh zjutraj – nekdo v Los Angelesu je takrat gotovo prišel domov in se začel zabavati – se je zaslišal neverjeten kraval [...]. Poslušal sem te zvoke – ni bila televizija, ni bil mimoidoči tovornjak. ›Ojej, umetnost sem pustil prižgano,‹ sem pomislil. Potem sem jo ugasnil in zaspal.«

Drugi Sacksov projekt je bil *Software Art Space* (*Prostor programske umetnosti*), spletišče, ki prodaja cenovno ugodno umetniško programsko opremo v visokih nakladah. Izhodiščna zamisel je bila ustvariti nekaj med programsko opremo, ki je zastonj na voljo na spletu, in umetniškimi deli v

---

158   Matthew Mirapaul, »Selling and Collecting the Intangible, at $1,000 a Share«, *New York Times*, 29. april 2002, dostopno na spletnem naslovu www.nytimes.com/2002/04/29/arts/arts-online-selling-and-collecting-the-intangible-at-1000-a-share.html [zadnji dostop marca 2013].

obliki instalacij, tiskanih izdelkov ali videov z omejenim številom kopij, ki so za večino pogosto predraga. Vizija, na kateri temelji Software Art Space,[159] se vrti okoli čedalje večje dostopnosti in kakovosti razpoložljivih tehnologij za gledanje animiranih podob, kot so LCD-zasloni in sledilne ploščice (touch pads). V teh razmerah bi programska umetnost lahko postala slikarstvo prihodnosti – animirana, po možnosti interaktivna, razstavljena na ravnem zaslonu nad kavčem na steni dnevne sobe.

A kljub jenkijevski pragmatičnosti ta ideja ne dobi poleta in jedro poslovanja galerije Bitforms ostaja prodaja instalacij, tiskanih izdelkov in videov z omejenim številom kopij – povedano drugače, prodaja predmetov. In treba je priznati, da je čedalje večja pripravljenost novomedijske umetnosti za ukvarjanje s svetom predmetov tisto, kar ji zagotavlja večjo navzočnost v galerijah. Leta 2002 so v New Yorku odprli Galerijo Brycea Wolkowitza, ki je kot svoje poslanstvo navedla zanimanje za »gibljive podobe, nove medije, kiparstvo, fotografijo in neomejeno prepletanje teh medijev«.[160] Leta 2003 je Wolf Lieser, nekdanji direktor spletnega Muzeja digitalne umetnosti (Digital Art Museum/DAM), v Berlinu ustanovil galerijo DAM, še eno specializirano galerijo. Leta 2005 je Umetnostna galerija Fabia Parisa v Brescii v Italiji priredila prvo samostojno razstavo Eve in Franca Mattesa (0100101110101101.ORG), osrednjih osebnosti sveta spletne umetnosti. Čedalje večje zanimanje za umetnost, ki se je sposobna odzvati na izzive informacijske dobe, je galerijo privedlo do sodelovanja z ustvarjalci, kot so UBERMORGEN.COM, Eddo Stern, Jon Rafman in Gazira Babeli.[161]

Obstajajo (in to že nekaj časa) številne zasebne galerije, ki precej vlagajo

159 Cf. Domenico Quaranta, »We Are All Ready for a Change: Interview with Steven Sacks«, Rhizome, 28. junij 2007, dostopno na spletnem naslovu http://rhizome.org/ discuss/view/26364#48892 [zadnji dostop marca 2013].
160 Izvirna izjava galerije. Nova izjava pa je še eksplicitnejša: »Galerija Brycea Wolkowitza, ki se od ustanovitve leta 2002 naprej ukvarja z vnovičnim sestavljanjem gibljivih podob, se je zavezala, da bo zastopala ustvarjalce, ki raziskujejo presečišče umetnosti in tehnologije. Program galerije je pomemben prispevek k žanrom videa in novih medijev, ki je globoko zaznamoval prihodnje generacije ustvarjalcev gibljivih podob.« Cf. http://brycewolkowitz.com/h/gallery.php [zadnji dostop marca 2013].
161 Galerijo so zaprli septembra 2012, ko se je Fabio Paris odločil, da vsa svoja prizadevanja usmeri v Center Link za umetnosti informacijske dobe; Paris je soustanovitelj te neprofitno organizacije, ki je začela delovati leta 2011. Cf. www.fabioparisart-gallery.com/ [zadnji dostop marca 2013].

v premike v tej smeri. Seznam, ki prav gotovo ni popoln, obsega ustanove: And/Or Gallery (Dallas), artMovingProjects (New York), VertexList (New York), Stadium (New York), Numeriscausa (Pariz) in Future Gallery (Berlin). Galerija And/Or je delovala v Dallasu od leta 2006 do leta 2009 pod vodstvom umetnika in glasbenika Paula Slocuma z nekaj sodelavci. Zaradi lastnikove dovzetnosti za tehnologijo in visoke ravni dialoga z ustvarjalci je galerija opravila pionirsko delo, kar se tiče uvajanja novih metod arhiviranja in prikazovanja del novomedijske umetnosti in spletišč, pri čemer je digitalne umetnine materializirala na način, ki ni bil predvsem tržno usmerjen.[162] ArtMovingProjects in VertexList sta bila razstavna prostora pod vodstvom umetnikov. ArtMovingProjects, ki sta ga osnovala Aron Namenwirth in Marcin Ramocki, je odigral prav tako pomembno vlogo pri predstavljanju novih medijev v New Yorku in pri izobraževanju zbirateljev in občinstev. VertexList je nehal delovati leta 2011, ArtMovingProjects pa še deluje, čeprav predvsem kot spletna platforma in neprofitna dejavnost.[163] Stadium so ustanovili v New Yorku leta 2011 in odtlej organizira samostojne in skupinske razstave, ki se osredotočajo na novo generacijo »postinternetnih« umetnikov, ki so pogosto zelo dejavni na spletu, v beli kocki pa operirajo s tradicionalnimi mediji, kot so slikarstvo, instalacija in kiparstvo, čeprav so tudi tu nadvse dovzetni za vprašanja, ki jih zastavlja informacijska doba.[164] Podoben pristop kaže berlinska Future Gallery, ki se je odprla leta 2011 z razstavo Jaakka Pallasvua,[165] Numeriscausa, ki so jo odprli leta 2007 in zaprli nekaj let kasneje, pa je predstavljala predvsem skupino francoskih novomedijskih umetnikov različnih generacij, vključno s Samuelom Bianchinijem, Grégoryjem Chatonskyjem, Miguelom Chevalierjem, Josephom Nechvatalom and Antoinom Schmittom.

Toda stopnjo, do katere je ta žanr prodrl v svet sodobne umetnosti, lahko najbolje merimo predvsem po »priložnostni« navzočnosti takšnih del

---

162   Arhiv galerije je še vedno dostopen na spletnem naslovu www.andorgallery.com [zadnji dostop marca 2013].
163   Cf. blog galerije, ki je dostopen na spletnem naslovu http://artmovingprojects.blogspot.it/ [zadnji dostop marca 2013]. Cf. tudi Paddy Johnson, »Interview with Aron Namenwirth of artMovingProjects«, *Rhizome*, 9. april 2008, dostopno na spletnem naslovu http://rhizome.org/ editorial/2008/apr/9/interview-with-aron-namenwirth-of-artmovingproject/ [zadnji dostop marca 2013].
164   Cf. http://stadiumnyc.com/ [zadnji dostop marca 2013].
165   Cf. http://thefuturegallery.org/ [zadnji dostop marca 2013].

v nespecializiranih galerijah. Takšnih primerov je nešteto, tudi na zelo visoki ravni. Decembra 2005 je newyorška galerija Pace Wildenstein organizirala skupinsko razstavo z naslovom *Breaking & Entering: Art and the Video Game* (*Vlom: Umetnost in videoigra*). V eseju v katalogu kustosinja Patricia Hughes o sodelujočih umetnikih pove:

> Ti umetniki, ki jih videoigre učijo, kako naj se vedejo v svojem okolju, iščejo možnosti za vnovično uveljavitev jaza v tem novem svetu [...]. So produkt generacije, katere kulturne navade in spomin je v veliki meri izoblikovalo interaktivno izkustvo, in lastno realnost sestavljajo iz grušča domišljije.[166]

Žal galerija ni nadaljevala sodelovanja z nobenim od teh umetnikov. Po drugi strani pa se je Cory Arcangel po skupni razstavi s kolektivom Paper Rad v galeriji Deitch Projects (2005) pridružil ugledni newyorški galeriji Team. Leta 2007 je bilo delo mehiškega ustvarjalca Raphaela Lozana-Hemmerja, ki ga je zastopala galerija Bitforms, predstavljeno v novem mehiškem paviljonu na beneškem bienalu. Odtlej Lozano-Hemmer sodeluje z različnimi galerijami, vključno z londonsko Haunch of Venison. Med komercialne galerije, ki sodelujejo oziroma so sodelovale z novomedijskimi umetniki, sodijo Cosmic Galerie (Pariz), Seventeen (London), Carroll/Fletcher (London), galerija Škuc (Ljubljana), Lia Rumma (Milano), Gloriamaria Gallery (Milano), ARC Projects (Bukarešta), Vadehra Art Gallery (New Delhi), Analix Forever (Geneva), Gentili Apri (Berlin), Virgil de Voldere (New York), Foxy Productions (New York), American Medium (New York) in Ernst Hilger (Dunaj).

Čedalje večje zanimanje zasebnih galerij za novomedijsko umetnost je sprožilo še en zanimiv fenomen – pojavitev specializiranih sejmov oziroma specializiranih delov splošnih umetnostnih sejmov. Seveda bi lahko ugovarjali, da oba pojava preprosto utrjujeta getoizacijo novomedijske umetnosti, kar je delno res. Toda hkrati si v obdobju, kakršno je sedanje, strastno pionirsko delo, ki ga opravlja vrsta galerij, nedvomno zasluži zaščito in spodbudo.

166   Patricia K. Hughes, *Breaking and Entering: A User's Guide*, Pace Wildenstein, New York 2005.

Poleg tega specializirani sejmi oziroma deli sejmov pomagajo omrežju galerij, podpirajo drug drugega in lobirajo. V tem pogledu je revolucionarno delo opravil zlasti madridski umetnostni sejem ARCO. Od leta 1998 do leta 2010 je imel ARCO poseben del, posvečen novomedijski umetnosti, ki so ga večkrat preimenovali in preoblikovali njegovo poslanstvo; leta 1998 je začel delovati kot Arco Electronico, leta 2000 je postal Netspace@Arco, leta 2002 se je začel premor, ki je trajal do leta 2004, ko se je ta del vrnil v obliki nagrade pod pokroviteljstvom ministrstva za znanost in tehnologijo. Leta 2005 so nagrado preoblikovali nazaj v poseben segment sejma, ki so ga tokrat poimenovali Black Box (Črna kocka) in v njegovo delovanje vključili prestižne zunanje kustose. Leta 2008 je spet dobil novo ime, tokrat Expanded Box (Razširjena kocka), kar je ostalo nespremenjeno tudi leta 2009 in 2010, ko je sejem dobil še poseben del, namenjen videu. Kljub vsem spremembam in kritikam, ki jih je bil deležen v vseh teh letih,[167] temu specializiranemu delu sejma nedvomno pripada zgodovinska zasluga, da je novomedijsko umetnost uvedel v areno mednarodnih sejmov in spodbudil interakcijo med galerijami ter javnimi in zasebnimi zbiratelji. Sejemski program »Novi mediji« je vključeval tudi nagrado Arco Beep, nakupno nagrado, namenjeno novim tehnologijam, in predstavitev zmagovalcev natečaja Vida, ki ga je leta 1999 vpeljala družba Foundación Telefónica. To sta poslovni iniciativi; prva je namenjena ustvarjanju zbirke, druga pa financiranju pomembnih projektov, ki raziskujejo vprašanja, povezana z umetnim življenjem in biotehnologijami. Leta 2011 so sejem spet radikalno predelali, toda omenjeni iniciativi sta preživeli, zavezanost sejma novim medijem pa je leta 2013 privedla do vzpostavitve foruma »ARCO Bloggers«, na katerem so v razpravah pod vodstvom moderatorjev Roberte Bosco in Stefana Caldane sodelovali kustosi in umetnostni kritiki za *El Pais*.[168]

Leta 2003 je začel delovati majhen specializirani sejem DiVA (Sejem digitalne in video umetnosti/Digital and Video Art Fair), ki je leta 2005 postal potujoča prireditev z dogodki v New Yorku, Bruslju, Kölnu in Parizu (2005), Miami Beachu (2006), spet v New Yorku in Parizu (2007 in 2008) ter Baslu

---

167   Cf. José Luis de Vicente, »Una historia del arte y la tecnología en ARCO«, *El Cultural*, februar 2008, dostopno na spletnem naslovu http://elastico.net/archives/2008/02/post_59.html [zadnji dostop marca 2013].
168   Cf. http://arcobloggers.com/ [zadnji dostop marca 2013].

(2009). V nekem intervjuju je direktor Thierry Alet pojasnil:

DiVA je zelo specifičen dogodek: namenjen je kustosom, zbirateljem in mladim kupcem; to ni običajen umetnostni sejem. Poudarek je na informiranju, na omogočanju neposrednega dostopa in na omogočanju boljšega razumevanja razstavljenih del.[169]

Sejem je popolnoma prenehal delovati leta 2009. Februarja 2009 je London gostil prvi sejem Kinetica Art Fair, še bolj specializiran neprofitni dogodek, v katerem so sodelovali javni in zasebni razstavljavci. Leta 2012 se je na njem predstavilo več kot 45 galerij in umetnostnih organizacij s predstavniki iz 18 držav, ki so skupaj razstavili več kot štiristo umetniških del.[170]

Kot kaže, se nam torej ob koncu desetletja, ki se je začelo z *010101*, obeta preobrat. Trgi in galerije se prebujajo in sprejemajo izziv, ki so jim ga ob začetku desetletja zastavile institucije. Z besedami Wolfa Lieserja, direktorja berlinske galerije DAM:

Trg raste in zanimanje za to obliko izraznosti narašča. [...] Ne verjamem, da bo digitalna umetnost kadar koli izpodrinila slikarstvo ali kiparstvo, prepričan pa sem, da bo v prihodnosti zelo priljubljena kombinacija kiparstva in programske umetnosti, pa naj bo ta interaktivna ali ne. [...] Cene so vedno precej nižje od cen tradicionalne umetnosti, kar pomeni, da lahko mojstrovine kupiš po precej zmerni ceni.[171]

Toda trg lahko obstaja le, če na drugi strani obstaja nekdo, ki bi dela rad kupoval in zbiral. Žal so med zelo različnimi ljudmi, ki jih zanima novomedijska

---

169 Monica Ponzini, »DiVA Digital Video Art Fair«, *Digimag 33*, april 2008, dostopno na spletnem naslovu www.digicult.it/digimag/article.asp?id=1125 [zadnji dostop marca 2013].
170 Cf. www.kinetica-artfair.com/?about_us/art-fair.html [zadnji dostop marca 2013].
171 V: Margherita Laera, »Arte Digitale: Collezionisti, fatevi avanti!«, Wired.it, 22. april 2009, dostopno na spletnem naslovu http://daily.wired.it/news/cultura/ arte-digitale-collezionisti-fatevi-avanti.html [zadnji dostop marca 2013].

umetnost, zbiratelji že od nekdaj prava redkost. To pojasnjujejo z zelo različnimi razlogi, od katerih se zlasti trije vedno znova vračajo kot obrabljen refren: efemerna, performativna in v času utemeljena narava novomedijske umetnosti; težavnost njenega ohranjanja zaradi odvisnosti od tehnologij in jezikov, ki zelo hitro zastarevajo; in njena dovzetnost za kopiranje, ki jo pogosto razumejo kot grožnjo domnevno edinstveni naravi umetniških predmetov.[172]

Toda ti razlogi se zdijo bolj podobni izgovorom kot pa pristnim vzrokom. Trg umetnosti se je že spoprijel z bežno naravo sodobnih umetniških del. Z našega stališča ni pomembno, ali so te rešitve kompromisi, kot tudi ni pomembno, če niso posebno uporabne, kar se zgodi v nekaterih primerih. »Black Box« so zasnovali, da bo nudil varno zatočišče začasnosti videa in mu omogočil, da ga bodo gledalci lahko doživljali dlje; performans in konceptualna umetnost sta se naučila uporabljati metode dokumentiranja (fotografijo, video), v nekaterih primerih pa tudi izdajanje certifikatov. Celo mediji, ki hitro zastarijo, so našli protokol: stari filmski koluti in videoposnetki na kasetah VHS so migrirali v digitalne medije, v tem procesu pa so jih po možnosti še restavrirali. Organske materiale je mogoče nadomestiti, tako kot tudi neonske svetilke. Včasih pa je izvirni material nemogoče nadomestiti; to se je zgodilo Danu Flavinu, ki je za svoje neonske instalacije uporabil poseben odtenek rdeče, ki so ga zaradi toksičnosti odstranili s trga. To je bil precej predvidljiv rezultat, ki njegovih zbirateljev ni pretirano vznemiril. Hirst se zaveda, da so njegovemu morskemu psu dnevi šteti, a njegova priljubljenost zaradi tega ne trpi. Ali pa morda trpi, a iz drugih razlogov.

Tudi vprašanje »tehnične reproduktibilnosti« umetniških del je našlo rešitev: fotografije in videi se prodajajo v omejenih izdajah. Te konvencije ni izpodkopala niti digitalizacija podob, pa naj se zdi to še tako absurdno.

Destvo je, da zbiratelji umetnin – bodisi muzeji bodisi posamezniki – ne pustijo, da bi jih takšne reči ovirale, razen če niso prepričani o nizki kulturni ali finančni vrednosti nekega dela. Povedano drugače, če se novomedijska umetnost tržno težko prebija, to ni posledica omenjenih reči, temveč dejstva,

---

172   Cf. Steve Dietz, »Collecting New Media Art: Just Like Everything Else, Only Different«, v: Bruce Altshuler (ured.), *Collecting the New*, Princeton University Press, Princeton (New Jersey) in Oxford 2005.

da še vedno obstajajo dvomi o tem, kolikšna je njena umetniška vrednost. In spet se vse skrči na vprašanje privlačnosti, vprašanje, na katero vplivata tako tehnologija kakor tudi generacijska razlika, težave, s katerimi se sooča tradicionalna kritika, in odpor do paradigme novih medijev. Če moram izbrati med dvema stvarema, o katerih dvomim, se bom odločil za tisto, ki ponuja več zagotovil glede ohranjanja in unikatnosti. Za sliko, na primer.

Najtrdnejši dokaz za to je vedenje muzejev, ki so si ob prelomu tisočletja prizadevali javnosti pokazati privlačnost novomedijske umetnosti. V primerjavi z njihovimi razstavljavskimi programi so njihovi zbirateljski načrti v najboljšem primeru precejšnje razočaranje. Medtem ko so prirejali razstave, kot so *Mediascape*, *Bitstreams* in *010101*, ki so poudarjale pomen novih tehnologij za kulturo, so muzeji, kot so Guggenheim, Whitney in SFMoMA, za naročila in pridobitve trošili le drobiž. Leta 1995 je muzej Whitney kupil delo Douglasa Davisa *The World's First Collaborative Sentence* (*Prvi sodelovalni stavek sveta*) in ga shranil na disketo.[173] Delo je bilo poskus spletnega sodelovalnega pisanja, v katerem je umetnik ponudil prvi stavek in povabil javnost k sodelovanju v neskončnost. Ta nakup je bil pravzaprav rezultat donacije zbirateljev Barbare in Eugena M. Schwartza, ki sta delo kupila tega leta. Okoli leta 2000 si je muzej omislil »gostujočo kustosinjo za novomedijsko umetnost« v podobi Christiane Paul. Paulova je poleg začasnih iniciativ vzpostavila tudi platformo *Artport*, ki je med letoma 2001 in 2006 naročila in predstavila kar nekaj del. Po letu 2006 je kustosinja ustavila spletni program naročanja, da bi čim bolj ekonomično izkoristila omejeni proračun, ki ji ga namenja muzej, in da bi se posvetila ambicioznejšim projektom za fizični prostor ustanove (kar je leta 2011 vključevalo obsežno pregledno razstavo del Coryja Arcangela). Šele leta 2010 je Whitney pognal nov program spletnega naročanja in pobudo za ohranjanje in vključevanje digitalnih umetniških del, predstavljenih na platformi *Artport*, v zvezi s čimer bomo rezultate šele videli.[174]

---

173 Delo Douglasa Davisa je dostopno na spletišču muzeja na naslovu http://artport. whitney.org/collection/davis/ [zadnji dostop marca 2013].
174 Sedanji vmesnik platforme Artport je mogoče obiskati na naslovu http://whitney.org/ Exhibitions/Artport [zadnji dostop marca 2013]. Novi program naročil za zdaj obsega osem del umetnikov, kot so Jodi, Jonah Brucker-Cohen, Ecoarttech in UBERMORGEN.COM. Razstava *Cory Arcangel: Pro Tools* je bila na ogled od 26. maja do 11. septembra 2011; veliko informacij o tem dogodku je še vedno dostopnih na spletni strani http://whitney.org/Exhibitions/CoryArcangel [zadnji dostop marca 2013].

Artport ni osamljen primer. Ob prelomu tisočletja so se številni muzeji opremili s spletno galerijo, da bi v njej zbrali spletne projekte, ki so jih naročili. Umetnostni center DIA v New Yorku je to storil leta 1995 in takrat vzpostavil program naročil, ki še vedno deluje. Ta segment, katerega kustosinji sta Sarah Tucker in Lynne Cooke, je počasi, a zanesljivo izvedel naročilo serije spletnih projektov pri umetnikih, ki delujejo v različnih sektorjih in disciplinah (od glasbe do plesa, videa in performansa), in jim pri tem nudil pomoč v obliki skupine za tehnično podporo. Spletni projekti centra DIA so tudi edina spletna galerija, do katere je mogoč neposreden dostop z glavnega spletišča muzeja. Kot ugotavlja raziskovalka Karen Verschooren, ta program podpira newyorški državni umetnostni svet, letna sredstva pa se gibljejo od 7000 do 9000 dolarjev.[175]

Od leta 1996 do leta 2003, ko so odpustili Steva Dietza in ukinili novomedijske iniciative, je Walker Art Center (Walkerjev umetnostni center) ustvaril osupljivo zbirko spletnih del, ki je pod imenom *Gallery 9* (*Galerija 9*) še vedno dostopna na muzejskem spletišču, čeprav ne neposredno z domače strani.[176] Iniciativa je zbrala donacije (kot je äda'web), spletišča razstav, katerih kustos je bil Dietz, in vrsto naročenih projektov, kot je *Life Sharing* (*Življenje v souporabi*, 2001) tandema 0100101110101101.org. Walkerju je treba priznati, da je vedno spodbujal ta segment svoje zbirke in da je v tistem obdobju v naročanje spletnih del vlagal precejšnje vsote (prej omenjenu projektu so namenili 10.000 dolarjev, na primer).

SFMoMA je svojo galerijo *e-space* odprl tik pred *010101*, toda projekt je bil kratke sape, kajti po odhodu Davida Rossa s položaja direktorja istega leta zbirki niso več dodali nobenih novih naročil. Novega direktorja spletna umetnost ni zanimala in dve leti kasneje, leta 2003, je odšel tudi Benjamin Weil. Tudi v tem primeru je ta oddelek preživel različne predelave spletišča,

175   V: Karen A. Verschooren, *.art. Situating Internet Art in the Traditional Institution for Contemporary Art*, 2007. Magistrska naloga s področja primerjalnih medijskih študijev, Massachusetts Institute of Technology, dostopno na spletnem naslovu http://cms.mit.edu/research/theses/KarenVerschooren2007.pdf, str. 47.
176   Dostopno na spletnem naslovu http://gallery9.walkerart.org/ [zadnji dostop marca 2013].

ni pa ga enostavno najti.[177] Leta 2006 je SFMoMA za »kustosa za medijske umetnosti« imenovala Rudolfa Frielinga, ki je prej delal v centru ZKM v Karlsruheju. Po tem je Frieling z muzejem sodeloval pri vrsti razstav, vključno z obsežnim pregledom *The Art of Participation: 1950 to Now* (*Umetnost udeležbe: Od leta 1950 do zdaj*, 2008), in izpopolnjeval ter ohranjal zbirko, ni pa več vzpostavil nobene spletne iniciative.[178]

Galerija Tate je zbiranju umetnosti na spletu namenila konkretnejšo pozornost z odprtjem spletne galerije Net Art (Spletna umetnost) leta 2000. Galerija je pod vodstvom različnih kustosov, zaradi česar je nekoliko trpelo naročanje, delovala do leta 2008, ko so jo preimenovali v Intermedia Art (Intermedijska umetnost). Ta program je deloval do leta 2010, predstavljal pa ni le spletnih projektov, ampak tudi radijske oddaje in javne umetniške projekte. Zadnji predstavljeni projekt se je zgodil leta 2011.[179]

Najosupljivejši primer, kar se tiče neizpolnjenih pričakovanj, pa je primer muzeja Guggenheim. Leta 2001 je Guggenheim pod vodstvom Jona Ippolita zagnal Variable Media Initiative (Iniciativa za spremenljive medije), katere namen je bil razviti protokol za ohranjanje spletne umetnosti.[180] Leta 2002 je Guggenheim v kontekstu tega projekta naročil dva primerka spletne umetnosti, *net.flag* (*spletno.zastavo*) Marka Napierja in *Unfolding Object* (*Razvijajoči se predmet*) Johna F. Simona, jr. Istega leta, ko se je končala dolgoletna naveza med Ippolitom in Guggenheimom, so ukinili tudi program pridobivanja novih del. Omenjeni deli sta bili še nekaj let dostopni na spletišču muzeju, nato pa so ju odstranili.

Kot lahko vidimo, so se muzejske pridobitve in naročila v veliki meri osredotočili na umetnost na spletu, kar včasih pomeni več težav, običajno pa je to ceneje od drugih vrst novomedijske umetnosti. Nekaj teh nakupov

177 *E-space* je trenutno arhiviran na naslovu www.sfmoma.org/exhib_events/ exhibitions/espace [zadnji dostop marca 2013].
178 SFMoMA ima zelo skladno zbirko medijske umetnosti, ki jo sestavljajo predvsem videoinstalacije. Zanimivo je, da galerije e-space ne omenjajo kot del te zbirke. Cf. www.sfmoma.org/explore/collection/media_arts [zadnji dostop marca 2013].
179 Na spletišču galerije Tate je »Intermedijska umetnost« arhivirana na naslovu http://www.tate.org.uk/intermediaart/ [zadnji dostop marca 2013].
180 Material, ki ga je pridobila inciativa, je dostopen na spletnem naslovu http://variablemedia.net/ [zadnji dostop marca 2013].

je bilo skupni rezultat že opisanega medijskega pompa in prizadevanj vrste strastnih, vizionarskih osebnosti, niso pa preživeli ne prvega ne drugega (namreč zloma »nove ekonomije« in odpuščanja kustosov). V drugih primerih je šlo za ustrezno podporo marginalni in zelo očrnjeni obliki umetnosti; to je bilo za muzeje razmeroma poceni, zelo pa se je okrepil njihov ugled v javnosti.

Nekaj manjših, obrobnejših podjetij je pokazalo več poguma. Takšen primer je, recimo, MEIAC (Museo Extremeño e Iberoamericano de Arte Contemporáneo) v španskem mestu Badajoz. Od leta 2000 muzej po zaslugi kustosa Antonia Cerveire Pinta kupuje različne primerke novomedijske umetnosti in zbira dela mednarodnih akterjev, kot so Alexei Shulgin, Olia Lialina, Peter Luining, Vuk Ćosić, Young-hae Cheng Heavy Industries in 0100101110101101.ORG, hkrati s številnimi lokalnimi ustvarjalci.[181]

Tudi Španija je priča nastajanju vrste zanimivih korporacijskih zbirk, kakršni sta, denimo, zbirka, povezana z nagrado Arco Beep, ki pomeni dodatek k zbirki v lasti podjetja BEEP, enega od glavnih prodajalcev izdelkov informacijske tehnologije v državi, in zbirka, povezana z natečajem Vida, ki ga organizira Foundación Telefonica; to sta podjetji za visoko tehnologijo, ki se v nasprotju s tem, kar se je dogajalo pred nekaj leti, nista odločili za podpiranje kratkotrajnih dogodkov, temveč za ustvarjanje dejanske zbirke.

To je omogočilo dejstvo, da je trg umetnosti, kot smo videli, od daljnega leta 2001 do danes precej napredoval. Jasen znak, da se nekaj spreminja, je dejstvo, da je Metropolitanski muzej v New Yorku – ena najtrdnejših in najkonservativnejših ustanov v Združenih državah Amerike – leta 2004 in 2006 kupil dela Jima Campbella in Wolfganga Staehla. Jim Campbell ne uporablja običajnih zaslonov, ampak prikazovalne plošče iz svetlečih diod, na katere predvaja videopodobe, in se ukvarja z magnetno privlačnostjo svetlobe ter z nizko resolucijo, ki jo nudi ta tehnologija. Staehle pa že vrsto let uporablja spletne kamere, jih namešča pred urbane ali naravne pokrajine in rezultate predvaja v galeriji, dokler traja razstava. Instalacija vsakih pet sekund naredi posnetek in arhiv slik, ki nastaja pri tem, se shranjuje na trdi disk. Delo postane nekakšna pokrajina v gibanju, nekje med tradicionalno krajino in delo

---

181   Za več informacij cf. www.meiac.es [zadnji dostop marca 2013].

Empire (*Imperij*) Andyja Warhola, dodana poteza pa je projekcija v realnem času. Leta 2009 pa je muzej Whitney kupil delo Coryja Arcangela *Super Mario Clouds* (*Oblaki super Maria*, 2003). Delo vsebuje spremenjeno kaseto za igro *Super Mario* za sistem Nintendo Entertainment System (NES), s katere so bili odstranjeni vsi elementi igre, tako da zdaj prikazuje le modro nebo in bele oblake, ki se horizontalno pomikajo z leve proti desni. Delo so kupili s sredstvi odbora za slikarstvo in kiparstvo. Ne enega ne drugega muzeja pri teh pridobitvah ni zanimalo posedovanje nekega tipičnega primerka novomedijske umetnosti, temveč pridobitev prav tega dela prav tega umetnika, o katerem so menili, da bolje od drugih del izraža specifičen vidik sodobnosti.

Pregled zasebnega zbirateljstva pa je teže izvedljiv. Zbiratelji pogosto želijo ostati anonimni in vsebine svojih zbirk ne razglašajo v javnosti. Precejšen del umetniških del, razstavljenih v okviru razstave *Holy Fire* (*Sveti ogenj*), je bil last belgijskega zbiratelja, ki je želel ostati anonimen. Zadnja leta dodaja svoji zbirki nova dela novomedijske umetnosti, ki jih odkupuje ne le od galerij, temveč tudi neposredno od umetnikov, ki na trgu niso zastopani, saj je prepričan, da ta umetnost pomeni logično nadgradnjo vprašanj in slogov umetnosti sedemdesetih in osemdesetih let dvajsetega stoletja, predvsem konceptualne umetnosti.

Junija 2006 je Carly Berwick za revijo *Art & Auction* intervjuvala vrsto zbirateljev in tako skušala približno oceniti trg za novomedijsko umetnost.[182] Berwickova je poudarila, da zbiratelji, ki kupujejo programsko umetnost in interaktivne instalacije, večinoma sodijo v starostno skupino nad štirideset let – torej v generacijo, ki je vajena življenja z računalnikom. Hkrati pa ti zbiratelji iščejo neposredna dela, ki jih je mogoče uvrstiti v prepoznavno tradicijo. Nakup teh del jim pomeni naložbo v prihodnost, tako finančno – nedvomno po dostopnih cenah – kako tudi v kulturnem pogledu. »Na področju financ opažam dramatične spremembe zaradi uporabe računalnikov. Umetnost, ki se je bomo spominjali čez dvajset ali trideset let, bo povezana z današnjimi spremembami,« pravi Alain Servais, belgijski bankir, ki je svojo zbirateljsko dejavnost začel s fotografijo. Njegova zbirka danes vključuje številne videe, a tudi dela Marka Napierja, Manfreda Mohra ter Jennifer in Kevina McCoya.

182   Carly Berwick, »New Media Moguls«, *Art & Auction*, junij 2006, str. 138-143.

Čedalje večje zanimanje zbirateljev za novomedijsko umetnost je očitno povezano z njeno čedalje večjo primernostjo za zbirateljstvo. V *Artinfo* Robert Ayers pojasnjuje, da se umetniki po eni strani končno soočajo z idejo umetniškega dela kot predmeta, po drugi strani pa jim pri tem pomaga tudi tehnološki razvoj:

Računalniška nadgradnja strojne opreme, napredek na področju programske opreme, hiter razvoj zaslonskih tehnologij, nenehno manjšanje komponent in čedalje manjši stroški vsega tega pomenijo, da je umetniška dela, ki si jih še pred petimi leti ne bi mogli niti predstavljati, zdaj mogoče izdelati, razstaviti in uvrstiti v zbirke.[183]

Vse to pa ne omaja dejstva, da zbiranje novomedijske umetnosti skoraj vedno vključuje tudi zdravo mero negotovosti, ki celo nekako prispeva k njeni privlačnosti:

Razlika med tem, da si lastnik novomedijskega umetniškega dela ali pa lastnik primerka neke starejše forme umetnosti, je podobna razliki med ljudmi, ki imajo doma živali, in ljudmi, ki imajo rastline. »Stvari se lahko sfižijo,« pravi Sacks. »In odvisno od kompleksnosti posameznega dela se lahko sfiži marsikaj. Toda magičnosti umetnine brez tega ni.«

Glede na vse to se zdi, da je dovršitev vendarle končno blizu. Zadnji objem bo morda manj strasten, kot smo upali zaradi fanfar leta 2001, a se bo vendarle zgodil. Če umetniki, zbiratelji, muzeji in galerije ne bodo ostali sami pri podpiranju tovrstnih del v areni sodobne umetnosti. V luči vsega, o čemer smo doslej že razpravljali, se zdi, da v tem procesu zaostajajo kritiki in kustosi. V naslednjem poglavju se bom nekoliko pomudil še pri kritiških strategijah, ki jih je mogoče razviti za spremstvo novomedijski umetnosti na tej zahtevni, a zanimivi poti.

---

183   Robert Ayers, »Code in a Box«, *Artinfo*, 3. avgust 2007, dostopno na spletnem naslovu www.artinfo.com/news/story/25445/code-in-a-box/ [zadnji dostop marca 2013].

Domenico Quaranta

Postmedijska perspektiva

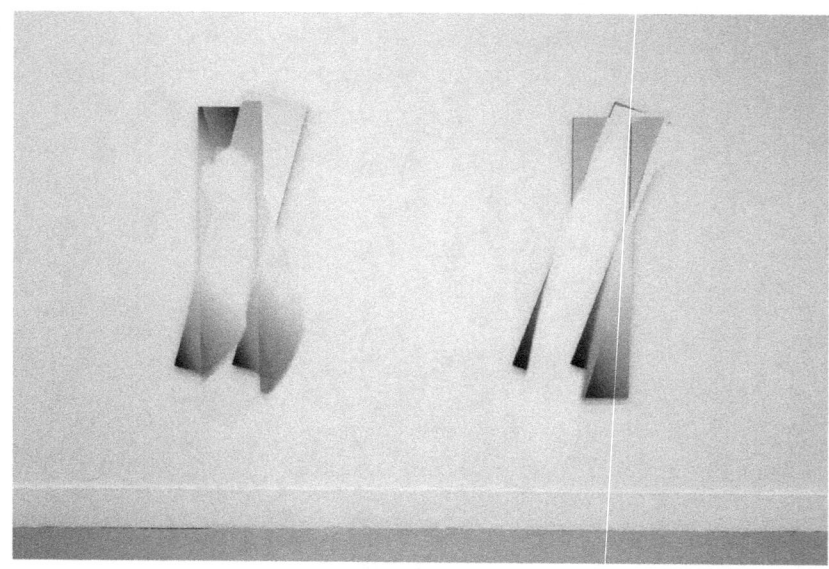

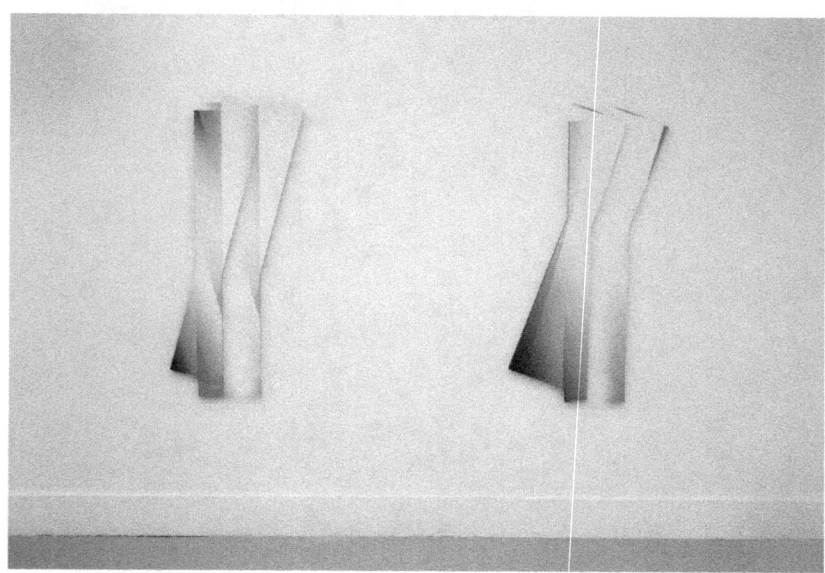

Artie Vierkant, *Image Objects* (*Podobe predmeti*, 2011–). Digitalni natisi na MDF-ploščah, proizvedenih s tehnologijo CNC, obdelana podoba (*Image Objects* razstavljene kot instalacija v galeriji Reference, Richmond VA). Slike objavljene z dovoljenjem umetnika.

V nekem obdobju je novi medij fotografije spremenil estetsko razumevanje slikarstva in hkrati sodeloval pri ustvarjanju kulturnega razumevanja (fiksnega) časa in reprezentacije. V nekem drugem obdobju je novi medij videa spremenil estetsko razumevanje filma, medtem ko je s televizijo sodeloval pri ustvarjanju kulturnega razumevanja (realnega) časa in distance. Nedavna umetnost, ki jo poznamo kot »novomedijsko« umetnost, spreminja naše razumevanje vedenja sodobne umetnosti ravno zaradi svojega sodelovanja pri ustvarjanju kulturnega razumevanja računalniške interaktivnosti in udeležbe na omrežjih. Povedano drugače, umetnost po pojavitvi novih medijev je drugačna zaradi novih medijev – ne zato, ker so novi mediji pač »na vrsti«, temveč zato, ker je vedenje novomedijske umetnosti vedenje naše tehnološke dobe.

(Steve Dietz[184])

Na koncu tega potovanja so tri vprašanja še vedno brez odgovorov. Če se umetnost, ki je bila nekoč znana kot novomedijska, odmika od svojega rodnega sveta in pomika proti svetu sodobne umetnosti, ali ima svet novomedijske umetnosti sploh prihodnost? Če se je konceptualna paradigma ustvarjalnega raziskovanja medija izkazala za šibko, zastarelo in neustrezno za promocijo umetnosti, ki je bila nekoč znana kot novomedijska, na platformi sodobne umetnosti, ali obstaja drug pristop, ki nam lahko pomaga preusmeriti pozornost k njeni specifičnosti in aktualnosti? In končno: je res nujno vztrajati pri tej specifičnosti?

Privid odgovornosti kritikov in kustosov preganja vsa ta vprašanja in to bo naše izhodišče.

Nekaj opomb o kustosovem delu

O nečem ni nobenega dvoma: kritiki in kustosi morajo prevzeti veliko odgovornosti za nizek ugled umetnosti, ki je bila prej znana kot novomedijska,

---

184 Steve Dietz, »Foreword«, v: Beryl Graham in Sarah Cook, *Rethinking Curating: Art after New Media*, op. cit., str. xiv.

v svetu sodobne umetnosti. Po eni strani so specializirani kritiki naredili napako, ko so skušali vrednostna merila, ki se uporabljajo za umetniška dela v svetu novomedijske umetnosti, vsiliti tudi svetu sodobne umetnosti in razviti »sektorski« (ali celo »sektaški«) diskurz, saj so skušali popolnoma heterogeno stanje predstaviti kot enoten pojav. Po drugi strani se je sodobna umetnostna kritika razen redkih izjem izkazala za nesposobno premostiti tehnološko vrzel in se lotiti teh del z lastnimi kritiškimi sredstvi. Ali pa je zašla v past »enotnega pojava« in je preprosto vse skupaj odpisala. »Umetniški obliki manjka globine in kulturne nuje, ki bi upravičili podaljšanje precejšnjih naložb inštituta ICA v oddelek Live & Media Arts (oddelek za živo in medijske umetnosti),« je izjavil Ekow Eshun, umetniški vodja londonskega ICA/Institute of Contemporary Arts (Inštitut za sodobne umetnosti) leta 2008, in tako utemeljil zaprtje oddelka Live & Media Arts.[185]

A to še ni vse. Razpravo o skrbi za novomedijsko umetnost in njenem ohranjanju, ki je zadnja arena, v kateri se še zdi, da je z medijem utemeljena definicija smiselna, nenehno uporabljajo za to, da bi svetu sodobne umetnosti posredovali to definicijo. V zadnjem desetletju je ta razprava potekala v člankih, publikacijah, korespondenci prek *mailing* list, na seminarjih, pred nedavnim pa tudi na blogih in spletnih virih, osredotočala pa se je na opredeljevanje vloge »kustosa za nove medije« in na glavne probleme, s katerimi se mora spoprijemati takšen kustos oziroma kustosinja.

V tem pogledu značilno je delo angleške iniciative CRUMB (Curatorial Resource for Upstart Media Bliss/Kuratorski vir za povzpetniško medijsko srečo) pod vodstvom kustosinj Beryl Graham in Sarah Cook, ki upravlja *mailing* listo in je doslej izdala vrsto publikacij. Te objave skupaj z že omenjenim zbornikom *New Media in the White Cube and Beyond* (*Novi mediji v beli kocki in onstran nje*), ki ga je uredila Christiane Paul, dajejo odličen vpogled v trenutno dogajanje v omenjeni razpravi.[186] Vzporedno s tem, ko so muzeji začeli kupovati prva tovrstna umetniška dela in so naleteli na prve ovire, se

185   V: Emma Quinn, »Live and Media Arts at the ICA«, *New Media Curating*, 17. okober 2008.
186   Cf. www.crumbweb.org.

je začelo raziskovanje vprašanja ohranjanja novomedijskih del.[187]

Zadnje desetletje je nedvomno prineslo ogromen napredek in nekatere od teh sprememb bodo še dolgo izjemno orodje za sedanje in prihodnje kustose. Prepričan pa sem, da je treba razmisliti o kar nekaj domnevah in posebnostih ter si zamisliti nekaj kuratorskih strategij, ki izhajajo neposredno iz idej, o katerih razpravljamo tu.

Merim predvsem na dve napačni predstavi, ki sta postali malodane nekakšna mantra: prvič, da kustosovo delo z novomedijsko umetnostjo prinaša posebne probleme, ki se jih lahko loti le »kustos za medijsko umetnost«, in drugič, da novomedijska umetnost vsebuje nekaj skorajda nepremagljivih ovir za tiste, ki jih zanimata zbiranje in ohranjanje te umetnosti. Kot je razvidno, obe ideji temeljita na domnevi, da je novomedijska umetnost homogena masa z enim samim nizom kuratorskih in konservatorskih problemov, ki jih je navsezadnje mogoče povezati z uporabljenim medijem. Toda tako imenovani novi mediji so nadvse kompleksni in raznoliki, raznovrstnost form, ki jih lahko privzamejo, pa pomeni, da je ena sama strategija (in poimenovanje) povsem neustrezen pristop.

Toda ta pristop je zakoreninjen v še bolj perverznem enačenju, namreč enačenju novomedijske umetnosti in tehnologije, ki jo ta umetnost uporablja. Ko ljudje govorijo o kuratorskih problemih, »kustosovo delo z novimi mediji« prej ali slej pomeni »vnašanje novih tehnologij v fizični prostor galerije ali muzeja«. Novomedijska umetnost je tako zreducirana na umetnost, ki digitalne tehnologije uporablja kot svoj medij. Temu stališču smo že nasprotovali. Kakšne pa so posledice, ko ta zmotna predstava postane osnova kuratorske prakse?

V uvodnem eseju v zborniku, ki ga je uredila, Christiane Paul analizira probleme, s katerimi se po njenem mnenju mora spopasti »kustos za nove medije«, da lahko novomedijsko umetnost spravi v belo kocko; to so

---

187   Cf. Variable Media Initiative, dostopno na spletnem naslovu www.variablemedia.net. Ta iniciativa je izdala tudi delo *Permanence Through Change: The Variable Media Approach* (Solomon R. Guggenheim Foundation, New York, in Daniel Langlois Foundation for Art, Science, and Technology, Montreal, 2003), ki so ga uredili Alain Depocas, Jon Ippolito in Caitlin Jones. Cf. tudi AAVV, *The EAI Online Resource Guide for Exhibiting, Collecting & Preserving Media Art*, 2006, dostopno na spletnem naslovu http://resourceguide.eai.org.

problemi povsem tehnološke narave.[188] Kustosovo razmišljanje je bolj odvisno od tehnologije kot od umetnosti. Toda če vse zreduciramo na enačenje novomedijske in tehnološke umetnosti, resnične vsebine kustosovega dela sploh ne vidimo več. Kot pravita Inke Arns in Jacob Lillemose:

> [...] nič tako specifičnega ne obstaja, kot je kuratorska obravnava računalniške umetnosti. Obstaja le kuratorska obravnava umetnosti. Seveda umetnost, ki temelji na računalnikih, prinaša nove formate in ponuja nove možnosti za kustose, prepričana pa sva, da kustosova diskurzivna vloga kljub temu ostane nespremenjena – oblikovati izjavo, ki raziskuje izbrano umetnost in išče nove načine razmišljanja o njej in o kontekstu, na katerega se ta umetnost nanaša, tako da jo umesti v širši kulturni ali teoretski kontekst.[189]

Če ob redkih priložnostih takšno delo trdi nekaj specifičnega, to ni povezano s tehnologijo, temveč z relevantnim kulturnim kontekstom. Toda to je konec koncev še vedno del kustosove tradicionalne vloge – delovati kot posrednik med umetniškim delom in razstavljavskim okoljem, med delom in občinstvom, med delom in različnimi prizorišči, v katerih se lahko pojavi.

Ko imamo opravka z umetniško prakso, ki lahko obstaja v različnih svetovih in različnih razstavljavskih okoljih, je treba to posredovanje okrepiti; delo je pogosto treba preoblikovati – po dogovoru z ustvarjalcem – glede na prizorišče, saj je lahko razstavljeno v zasebnem ali institucionalnem prostoru, na festivalu novomedijske umetnosti ali v muzeju sodobne umetnosti, v fizičnem ali spletnem okolju. To se tiče zlasti del brez oprijemljivih elementov, del, ki splet uporabljajo kot distribucijsko platformo, ali del, ki jih običajno doživljamo s pomočjo računalniškega zaslona. V teh primerih je delo treba »prevesti«, da lahko v okolju, ki je drugačno od njegovega izvirnega, deluje učinkovito.

188   Cf. Christiane Paul, »Challenges for a Ubiquitous Museum: From the White Cube to the Black Box and Beyond«, v: Christiane Paul (ured.), *New Media in the White Cube and Beyond*, op. cit., str. 53–75.
189   V: Inke Arns in Jacob Lillemose, »»It's Contemporary Art, Stupid‹: Curating Computer Based Art Out of the Ghetto«, op. cit.

To »prevajalsko« delo je eden od najbolj kompleksnih in fascinantnih vidikov dela kustosa, ki skuša v svet sodobne umetnosti uvoziti dela, ki so nastala nekje drugje. Prevajanje pomeni upoštevanje morfologije in sintakse obeh jezikov. Pogosto je razumevanje mogoče le, če obe strani sprejmeta velike kompromise (glede tega, kako stvari zvenijo, kakšni so odtenki pomenov); od kakovosti prevajalca je odvisno, ali bodo ti kompromisi delovali pri besedilu, ki ga prevaja. Dober prevajalec mora upoštevati lastne omejitve, kulturo svojih bralcev (ali njeno pomanjkanje) in njihova ideološka stališča. Če prevajalka prevaja prvič, bo izbrala enostavno besedilo; če prevaja iz malodane neznane kulture v svoj materni jezik, bo izbrala kulturno preprostejše besedilo, preden se bo lotila česa zapletenejšega; če pa prevaja iz kulture, do katere imajo nekateri ljudje zadržke, jo bo s prevodom skušala narediti sprejemljivejšo.

Pustimo metafore ob strani; predstavljanje umetnosti, nekoč znane kot novomedijska, v kontekstu sodobne umetnosti pomeni predvsem izbiro umetniškega dela, ki ni pretirano povezano z »idejo umetnosti«, ki prevladuje v svetu novomedijske umetnosti, če je mogoče, pa to pomeni tudi to, da izbranemu umetniškemu delu omogočimo stabilnejšo obliko in se izognemo nepotrebni uporabi računalnikov in kompleksnih tehnologij.

Ta pristop bi bilo enostavno kritizirati, češ da je pretirano previden. Kdaj bomo dobili priložnost za spremembo pravil igre, če bomo stisnili rep med noge, ko je na vrsti uvajanje tehnologije v razstavni prostor? Če omilimo revolucionarno energijo novomedijske umetnosti, da bi to naredili sprejemljivejšo, mar ne tvegamo, da bomo uničili njen *raison d'être*? Šibka točka teh ugovorov pa je spet dejstvo, da medij in njegove specifične lastnosti razumejo kot posebno odliko, kot najrevolucionarnejšo potezo novomedijske umetnosti. V prejšnjih poglavjih smo pokazali, da je temu pristopu vedno znova spodletelo. Edinstvenosti novomedijske umetnosti v kulturni areni ne predstavljajo mediji, ki jih uporablja, temveč njena seznanjenost s kulturnimi posledicami vznika teh medijev.

Poleg tega »prevajanje« novomedijske umetnosti v oblike, ki ji omogočajo stik z občinstvi sodobne umetnosti, ne pomeni popolnega odrekanja tehnologiji; pomeni izbiro – ob vsakem primeru znova – najprimernejše oblike za vzpostavljanje dialoga.

Dober kustos bi se moral skušati izogniti glavnim napakam, ki lahko zapeljejo slabega prevajalca – barbarizmom in metafrazam. *Barbarizem* je primer spodletelega prevoda, ko prevajalec vrže puško v koruzo in preprosto uvozi tujo besedo v prevod, rezultati pa zvenijo barbarsko. *Metafraza* pa je dobeseden prevod; slovnica in besedišče sta morda res ustrezna, toda prevod spodleti pri upoštevanju kulture sprejemajočega jezika. Če poskusite uporabiti kakšen prevajalnik, boste dobili zvrhano mero dobesednih prevodov.

Na našem področju instaliranja računalnika v razstavni prostor, da bi razstavili neko spletišče ali programsko delo, ne moremo razumeti kot dejanje prevajanja. Morda je bilo v preteklosti – recimo v obdobju documente X – to še mogoče videti kot »potujčevanje« ali kot neizogiben barbarizem. Toda dandanes je to pristen barbarizem. Tako je zato, ker računalniki – ne kot predmeti, ki so lahko del umetniškega dela, temveč kot naprave za prikazovanje – v razstavnih prostorih delujejo, kot da ne sodijo tja. Na razstavi obiskovalci ne želijo sedeti pred računalnikom in klikati na povezave. Orodja, ki je namenjeno zasebni uporabi, ne moremo preprosto treščiti na javno prizorišče. Če niti ne omenjam dejstva, da se umetniki že dolgo ukvarjajo s preučevanjem prevajalskih strategij, zaradi katerih barbarizmi postanejo nepotrebni.

Nedavni primer barbarizma je instalacija spletnega dela Rose Barbe na razstavi *21x21* (2010), katere kustos je bil Francesco Bonami za Sklad Sandretta Re Rebaudenga v Torinu. Delo *Vertiginous Mapping* (*Vrtoglavo mapiranje*, 2008), ki ga je naročil sklad Dia Art (Dia Art Foundation) iz New Yorka, je nadbesedilo, ki zbira podobe, besedila in videe, ki jih je med delovnim bivanjem na Švedskem ustvaril umetnik. Gledalca popelje na ogled mesta, ki je izmišljeno, a temelji na umetnikovem dejanskem doživetju v mestu, ki ga bo v celoti treba prestaviti drugam zaradi nestabilnosti terena, ki jo je na tem območju povzročilo intenzivno rudarstvo. Na razstavi so spletišče projicirali na steno, po nadbesedilu pa se je bilo mogoče premikati s pomočjo računalniške miške. Gledalci so sedli, kliknili na nekaj naključno izbranih povezav in nato razdraženi odšli. Tej reakciji bi se lahko izognili, če bi delo prevedli v instalacijo, ki bi nadbesedilno naravo spletne pripovedi upodobila tako, da bi besedila, videe, zemljevide in fotografije razporedila po vsem razstavnem prostoru. V tem primeru je bil barbarizem najenostavnejša in najcenejša, hkrati pa tudi psevdoinovativna rešitev (zanimivo je bilo videti retorično uporabo izraza »interaktiven« v napisu ob delu, kar je bilo za spletišče povsem neprimerno). To pa je bil tudi simptom pomanjkanja kustosove in muzejeve seznanjenosti s takšnimi deli in umetnikovega odpora do prevajanja dela v obliko, ki bi bolj ustrezala prizorišču.

Metafraza pa temelji na domnevi, da je prevajanje preprost prehod med različnimi stanji: od delcev k atomom, od procesa k predmetu, iz neoprijemljivega sveta medijev v otipljivo sfero življenja. Prilagajanje digitalnega dela »fizičnemu« prizorišču ne pomeni le spremembe dela v nekakšen objekt ali instalacijo; pomeni prilagoditev estetskim, kulturnim in formalnim zahtevam občinstva, ki ni njegova običajna publika. Pomeni zavest o prizorišču, slovnici, konvencijah in posebnostih sprejemajočega jezika. Če prevajalec zaradi nevednosti, arogantnosti ali zmotne predstave o konsistentnosti teh reči ne upošteva, to pomeni neuspešen in torej nezvest prevod.

Primer metafraze lahko vidimo pri *Data Dynamics* (*Dinamiki podatkov*), razstavi v muzeju Whitney leta 2001, katere kustosinja je bila Christiane Paul. Razstava je prikazala pet del, od katerih sta bili dve ob tej priložnosti prvič prevedeni v instalacijo. Tema razstave (razmerja med fizičnim in družbenim prostorom spleta) je bila precej nejasna in avtoreferenčna; dela so bila tehnološko prefinjena, razkazovala so visoko tehnologijo, terjala pa so tudi gledalčevo interakcijo. Zastavljala so vprašanja prostora (prostorov življenja in prostorov komunikacije), toda to so počela hladno, klinično, od daleč. *Apartment* (*Stanovanje*), spletna aplikacija, v kateri so besede, ki so jih vstavili uporabniki, oblikovale različne dele tridimenzionalnega stanovanja, je bila projicirana na steno, v interakciji pa je posredovala posebej za to oblikovana delovna postaja. To je po eni strani sicer pomenilo, da so se izognili potrebi po običajnem osebnem računalniku v razstavnem prostoru (barbarizem), po drugi strani pa je tehnologijo priklicalo v spomin na način, ki morda dobro deluje v okolju, kot je Ars Electronica, ne pa v muzeju Whitney (metafraza). Povedano drugače, Paulova ni upoštevala kulturnih obzorij obiskovalcev in njihovih predstav o umetnosti; s taisto terminologijo je preprosto »teleportirala«

novomedijsko umetnost iz njenega geta k širšemu občinstvu. K občinstvu, ki je delovalo zmedeno in nekoliko sovražno, kot bi se srečalo s tujcem.

Kako se torej uresniči dober prevod? To se pravzaprav tiče prepoznavanja bistva nekega dela in poskusa prevoda tega bistva v drug jezik. Na splošno je v svetu sodobne umetnosti pametno, da tehnološki vmesnik, povezljivost, procesualno naravo, dostopnost, odprtost in needinstvenost umetniškega dela postavimo ob stran, če za delo niso bistveni. Če so te lastnosti bistvene, pa jih je bolje obdržati; svet umetnosti je dovolj zrel, da sprejme odprta, procesualna dela, ki jih je mogoče kopirati, če je to bistveni del teh del in če je njihovo vrednost mogoče prenesti še na kaj drugega. Dober primer so performansi Tina Sehgala. Bistveno je torej, da prevajalec ni le dvojezičen, temveč dvokulturen.

Ob vsem povedanem pa je treba opozoriti, da se je prevajanja treba lotiti vsakič znova in da mora to storiti umetnik ali kustos (če je le mogoče, v nenehnem stiku z umetnikom). V nekaterih primerih je delo mogoče povezati ali dokumentirati s pomočjo ostankov produkcijskega procesa ali *ad hoc* ustvarjenih dokumentarnih elementov, ravno tako kot je v preteklosti počela umetnost performansa. Dokumentiranje neizbežno pomeni izdelavo »manjvrednega« prevoda izvirnika, toda to kot nujno zlo sprejmejo tako prevajalka kakor tudi občinstvo.

Prevajanje v pravem pomenu besede se začne, ko kustos izbere delo in se loti njegovega prilagajanja prizorišču, po možnosti skupaj z ustvarjalcem. Rezultat si prizadeva, da ne bi bil »manjvredna« predstavitev dela, temveč njegova različica. Drug vmesnik za isto vsebino, če hočete, možnost, ki jo omogoča inherentna raznolikost novih medijev.

Dela, ki nastajajo kot rezultat tega procesa, niso izvorno delo, temveč artefakti, ki v celoti ali deloma prikličejo v spomin konceptualno jedro izvornega dela in ki prenesejo njegovo semantično vrednost na oprijemljive talismane, ki so – v nasprotju z izvornim delom, a po njegovi zaslugi – sposobni pridobiti ekonomsko vrednost. V svetu novomedijske umetnosti je modno na hitro odpraviti ta izpeljana dela, ki so pogosto izdelana s pomočjo tradicionalnih medijev (tisk, video, kiparstvo), češ da gre za preprosto »popuščanje trgu«.
To je sicer res – ta dela pomenijo *tudi* popuščanje trgu –, toda predvsem

so to prevajalske strategije, ki so nastale prav za ta kontekst, za kontekst umetnosti, v katerem je prevedljivost kulturne vrednosti v ekonomsko vrednost ključna za uspeh, kroženje in muzeifikacijo dela.

Oglejmo si posebno značilen primer – delo *Biennale.py* iz leta 2001, ki se je razvilo iz sodelovanja med skupino [epidemiC] ter Evo in Francom Mattesom (0100101110101101.ORG). Izvorno delo je bil virus v programskem jeziku Pyton, ki so ga spustili na splet, ko sta obe skupini sodelovali na 49. beneškem bienalu. Delo je že vse od začetka obstajalo v dveh oblikah – kot jezik in kot performans. Performans je vseboval širjenje virusa po elektronski pošti in tudi v obliki majic, ki so jih delili v slovenskem paviljonu na bienalu, in dejstvo, da je virus prepoznalo nekaj glavnih protivirusnih sistemov v obtoku. Na ravni jezika je kodo virusa lahko prebral računalnik ali pa jo je kot »ljubezensko pesem« bral človeški bralec. Kot performans bi bilo *Biennale.py* mogoče vnovič uprizoriti le, če bi se ustvarjalci odločili, da bodo organizirali njegovo vnovično izpeljavo – pri čemer bi morali domnevati, da je smiselno delo ločiti od njegovega »tukaj in zdaj« leta 2001, ko je bil virus pojem s precej močnejšim nabojem, kot pa ga ima danes. Najnaravnejša strategija je torej dokumentiranje. Tako [epidemiC] kakor tudi Mattesova so operacijo podrobno dokumentirali in dokumentacijo objavili na svojih spletiščih. Na konkretnem prizorišču bi »dokumentiranje« tega dela pomenilo razstavljanje majic, videov in fotografij virusa, ki se »širi« po bienalu, razstavljanje programske kode, odzivov tiska in diagrama, kako je virus zakrožil po spletu. V preteklosti je skupina [epidemiC] razstavila tudi izpis virusa z lastnoročno podpisanimi opombami, pristni konceptualni fetiš, Mattesova pa sta v vitrinah iz pleksi stekla razstavila zlate plošče CD-ROM, ki vsebujejo virus in ki so jih izdali v omejenem številu.

In končno sta dve leti kasneje Mattesova ustvarila še niz skulptur, »izpeljanih del«, v katerih računalnik, razstavljen na posamezne dele in znova sestavljen ter prikazan v vitrini iz pleksi stekla, razkriva svoje delokroge, vpete v neskončni ciklus infekcije in dezinfekcije. Ti stroji niso zgolj dokument dela *Biennale.py*, ampak refleksije o virusu, ki so ustvarile prejšnje delo, ponesejo na novo raven; virus, verjetno eno najmanj oprijemljivih reči na svetu, prenesejo v razstavni prostor in ga tam ohranijo v prid zgodovini.

Ta zgodba postavi na laž mnogo trditev, da je »digitalno nemogoče ohraniti«. Če je delo dokumentirano ali prevedeno v fizičen artefakt, »ohranjanje« novomedijske umetnosti pomeni povsem enake težave kot pri vseh drugih oblikah sodobne umetnosti. Dokumentacija in izpeljana dela so znane strategije ohranjanja minljivega.

Seveda še vedno ostaja aktualen problem kako ohraniti tehnologijo. Kako, na primer, naj bi hranili samodezinficirajoče se stroje Eve in Franca Mattesa? Kaj je mogoče storiti, ko izpad elektrike, neka druga nezgoda ali preprosto minevanje časa nepopravljivo poškodujejo računalnike, ki jih vsebujejo ta dela? Sodobne razprave o teh vprašanjih presegajo obseg tega dela. Raziskali so že veliko različnih rešitev, od ohranjanja zastarele strojne in programske opreme do ustvarjanja posnemovalnikov programske opreme, ki bi na novih napravah simulirali stare operacijske sisteme in programe.

Iniciativi za spremenljive medije, Guggenheimovi newyorški platformi za ohranjanje spremenljivih medijev, gre izjemna zasluga za to, da je pojasnila tri ključne točke. Najprej je zatrdila, da se problemi, ki jih zastavljajo digitalni mediji, tičejo vseh spremenljivih medijev, ki se uporabljajo v umetnosti, od neonskih luči Dana Flavina do vejic Maria Merza. Nato je poudarila dejstvo, da skupnega protokola ni mogoče razviti; sleherno delo je samostojen primer. In končno je zatrdila še to, da morajo zadnjo besedo pri ohranjanju spremenljivih medijev – če je to še pravočasno – imeti umetniki; iniciativa je sestavila tudi vprašalnik, ki umetnikom omogoča, da dajo navodila, kako bi sami želeli, da bi se njihova dela »obnovila«, če uporabljeni mediji ne bi bili več na voljo.

Ko sem Evo in Franca Mattesa vprašal, kako naj bi ohranili njuna prva spletna dela, je bil njun odgovor: »Napiši roman!« A to ni tako provokativen odgovor, kot se morda zdi na prvi pogled. Ko se znebimo medijsko utemeljene definicije novomedijske umetnosti, moramo priznati tudi to, da tehnološko ohranjanje del ni nujno najboljša taktika.

Spletna umetnost je tudi v tem kontekstu najpomembnejši primer. Ker spletna umetnost živi na spletu, bi bilo smiselno sklepati, da ohranjanje spletne umetnosti pomeni ohranjanje spletišč. Če bi hoteli storiti to, bi lahko privzeli običajne strategije, ki se uporabljajo v teh primerih: ohranjanje strojne opreme in shranjevanje izvirne programske opreme (operacijski sistemi, brskalniki itd.), posnemanje (ustvarjanje posnemovalnikov, ki so sposobni simulirati operacijske sisteme, brskalnike, ločljivost zaslona, pasovno širino, ki jo je umetnik uporabljal, ko je ustvarjal neko delo) ali migracijo (vnovično ustvarjanje kode strani, da dobimo enak rezultat na drugi platformi).

O vsaki od teh strategij je mogoče razpravljati, čeprav lahko v nekaterih primerih celo delujejo. Oglejmo si dve zelo različni deli, pripovedno nadbesedilo ruske umetnice Olge Lialine z naslovom *My Boyfriend Came Back From the War* (*Moj fant se je vrnil iz vojne*, 1996) in že omenjeno *Vote-Auction* (*Dražba volilnih glasov*, 2000) avstrijskega tandema UBERMORGEN.COM. Štirinajst let kasneje je prvo delo še vedno dostopno na spletu v svoji izvorni obliki (edini »posthumni« dodatek je Googlova oglaševalna vrstica na domači strani). Toda delo je zelo odvisno od okvirov (frames), tehnike, s katero se ustvari mreža, v kateri se različne spletne strani naložijo na eno samo ogrodje. Okviri, ki so bili zelo priljubljeni v devetdesetih letih, so arheološki ostanek starega spleta, ki ga brskalniki prihodnosti v nekem trenutku morda ne bodo več čitali, zaradi česar bo to delo postalo nedostopno.

Toda ali smo prepričani, da je bilo delo doslej v resnici »ohranjeno«? V intervjuju za revijo *Neural* pred nekaj leti je Lialina opozorila, da se je vseeno spremenilo vse, kar ga obdaja, tudi če je še vedno dostopno.[190] Povezave so zdaj precej hitrejše od modema leta 1996; počasnost tega je premikanje po spletišču takrat navdala z občutkom negotovosti; spletišče je bilo oblikovano za trezen, minimalističen vmesnik zgodnjih brskalnikov, ki so ponujali povsem drugačen okvir od tistih, ki so v uporabi trenutno; podobe so bile narejene za ločljivost 800 x 600 in njihovo izvorno kakovost resno ogrožajo sodobni zasloni.

Povedano drugače, izvorna različica dela *My Boyfriend Came Back From the War* je za vedno izgubljena. Nič v njeni kodi se ni spremenilo, vse okoli nje pa se je. A vsak poskus restavriranja bi bil izdaja. Sleherno še tako neznatno brkljanje, ki naj bi podobam povrnilo izvorni videz, bi vsekakor obsegalo tudi spreminjanje izvornega materiala. Kakšen muzej bi se lahko odločil, da delo naredi dostopno s pomočjo starega Macintoshovega operacijskega sistema z brskalnikom Netscape iz leta 1996, z umetno zmanjšano pasovno širino, kar bi upočasnilo gibanje, toda vse to bi imelo za očitno napačno posledico to, da bi

---

190   Valeska K. Buehrer, »Dearest Progressive Scan Loading, on Victims of Broadband«, *Neural*, št. 23, 2006, str. 48.

bilo tako predstavljeno delo videti kot oživljeno truplo, medtem ko je delo kot tako še zelo živo. Vsekakor pa bi bil ta rezultat samo interpretacija izvirnika.

Za zdaj se je Lialina zadovoljila s tem, da je omogočila dostop do dela po vmesniku, imenovanem *Last Real Net Art Museum* (*Zadnji resnični muzej spletne umetnosti*), ki zbira vse poklone, parodije in remikse, ki so jih drugi ustvarjalci z leti posvetili njenemu slavnemu delu. Muzej pripoveduje zgodbo – zgodbo življenja umetniškega dela na spletu. Morda to za zdaj ostaja najboljša strategija ohranjanja. Vsaj za to delo.

Na tej točki se ozrimo k delu *Vote-Auction*. Delo je zaživelo kot spletišče, ki je dražilo glasove ameriških volivcev za predsedniške volitve. Spletišče je vznemirilo javnost, vznemirjenje je preraslo v medijski vihar in privedlo do tega, da so za umetnikoma vohunili in ju preganjali s številnimi tožbami. Medijsko pobesnelost sta umetnika obvladovala zelo spretno; objavila sta niz dvoumnih izjav in posodobitev, premikala spletišče in tako naprej. *Vote-Auction* je dejansko mogoče opisati kot zapleten performans, ki vključuje medije, splet, ameriške volivce in številne druge statiste. Ohranjanje izvornega spletišča *Vote-Auction* in zagotavljanje njegovega izvornega videza in dostopnosti ne bi pomenila ohranjanja dela; spletišče je le del dela, ki vključuje tudi objavljene članke, sodne naloge, televizijske oddaje in povratne informacije uporabnikov. V tem primeru bi bili skrčenje dela na spletišče in poskusi ohranjanja tega spletišča v njegovi izvorni obliki kot skrb za ovitek kasete VHS, ne da bi nas skrbelo za dejanski trak v kaseti.

Za razstavo *Vote-Auction* so umetniki natisnili na platno logotip projekta, iz prejetih sodnih nalogov so izdelali papirnato instalacijo, naredili pa so tudi video, ki si prilasti oddajo, ki jo je o projektu posnela televizija CNN – tri »izpeljana« dela, ki so dober način dokumentiranja in ohranjanja dela. Toda najboljši način ohranjanja dela *Vote-Auction* – in tudi številnih performansov – je pripovedovanje njegove zgodbe. To se skriva za provokativno držo 0100101110101101.ORG: dobro, podatke torej lahko obdržimo, ne bomo pa jih spremenili v nedotakljive fetišizirane objekte in še posebno se ne bomo slepili, da smo ohranili dejansko delo, ki je predvsem zgodba. Če precenimo moč tehnologije, nam bo ostalo le prgišče pikslov.

Kakšna je prihodnost sveta novomedijske umetnosti?

A če bodo novi mediji postali tema sodobne umetnosti in se tam razpršili, bo to resnična izguba.

(Olia Lialina[191])

Vse kaže, da se razmišljanje, ki smo ga razvijali v prejšnjih poglavjih, steka v en sam sklep, namreč da novomedijska umetnost danes ne potrebuje več tistega specifičnega »sveta umetnosti«, ki se je izoblikoval v šestdesetih letih kot odgovor na izzive, ki so jih prinesli mediji, ki niso bili kompatibilni s svetom sodobne umetnosti. Ali to pomeni, da ta svet tone v pozabo?

Vprašanje je pravzaprav precej bolj zapleteno, kot kaže tudi vse, kar smo povedali doslej. Predvsem se nikakor ne zdi, da je novomedijska umetnost v celoti pripravljena na kvantni preskok v vzporedno vesolje, proti bolj odprtemu diskurzivnemu sistemu in proti strukturam produkcije in distribucije, ki so povsem drugačne od tistih, v katerih se je razvila novomedijska umetnost. Leta 2005 je nizozemski umetnik Dirk Eijsbouts na Ars Electronici predstavil instalacijo *Interface #4/TFT tennis V180* (*Vmesnik #4/TFT tenis V180*).[192] Delo je uporabniku omogočalo, da je odigral virtualno partijo tenisa, v kateri je bil zaslon, na katerem je bila vizualizirana žogica, hkrati lopar za udarjanje žogice. Dva loparja/zaslona sta bila pritrjena na mehanično roko, ki se je vrtela okoli osrednje roke; ko je igralec premaknil zaslon, ta ni le usmeril leta žogice, temveč je tudi vizualno spremenil igro. Instalacija je temeljila na precej kompleksni obliki interaktivnosti, ki bi jo bilo težko uporabiti na komercialni igralni platformi, vpeljala pa je tudi zanimivo refleksijo o odnosu med simulacijo in realnostjo. Hkrati pa je bila to vendarle zabavna igra, v nekaterih pogledih nekakšna predhodnica načinov igre, ki jih je kasneje populariziral Nintendo Wii, ki temelji na fizičnem gibanju. Industrijski prototip ali umetniško delo? Igračka ali generator pomenov? *TFT Tennis*, ki se ne opredeli za nobeno od

191   Olia Lialina v: »Media Art Undone«, konferenčna predstavitev na festivalu transme-diale07, Berlin, 3. februar 2007. Popolni zapis prezentacij je dostopen na spletnem naslovu www.mikro.in-berlin.de/wiki/tiki-index.php?page=MAU [zadnji dostop marca 2013].
192   Dokumentacija projekta je dostopna na spletnem naslovu www.showmethecontent.com/115234/135029/all/tft-tennis [zadnji dostop marca 2013].

teh dveh narav, je tipičen artefakt sveta novomedijske umetnosti. Zunaj tega sveta ne bi imel kaj dosti možnosti; svet sodobne umetnosti bi ga omalovaževal kot plehko slavljenje tehnologije, industrija videoiger pa bi ga odpisala kot neperspektivno idejo. Svet novomedijske umetnosti mu daje kontekst, v katerem to delo lahko nastane, kjer je razstavljeno in kjer se o njem razpravlja. Pomena tega ne bi smeli podcenjevati; četudi neko delo nikoli ne doseže meril predstav o umetnosti, ki jih gojijo v drugih arenah, bo napovedalo razvoj v znanju, ki lahko obrodi sadove kje drugje. Na »igračke« Ars Electronice seveda lahko gledamo zviška, ne smemo pa pozabiti, da bi brez njih zgodovina medijev napredovala počasneje, novomedijska umetnost pa se ne bi nikoli presegla in dosegla točke, na kateri izpodbija lastno identiteto.

Po drugi strani pa ne gre le za »zrelost«. Res je, da je potrošna informacijska tehnologija sedaj globoko ukoreninjen del našega vsakdanjega življenja, res pa je tudi, da nekatere tehnologije in jeziki ostajajo izven dosega običajnega umetnika – zaradi stroškov, ki bi jih to prineslo, in zaradi težav pri uporabi. Res je, da se je velik del novomedijske umetnosti sposoben spoprijeti s trgom, res pa je tudi, da ta pot še danes ostaja nevzdržna za številne tokove in projekte. In res je, da je velik del novomedijske umetnosti mogoče kritiško obravnati brez posebnega poznavanja novih tehnologij, res pa je tudi, da številnih del ni mogoče zares razumeti brez poglobljenega poznavanja medija in njegove dinamike, zato novomedijska umetnost še naprej terja specializiran kritiški pristop.

Vzemimo primer. Nekaj umetnikov je sicer res že delalo z neke vrste »amatersko biotehnologijo«, toda biotehnološko raziskovanje še vedno težko obstaja zunaj univerz in laboratorijev. Hkrati pa moramo priznati, kot je na začetku devetdesetih let opazil Jeffrey Deitch, da so biotehnologije eno od najzanimivejših gonil sprememb naše dobe. Vsebinsko ukvarjanje z biotehnologijo kot problemom je nedvomno zanimivo, a bilo bi škoda, če umetniki ne bi dobili priložnosti, da pridobijo bolj poglobljeno znanje na tem področju in ga uporabijo kot potencialen umetniški medij.

Izhajajoč iz tega izhodišča je umetnik Oron Catts leta 2000 ustanovil Symbiotico, laboratorij za umetnostno raziskovanje na Šoli za anatomijo in človeško biologijo na Univerzi Zahodne Avstralije (School of Anatomy

& Human Biology of the University of Western Australia/UWA) v Perthu. Odtlej Symbiotica umetnikom z vsega sveta ponuja delovno bivanje, dobro opremljen laboratorij za biotehnološke raziskave in izkušnje znanstvenikov in raziskovalcev. To je izjemna priložnost, ki jo je med drugimi izkoristil avstralski umetnik Stelarc; izdelal je tretje uho, ki ga zdaj v laboratoriju ponosno razkazuje na svoji podlakti. Zaradi priložnosti, ki jih omogoča Symbiotica, je Cattsu – ki skupaj s še dvema umetnikoma že od leta 1996 sodeluje pri Tissue Culture & Art Project (Projekt tkivne kulture in umetnosti) – uspelo ustvariti fascinantne instalacije, ki raziskujejo potencial in probleme, povezane s tkivnim inženirstvom. *Victimless Leather* (*Usnje brez žrtev*, 2004), na primer, je miniaturen usnjen suknjič, ki »živi« v bioreaktorju. Delo je reakcija na barbarsko uporabo živalskih kož za izdelavo oblačil, čemur bi tkivno inženirstvo lahko ponudilo alternativo. Umetniki so celice žive živali (miši) presadili na strukturo polimerov v obliki suknjiča; njihova ideja je bila torej, da bodo celice ostale žive in da se bodo v varovanem okolju razmnožile. Delo ima tudi ironično plat, kajti da bi rešil »živa« bitja, je Tissue Culture & Art Project ustvaril »polživa« bitja, katerih obstoj in izkoriščanje zastavljata etična vprašanja, ki so zelo podobna tistim, ki jih je projekt skušal preseči. Ko so ga postavili na ogled v newyorški MoMI leta 2008 kot del razstave *Design and the Elastic Mind* (*Oblikovanje in prožni um*, kustosinja: Paola Antonelli), je izzval burne reakcije, ko je bila kustosinja primorana »ubiti« polživi suknjič, tako da je ustavila dotok njegovih hranil, ker je rast celic podivjala. »Muzej ubil živi eksponat« se je glasil naslov v časniku *New York Times*.[193]

Kljub izjemnemu nastopu v MoMI (in pred kratkim v umetnostnem muzeju Mori v Tokiu) razstavljavska kariera dela *Victimless Leather* – tako kot tudi večine del Tissue Culture & Art Project – ostaja trdno zasidrana v svetu novomedijske umetnosti. Zunaj tega sveta ni lahko najti tehnološkega znanja in intelektualnega poguma, ki sta potrebna za razstavljanje takšnih del. Že njegove produkcije si mimo konteksta, ki spodbuja raziskave, ki niso usmerjene k neposrednemu ustvarjanju artefaktov, ne bi mogli zamisliti.

193   Cf. John Schwartz, »Museum Kills Live Exhibit«, *New York Times*, 13. maj 2008, dostopno na spletnem naslovu www.nytimes.com/2008/05/13/science/13coat.html?_r=0 [zadnji dostop marca 2013]. Podrobnejše informacije o Symbiotici je mogoče najti na spletnem naslovu www.symbiotica.uwa.edu.au [zadnji dostop marca 2013].

Instalacija kot taka ni dostopna umetniškemu trgu, čeprav bi izjemno performativna in relacijska narava tega dela lahko privedla do njegovega kroženja v dokumentarni obliki, v obliki tiskanih izdelkov in videov. Ti elementi spodbujajo tudi interpretacijo sveta, ki presega tradicionalno paradigmo »umetnosti in (bio)tehnologij«. Dejanje Paole Antonelli, ki je ubila »polživo« bitje, je bilo »pogrebni obred«, kakršnega je Tissue Culture & Art Project zrežiral tudi ob drugih priložnostih, v oblikah, ki so znane relacijski umetnosti. Projekt *Disembodied Cuisine* (*Raztelešena kuhinja*, 2003), na primer, je vseboval izdelavo majcenih »žabjih zrezkov«, ki so jih izdelali tako, da so na polimere presadili celice, ki so jih pridobili z biopsijo žive žabe. »Meso« so gojili in vzdrževali živo v laboratoriju, ki je bil dostopen javnosti, dokler je trajala razstava, za katero je bil projekt zasnovan. Na koncu dogodka je Tissue Culture & Art Project skuhal svoje meso »brez žrtev« in ga postregel javnosti.

Zdi se, da delo Tissue Culture & Art Project demonstrira, da je obstoj drugega sistema produkcije in distribucije tako nujen kakor tudi uporaben za rast in razvoj sodobne umetnosti. Kot trdita Joline Blais in Jon Ippolito, umetnost, ki nastaja »na robu umetnosti«, je nenadomestljiv vir dinamičnosti, je sila, ki razvija idejo umetnosti v temelju sveta sodobne umetnosti. Toda, da bi lahko preživel, mora svet novomedijske umetnosti najprej izoblikovati jasno predstavo o lastni identiteti, da pa bi to lahko storil, se mora vrniti k pojavom, ki so ga ustvarili.

Kot smo videli, se je svet novomedijske umetnost pojavil kot multidisciplinarna raziskovalna arena, kot odziv na toge konvencije niza drugih svetov – sveta sodobne umetnosti, a tudi svetov uprizoritvenih umetnosti, glasbe, oblikovanja in industrijskega raziskovanja. Njegovega »mejnega« statusa in dinamičnosti ne bi smeli le priznavati, ampak tudi negovati, če je le mogoče, pa tudi krepiti. Zgodovinsko gledano je svet novomedijske umetnosti zapolnil vrzel med različnimi ustvarjalnimi arenami, med umetnostmi in znanostjo, umetnostmi in tehnologijo. To je bilo njegovo poslanstvo, njegova usoda. Če bi ga zreducirali – ali če bi se zreduciral sam, kar se pogosto zgodi – na nišo sveta sodobne umetnosti, to ne bi bilo le nepravično, temveč tudi zgodovinsko neutemeljeno, kar pa velja tudi, če ga imamo za inkubator industrijskega raziskovanja – ali če tako razume sam sebe. Toda konceptualni model, ki ga uvede izraz »inkubator«, je zelo primeren; kot poslovni inkubator mora svet novomedijske umetnosti delovati kot inkubator za druge, čvrstejše svetove umetnosti in ustvarjati idealne razmere za razvijanje naprednih, tveganih, finančno nevzdržnih ali estetsko provokativnih del, s tem pa navsezadnje obogati vse tiste arene, ki bi takšna dela – ne zaradi konservativnosti, ampak zaradi svojih osnovnih lastnosti – zatrle v kali. Svet novomedijske umetnosti je sposoben ustvariti energijo, ki napaja druge umetniške svetove, in sprožiti radikalen razvoj njihovih »idej umetnosti«. Šigeko Kubota pravi, da video za umetnosti pomeni počitnice; novomedijska umetnost pa je torej lahko otroštvo umetnosti ali njena pomlad.

Očitno pa je, da se to lahko zgodi le, če se svet novomedijske umetnosti ne bo več imel za tekmeca drugih svetov in če se bo otresel svojega trdovratnega manjvrednostnega kompleksa (ki se pogosto kaže kot neupravičeno potrjevanje lastne superiornosti, kar je jasno vidno v perspektivi, ki jo je uvedel Gerfried Stocker,[194] kot smo videli v tretjem poglavju). Svet novomedijske umetnosti mora negovati hibridizacijo različnih področij in osebnosti. Prepoznati mora vstop nekaterih sadov svojega dela v svet sodobne umetnosti in ga ponosno sprejeti, namesto da ga obsoja kot obžalovanja vredno vdajo tržnim pritiskom. Prepoznati mora kulturno nujnost praks, ki jih neguje. In tako kot vsi drugi umetniški svetovi se mora ozreti tudi prek svojih meja, kajti le nepristranski dialog s sodobno umetnostjo lahko prepreči, da bi okamnel v nekakšno naivno »poveličevanje medija«, kar se je v zadnjih letih vse prepogosto dogajalo.

Vse to ni le mogoče, ampak se že dogaja. Kot smo videli, je svet novomedijske umetnosti zapleten in ga ni mogoče zreducirati na paradigmo, ki jo podpirajo situacije, kot sta ZKM in Ars Electronica. Primer virtuoznega pristopa najdemo v Sloveniji. Tam »intermedijski« sektor, kot ga imenujejo v administrativnih kontekstih, tako kot druga področja kulture prejema javna sredstva. V zadnjih petnajstih letih je to številnim manjšim institucijam in organizacijam, ki jih vodijo umetniki, omogočilo razcvet, produkcijo in prikazovanje del, ki drugje verjetno sploh ne bi ugledala luči dneva. Medtem

---

194 Tu namigujem na članek Gerfrieda Stockerja »The Art of Tomorrow«, *a minima*, št. 15, 2006, str. 6–19, ki smo ga obširno komentirali v tretjem poglavju.

ko sta v sektorju »sodobne umetnosti« šibak trg in navzočnost javnih sredstev povzročila določeno stagnacijo in pomanjkanje kakovostnih del, se je v intermedijskem sektorju zgodilo ravno nasprotno. Najzanimivejša sodobna umetnost v Sloveniji je zato rezultat dolgotrajnih projektov, ki so nastali v intermedijskem sektorju. Umetniki in kolektivi, kot so Marko Peljhan, Janez Janša, BridA (Tom Erševan, Jurij Pavlica in Sendi Mango) in Polona Tratnik, in prizorišča, kot je galerija Kapelica v Ljubljani, so resnične gonilne sile sodobne umetnosti v Sloveniji in so si priborili čedalje večje institucionalno priznavanje. Na Ars Electronici leta 2008 je razstava *Ecology of Techno Mind* (*Ekologija tehno uma*), katere kustos je bil umetniški direktor Kapelice Jurij Krpan, v muzeju Lentos v Linzu postala najzanimivejši dogodek celotnega festivala. Leto kasneje se je vrnil Krpan z razstavo *Arzenal Depo 2K9*, ambicioznim projektom, ki ga je organiziral v slovenski prestolnici. Marko Peljhan je predstavil projekt *INSULAR Technologies* (*LOČENE/IZOLIRANE tehnologije*) - INSULAR je akronim za International Networking System for Unified Long-distance Advanced Radio -, ki poteka od leta 1999 in ki se osredotoča na razvijanje odprtega, decentraliziranega, globalnega, neodvisnega radijskega komunikacijskega sistema, da bi ponudil stabilne, stalne povezave z dobrodelnimi ustanovami, nevladnimi organizacijami, posamezniki in skupinami aktivistov, ki delujejo na oddaljenih območjih, kjer so uradni komunikacijski sistemi vse prej kot stabilni. Sistem je neodvisen od komercialnih in državnih komunikacijskih omrežij in se zato ponuja kot emblem odpora proti globalnemu nadzoru, temni plati telekomunikacijskih omrežij. *INSULAR Technologies* so eden od poganjkov projekta *Makrolab*, ki se je začel leta 1994 in ki so ga predstavili na documenti X leta 1997, zajema pa ustvarjanje neodvisne enote, v kateri ljudje lahko živijo, raziskujejo in komunicirajo na ekstremnih območjih, kot je Antarktika. Kljub imenu ima *INSULAR Technologies* zelo malo skupnega s *kulturno izoliranostjo*, ki je značilna za velik del novomedijske umetnosti, temveč zastavljajo ključna vprašanja, kot so nadzor, podnebne spremembe in konstrukcija otokov odpora. To je domiseln podvig, in tako kot se je godilo Klüverjevim projektom v šestdesetih letih, bi se tudi *INSULAR Technologies* zdele inženirju absurdne, a brez sodelovanja inženirjev in hekerjev v razvijanju tega projekta bi ta ostal zgolj še en zanimiv primerek umetniške znanstvene fantastike. Toda uspelo mu je združiti futuristične projekte Antonia Sant'Elie in Archigrama s sodobno tehnologijo ter zliti domišljijo in stvarnost. Malo verjetno je, da bi produkcijski sistem sveta sodobne umetnosti lahko podprl produkcijo tako ambicioznega in dolgotrajnega podviga, pač pa na konceptualno obzorje sodobne umetnosti sodi možnost popolnega razumevanja vseh implikacij takšnega projekta.

Postmedijsko stanje

V četrtem poglavju tega dela (*Boemski ples*) sem skušal razviti poglobljeno analizo dogodkov, ki so od leta 1996 promovirali novomedijsko umetnost v areni sodobne umetnosti. Analiza je pokazala, da so vsi poskusi prenašanja ideje umetnosti in sistema vrednot, na katerih temelji svet novomedijske umetnosti (torej novomedijske umetnosti kot kategorije, ki temelji na uporabi – in pogosto slavljenju – tehnologije), na platformo sodobne umetnosti, nesrečno spodleteli in si nakopali kritike tako glede primernosti utemeljevanja umetnostne kategorije z uporabo medija kakor tudi glede kulturne vrednosti slavljenja tehnologij. Po drugi strani pa so dogodki, ki so se osredotočili na vpliv sedanjega tehno-socialnega razvoja na umetnost, ne da bi kakor koli opredelili medij, in tudi dogodki, ki so raziskovali, kako umetnost novih medijev in umetnost starih medijev razvijata specifično temo, ki ni povezana s tehnologijo (torej abstrakcijo), naleteli na precej dober sprejem. V areni sodobne umetnosti je novomedijski umetnosti dovoljen obstoj, a le če opusti svoj tehnocentrični nazor in izraz, ki ga identificira. Če zadevo povzamemo s pomočjo zgodnje izjave Catherine David:

> Nove tehnologije niso nič drugega kot novo sredstvo za doseganje nekega cilja. Same po sebi so pomembne, a to je vedno odvisno od tega, kako so uporabljene. Nasprotujem naivni veri v napredek in poveličevanju možnosti tehnološkega razvoja. Velik del tega, kar umetniki dandanes ustvarjajo z novimi mediji, je zelo dolgočasen. A ravno tako nasprotujem tudi obsojanju tehnologije. Tehnologija sama po sebi zame ni kategorija, po kateri bi presojala umetniška dela. Ta tip kategoriziranja je ravno tako zastarel kot delitev na klasične

umetnostne žanre (slikarstvo, kiparstvo ...). Zanima me ideja nekega projekta; v najboljšem primeru bi se morala sredstva za izvedbo projekta izkristalizirati kar iz te ideje.[195]

Če to upoštevamo, kako lahko poudarimo »specifično obliko sodobnosti« (Inke Arns) novomedijske umetnosti, ne da bi prekršili te tabuje?

Koncept postmedijev v širšem, bolj vključujočem smislu od tistega, ki ga je vpeljala Rosalind Krauss, dobro opravi to delo. Kot smo že omenili, ima izraz kompleksno zgodovino, ki vpliva na njegove pomene. Preden jo je uporabila Kraussova, se je fraza »postmedijska doba« prvič pojavila v nekaterih od poznih besedil Félixa Guattarija, ki so bila objavljena v zborniku *Soft Subversions* (*Mehke subverzije*, 1996).[196] Kot opaža Michael Goddard, so Guattarijeve omembe postmedijev pogosto hermetične;[197] mnogi so jih sicer pozdravili kot napoved vzpona interneta (Guattari je bil vnet zagovornik francoskega sistema Minitel), toda zdi se, da je izraz krinka za kompleksnejšo teorijo, ki se začne z refleksijo o neodvisnih medijih in svobodnih radiih iz sedemdesetih let, na koncu konsenzualne dobe množičnih medijev pa napove postmedijsko dobo, v kateri bodo mediji orodje nestrinjanja, kar pomeni revizijo odnosa med proizvajalcem in potrošnikom.

V tem »političnem« smislu je izraz leta 2002 privzel španski akademik José Luis Brea, ki ga je uporabil za začrtanje omrežnih skupnosti in praks mreženja, ki jih uporabljajo novi »medijski proizvajalci«.[198] V tem kontekstu izraz torej namiguje na zaton množičnih medijev, ki jih oblasti uporabljajo za vzdrževanje konsenza, v prid ljudski uporabi medijev kot orodja aktivistov in političnih ter kulturnih gibanj.

195 Catherine David, »Dx and New Media«, op. cit.
196 Gianni Romano izraz »postmediji« uporablja že od leta 1994, ko je ustanovil revijo s tem imenom. Po prvih treh številkah so revijo leta 1995 spremenili v spletišče postmedia. net, ki je še vedno aktivno; leta 2002 se mu je pridružila založba Postmediabooks. Romano trdi, da je »postmedijsko stanje strel v slovo postmoderni dobi oziroma zadnje svarilo, da mediji niso nevtralni, ko se uporabljajo politično, medtem ko ustvarjalci dajejo prednost nevtralni uporabi, ki je ne pogojuje medij« (osebna komunikacija, oktober 2010).
197 V: Michael Goddard, »Felix and Alice in Wonderland: The Encounter between Guattari and Berardi and the Post-Media Era«, *Generation-online*, junij 1996. Cf. tudi Félix Guattari, *Soft Subversions*, ured. Sylvère Lotringer, Semiotext(e) 1996.
198 José Luis Brea, *La era postmedia: Acción comunicativa, prácticas (post)artísticas y dispositivos neomediales*, Consorcio Salamanca, Salamanca 2002.

Ko je Rosalind Krauss leta 1999 napisala *A Voyage in the North Sea: Art in the Age of the Post-Medium Condition* (*Potovanje po Severnem morju: Umetnost v dobi postmedijskega stanja*), je uporabila izraz »postmedij« in ne »postmediji«, kar kaže zaton greenbergovske koncepcije medijske specifičnosti.[199] Ta izraz je uveljavljen med kritiki sodobne umetnosti, izrazu »postmediji« pa daje prednost novomedijska umetnost, čeprav ga razume drugače, kot ga je razumel Guattari. Peter Weibel, ki je leta 2005 organiziral razstavo z naslovom *Postmedia Condition* (*Postmedijsko stanje*),[200] trdi, da je postmedijska umetnost umetnost, ki sledi potrditvi medijev; in ker je vpliv medijev vsesplošen in ker računalniki zdaj lahko simulirajo vse ostale medije, je vsa sodobna umetnost postmedijska. Weibel pojasnjuje:

Medijsko izkustvo je postalo norma vseh estetskih izkustev. Zato v umetnosti onkraj medijev ni več ničesar. Medijem nihče ne more ubežati. Nikakršnega slikarstva ni več zunaj ali onkraj medijskega izkustva. Nikakršnega kiparstva ni več zunaj ali onkraj medijskega izkustva. Nikakršne fotografije ni več zunaj ali onkraj medijskega izkustva.[201]

Po Weiblovem mnenju smo do postmedijskega stanja prispeli v dveh fazah. V prvi fazi so vsi mediji dosegli enak status in enako spoštovanje kot umetniški mediji. V drugi fazi so se različni mediji prepletli, izgubili ločene identitete in začeli živeti drug od drugega.

Tudi Lev Manovich uporablja izraz »postmedijski«.[202] V nasprotju z Weiblom pa Manovichu uspe refleksijo o krizi konceptov umetniški medij in medijska specifičnost (Krauss) povezati z idejo, da je ogromen vpliv medijev povsem spremenil usodo umetnosti (oziroma estetike). Po Manovichevem

---

199   Rosalind Krauss, *A Voyage in the North Sea: Art in the Age of the Post-Medium Condition*, Thames & Hudson, London 1999.
200   Neue Galerie Graz am Landesmuseum Joanneum, 15. november 2005–15. januar 2006; Centro Cultural Conde Duque, Madrid, 7. februar–16. april 2006.
201   Peter Weibel, »The Post-Media Condition«, v: AAVV, *Postmedia Condition*, katalog, Centro Cultural Conde Duque, Madrid 2006, str. 98.
202   Cf. Lev Manovich, »Post-Media Aesthetics«, sd (2000–), dostopno na spletnem naslovu www.manovich.net/DOCS/Post_media_aesthetics1.doc [zadnji dostop marca 2013].

mnenju je bil za koncept medij prvi izziv razvoj novih umetniških jezikov (sestavljanka [*assemblage*], happening, instalacija itd.), temu je sledil vznik medijev (fotografija, film in video), ki se niso ujemali z običajno definicijo umetniškega medija, predvsem pa se niso skladali z običajnimi metodami kroženja in distribucije umetnosti.

Tretji napad na klasično pojmovanje umetniškega medija je izšel iz digitalne revolucije. Ta je pomenila predvsem to, da si je računalnik prilagodil vse druge medije in jim vsilil svoj delovni pristop. Kopiraj-in-prilepi, preoblikuj, vrini, vstavi in tako naprej so operacije, ki jih je ne glede na medij mogoče uporabiti pri fotografijah in sintetičnih podobah, zvokih in gibljivih slikah. Razlika med fotografijo in slikarstvom, filmom in animacijo zbledi. Splet vzpostavlja standard za večpredstavnostne dokumente, ki kombinirajo besedilo, slike in zvok. In končno lahko obstajajo zelo različne verzije slehernega »umetniškega objekta«, tudi kar se tiče medija: *flash* animacije je mogoče dati na splet ali zapeči na DVD, generativni program je mogoče spremeniti v video ali tiskan izdelek, spletišče je mogoče postaviti na ogled kot interaktivno instalacijo.

To je le nekaj primerov, kako tradicionalno pojmovanje medija ne deluje v povezavi s postdigitalno, postspletno kulturo. Toda pojem se kljub temu ohranja, čeprav je očitno neustrezen za opisovanje sodobne kulturne in umetniške realnosti. Ohranja se zgolj po zakonu inercije – pa tudi zato, ker je o iskanju boljšega, ustreznejšega konceptualnega sistema enostavneje govoriti, kot pa to tudi storiti.[203]

Koncept postmediji, ki bi upošteval vse te plasti, bi ponudil uporaben ključ do umetnosti sedanjosti. Seveda ne sugeriram, da bi morali z izrazom »postmedijski« opisovati vso sedanjo umetnost. Tudi ta izraz ima pomanjkljivosti, predvsem zato, ker je bila predpona »post« v umetnostni kritiki že mnogokrat zlorabljena, pa tudi zato, ker jo povezujejo predvsem z umetnostjo dvajsetega stoletja (tako jo uporablja Rosalind Krauss) in zato ni kos izzivu opisovanja umetnosti informacijske dobe. Spoznanje, da živimo v

203   Ibid.

postmedijski dobi, ni sklep, temveč izhodišče. Pomeni spoznanje, da je digitalna revolucija povsem spremenila pogoje produkcije in kroženja umetnosti in da postopoma, a neizbežno spreminja načine doživljanja umetnosti, razpravljanja o njej in njenega lastništva. V teh okoliščinah umetnost postaja nekaj povsem drugačnega od tistega, česar smo vajeni – in umetniški svetovi se morajo v skladu s tem spremeniti, razviti nove vrednote, nove ekonomije, nove strukture. To se že dogaja, in če tega še ne razumemo, je tako zato, ker se takšna sprememba ne zgodi čez noč, temveč terja čas, posredovanje in počasno prilagajanje.

To stališče si pod različnimi imeni že utira pot v umetnostno kritiko. Pomembno je, denimo, omeniti, da Nicolas Bourriaud razume družbeni in kulturni vpliv novih tehnologij kot eno od izhodišč za analiziranje sodobne umetnosti. V *Relacijski estetiki* je opozoril, da so »glavni rezultati informacijske revolucije danes vidni pri umetnikih, ki ne uporabljajo računalnikov«, in da so v devetdesetih letih z eksponentnim razvojem interaktivnih tehnologij umetniki začeli raziskovati »skrivnosti družabnega in interakcije«. Bourriaudovo takratno obsojanje umetnosti, ki uporablja računalnike (ki jo je opisal kot reprezentacijo »odtujenosti od vsiljenih produkcijskih načinov«), razkriva, kako zelo so se te prakse odtlej spremenile, in to ne bi smelo odvrniti naše pozornosti od tesnega odnosa, ki ga Bourriaud odkriva med »interaktivnostjo medijev« in »relacijsko umetnostjo«.[204] V svojem naslednjem delu z naslovom *Postprodukcija* je francoski kritik razširil refleksijo o vplivu digitalnih medijev na umetniška sredstva produkcije. Po njegovem mnenju sodobni umetnik deluje kot didžej ali kot programer, ki iz »množenja kulturne ponudbe« v informacijski dobi odbira najboljše kulturne izdelke in jih vključuje v nove kontekste.[205]

Sodobno umetniško delo se torej ne umešča kot konec »ustvarjalnega procesa« (»končni izdelek«, namenjen opazovanju), ampak kot kretnica, kot portal, generator dejavnosti.[206]

---

204   Nicolas Bourriaud, *Relacijska estetika* [1998], Maska, Ljubljana 2007, str. 59–60.
205   Nicolas Bourriaud, *Postprodukcija: Kultura kot scenarij: Kako umetnost reprogramira sodobni svet* [2002], op. cit., str. 95.
206   Ibid., str. 100.

V dobi postprodukcije umetnik uporablja različne delovne paradigme, ki so jih uvedli mediji, od vzorčenja (sampling) do prijema kopiraj-in-prilepi, in različne s tem povezane ideologije, kot sta souporaba in načelo copyleft, ki omogočajo produkcijo del iz sekundarnih materialov, ki ne obstajajo kot izolirani objekti, temveč kot vozlišča v omrežju pomenov. V »Altermodernem manifestu« (»Altermodern Manifesto«, 2009) pa Bourriaud v družbeno-kulturni kontekst, ki ga zaznamujejo globalizacija, potovanje in čedalje več priložnosti za komunikacijo, vpelje še koncept »altermodernost«. In sklene tako:

Altermoderna umetnost se torej bere kot nekakšen hipertekst; umetniki prevajajo in prekodirajo informacije iz enega formata v drugega in se potepajo tako po geografiji kakor tudi po zgodovini. [...] Naše vesolje je postalo teritorij z razsežnostmi, po katerih je mogoče potovati tako v času kakor tudi v prostoru.[207]

To priznavanje vpliva medijev na življenje in umetnosti pa je vendarle povsem drugačno oziroma ne vsebuje niti sledu medijskega determinizma, kot Bourriaud ponovi v *The Radicant* (*Potaknjenec*, 2009):

Potaknjena umetnost pomeni konec medijske specifičnosti, opustitev vseh teženj po izključevanju nekaterih področij iz domene umetnosti [...]. Nič ji ne more biti bolj tuje kot razmišljanje, ki temelji na disciplinah, na specifičnosti medija – kar je zelo nedejavno razmišljanje, ki povrhu pomeni zgolj negovanje lastnega področja.[208]

Medtem ko Kraussova menda meni, da bi bilo »novo izumljanje medija« lahko način izogibanja temu, da bi se postmediji spremenili v »novi akademizem«, Bourriaud smelo zatrjuje:

---

207   Nicolas Bourriaud, »Altermodern Manifesto«, 2009, dostopno na spletnem naslovu www.tate.org.uk/whats-on/tate-britain/exhibition/altermodern/explain-altermodern/altermodern-explainedmanifesto [zadnji dostop marca 2013].
208   Nicolas Bourriaud, *The Radicant*, Sternberg Press, New York 2009, str. 53–54

Dandanes se ni treba zavzemati – kot se je zavzemal Greenberg
– za ohranjanje avantgarde, ki je samozadostna in osredotočena
na posebnosti svojih sredstev, temveč za nedoločnost izvorne
kode umetnosti, za njeno razpršitev in širjenje, tako da lahko
ostane izmuzljiva – v nasprotju s pretiranim formatiranjem, ki je –
paradoksalno – značilno za kič.[209]

Ideja knjige *The Radicant*, če jo razumemo pravilno, nam ne omoči le tega,
da novomedijsko umetnost rešimo njenega marginalnega položaja, temveč
tudi prevede postmedijsko perspektivo, ki je še vedno povezana s stoletjem
»post« fenomenov, v dragocen namig za umetnost 21. stoletja. Negovanje
»nedoločnosti izvorne kode umetnosti« pomeni tudi odpoved kontekstualni
opredelitvi umetnosti, leporečni pretvezi prejšnjega stoletja, kot sta upala
Blaisova in Ippolito; vsaj na kritiški ravni pomeni tudi odpravljanje mej, ki
še vedno ločujejo sodobno umetnost od filma, arhitekture in oblikovanja, in
približanje novemu, odprtemu pogledu na polje vizualnosti; in končno pomeni
tudi nadomeščanje teh mej z novo, dokončno razmejitvijo med umetnostjo,
ki jo opredeljujeta nedoločnost in širjenje njene izvorne kode, in mediji,
domovanjem kiča in medijske specifičnosti.

Povedano drugače, niz vertikalnih barier (med mediji in različnimi
distribucijskimi obtoki) nadomesti horizontalna razmejitev. Umetnost in
mediji lahko uporabljajo ista sredstva, lahko so enaki v formalnem smislu
in lahko potujejo po istih distribucijskih kanalih, kajti razlikujejo se po svoji
globoki naravi in ne po naključnih elementih.

S te perspektive – in neodvisno od medija, ki ga uporablja za izražanje – se
umetnost, ki se najbolj zaveda kulturnih, družbenih in političnih posledic novih
medijev, približa položaju ključnega pomena in nepričakovano terja družbeno
funkcijo – upor proti »splOŠČenju« kulture, otopelosti in standardizaciji s
pomočjo kompleksnosti, vznemirjenja in kritične misli.

Med primeri, ki jih v zvezi z zavračanjem »monokulture medija« navaja
Bourriaud, se diskurzu, ki ga razvijamo, najbolje prilega Paul Chan. Chan je
študiral film, video in nove medije na kolidžu Bard v New Yorku. Je umetnik

---

209   Ibid., str. 138.

in politični aktivist, ki od leta 2000 vodi spletišče national-philistine.com kot spletni zbiralnik svojega dela. Tako Chanova dela kakor tudi njegova besedila razkrivajo ozaveščenost o družbenem in kulturnem vplivu novih tehnologij. Umetnik je privzel etiko souporabe na spletu, zato je veliko njegovih del dostopnih na spletu: eseji in publikacije, pa tudi vizualni in zvočni arhivi, kot je *My Own Private Alexandria* (*Moja mala Aleksandrija*, 2006), osebni izbor esejev, ki ustvarjajo nekakšen avtoportret v obliki knjižnice v formatu MP3, ki ga je mogoče sneti zastonj. Spletišče omogoča uporabnikom tudi ogled Chanovih najbolj znanih digitalnih animacij, kot je serija *Sade Before Sade* (*Sade pred Sadom*, 2006–2009), in snemanje ter instaliranje različnih alternativnih oblik pisave, ki jih ustvarjalec nenehno razvija. »Lahko bi še pisal, a sem hotel nekaj več,« Chan pojasnjuje na spletišču, »hotel sem, da bi jezik delal zame in za nikogar drugega.« Leta 2008 je v Novem muzeju v New Yorku razstavil serijo *The 7 Lights* (*Sedem luči*), s katero se je začel ukvarjati leta 2005. Razstava, katere kustos je bil Massimiliano Gioni, je sedem videoinstalacij povezala s serijo pripravljalnih risb z ogljem. Projekcije so bile porazdeljene po prostoru kot obrisi svetlobe, ki prodira skozi okno ali osvetljena vrata. Sence so potovale skozi svetlo, barvno svetlobo: obrisi ljudi, živali, rastlin in predmetov, ki so se premikali čedalje hitreje in spreminjali izvorno spokojno atmosfero v mračno vzdušje nočne more. Animacije so vsebovale številne namige na zgodovino in aktualne zadeve (od grške mitologije in biblije do vojne v Iraku), ki so se sekali v metaforični, nelinearni pripovedi, v lingvističnem smislu pa je bila očitna referenca kitajsko gledališče sens.

V dogovoru z muzejem je Chan objavil spletno različico razstave, ki je videodokumentacijo instalacij povezala z risbami in zvočnim arhivom izbora esejev iz *My Own Private Alexandria*, z besedili Anne Freud, Henrija Michauxa, Theodorja Adorna in Chrisa Markerja, ki so idealen zvočni zapis za razstavo.[210] Tudi tu so bili eseji na voljo za brezplačen prenos, enako izvorne datoteke (v formatu Flash) za vse animacije.

Poleg tega, da je Chan privzel etiko brezplačne programske opreme, v

---

210   Izvorno spletišče je zdaj nadomestil prispevek o razstavi v muzejevem digitalnem arhivu, dostopen na spletnem naslovu http://archive.newmuseum.org/index.php/ Detail/ Occurrence/Show/occurrence_id/914 [zadnji dostop marca 2013].

njej pogosto išče tudi navdih za svoje delo in za raziskovanje tehnološke sedanjosti. V eseju »The Unthinkable Community« (Nepredstavljiva skupnost), na primer, Chan razkriva, da je eno od izhodišč njegove prilagoditve drame Samuela Becketta *Čakajoč Godota* (2007) za ulice New Orleansa, refleksija o pomenu besed, kot sta samota in skupnost, v dobi, v kateri je eksplozija tehnologij, ki omogočajo komuniciranje (od mobilnih telefonov do družbenih omrežij), dejansko okrepila posameznikov občutek odtujenosti in osamljenosti, namesto da bi ga omilila.

> Čas poglobi povezave, tehnologija pa komunikacijo naredi bolj ekonomično. Zato so nam telekomunikacijske tehnologije kljub čedalje več načinom, kako se ljudje lahko vidimo in slišimo, ironično, otežile medsebojno razumevanje.[211]

Kot vidimo, Paul Chan uporablja nove medije in razvija kritiko novih tehnologij, ne da bi se kadar koli ujel v past novomedijske umetnosti. Njegovo delo ne vsebuje nikakršne avtoreference in se osredotoča na probleme, kot so zgodovina, vojna, vera, spolnost in moč; in kot pravi Bourriaud:

> [Chanovo delo] odraža našo civilizacijo pretirane produkcije, v kateri je stopnja prostorskega (in imaginarnega) nereda tako visoka, da že najmanjša vrzel v njeni verigi povzroči vizualni učinek; opozori pa tudi na izkušnjo homo viatorja, ki se premika skozi formate in vode, daleč od monokulture medija, na katero bi nekateri kritiki radi omejili sodobno umetnost.[212]

Po umetnosti

Seveda Nicolas Bourriaud ni osamljen v spoznanju o vplivu digitalne revolucije na ustvarjanje in razširjanje umetnosti. Zdi se, da celo Rosalind

---

211   Paul Chan, »The Unthinkable Community«, *Eflux Journal*, št. 16, maj 2010, dostopno na spletnem naslovu www.e-flux.com/journal/view/144 [zadnji dostop marca 2013].
212   Nicolas Bourriaud, *The Radicant*, op. cit., str. 130–131.

Krauss v svojem nedavnem delu *Under Blue Cup* (*Pod modro čašo*) opre svoje »reakcionarno« zanimanje za medijsko specifičnost in »viteze medija« (kot pravi umetnikom, ki »so se polastili tehnične podpore in jo uporabili za ›izumljanje‹ medija«) na spoznanje, da je digitalna doba spremenila »postmedijsko stanje« iz zavestne izbire v vsesplošno stanje produkcije, ki bi se mu morali upreti, tako da se vrnemo k mediju »kot obliki spominjanja«:

> Te kitajske skrinjice, zložene druga v drugo, za medijsko teorijo v celoti razveljavijo sleherno predstavo o ločenosti posameznih medijev. Kittlerjeva razveljavitev vpelje numerične tokove, v katerih bodo vse informacije – vidne, slušne, govorne – izmerjene. Ko se zgodi digitalizacija, je sleherni medij mogoči prevesti v neki drug medij. Popolna medijska povezanost v digitalni bazi bo izbrisala koncepcijo medija kot takšnega.[213]

Kraussova se ukvarja s spremembami, ki jih je prinesel digitalni premik v umetniški produkciji, drugi teoretiki pa se osredotočajo na dramatično spremembo, ki jo ustvarjajo nova sredstva kroženja umetnosti med občinstvi. To ni nikakršno presenečenje. V celotnem dvajsetem stoletju je bilo prizorišče sprejema umetnosti pogosto primarno sredstvo za razlikovanje med umetnostjo in neumetnostjo. Umetnost je bila umetnost, ker se je dogajala v beli kocki muzeja ali galerije. Poleg tega je sodobna umetnost pogosto rezultat dialoškega odnosa s primarnim prostorom sprejema; tudi kadar je umetnost kritizirala belo kocko, se ji izmikala, ji kljubovala ali vanjo vnašala vsakdanje življenje, je bela kocka ostala »drugi« v tem dvopolnem odnosu. In končno se v beli kocki in po njeni zaslugi umetnost razlikuje od svoje dokumentacije, ta dokumentacija pa se občasno spremeni v umetnost.

V digitalni dobi je razlika med posnetki in izvirniki postala nejasna in umetna, pojavitev novih platform za distribucijo kulturnih vsebin pa izpodkopava tradicionalno vlogo starih platform, od muzejev in knjižnic do trgovin z glasbo. V knjigi *Art Power* (*Moč umetnosti*) Boris Groys piše:

213 Rosalind Krauss, *Under Blue Cup*, op. cit., str. 38–39.

Zdi se, da digitalizacija dopušča podobi, da se osamosvoji od vseh oblik razstavljavskih praks. Digitalne podobe so se sposobne same ustvariti, namnožiti in distribuirati po odprtih poljih sodobnih komunikacijskih sredstev, kot so internet ali omrežja mobilne telefonije, in to neposredno in anonimno, brez slehernega nadzora kustosov. V tem pogledu lahko o digitalnih podobah govorimo kot o zares močnih podobah – podobah, ki so se sposobne pokazati v skladu z lastno naravo, ki je odvisna zgolj od njihove vitalnosti in moči.[214]

Pravzaprav Groys vnovič utrdi vlogo muzeja, edinega prostora, kjer je digitalno podobo – ki ni izvirnik, temveč razstavljanje »nevidnega izvirnika« (datoteke podobe) – mogoče še enkrat ustvariti, kjer lahko najde lastno identiteto in postane »izvirnik«:

Sodobna, postdigitalna kuratorska praksa lahko naredi nekaj, kar je tradicionalno razstavljanje lahko naredilo le metaforično – razstavi lahko nevidno.[215]

A čeprav digitalno morda res utrjuje kuratorsko in institucionalno vlogo, kar se tiče »vnovične vzpostavitve izgubljene avre«, ustvarja tudi navade, za katere se zdi, da gredo v nasprotno smer. Na posredovanje smo se že tako zelo navadili, da sploh ne opazimo več razlike med primarnim doživetjem in doživetjem iz druge roke, in včasih nam je slednje celo ljubše od prvega. Umetnik Seth Price je v svojem vplivnem besedilu *Dispersion* (*Razpršitev*) zapisal:

Ali je naša dolžnost, da delo vidimo iz prve roke? Kaj se zgodi, ko se intimnejše, pozornejše in trajnejše razumevanje razvije iz posrednih razprav o neki razstavi in ne iz neposrednega doživetja umetniškega dela? Ali je dolžnost potrošnika, da je priča, ali pa je posameznikovo

---

214   Boris Groys, »From Image to Image File – and Back: Art in the Age of Digitalization«, v: *Art Power*, MIT Press, Cambridge in London 2008, str. 83.
215   Ibid., str. 91.

umetniško doživetje mogoče izpeljati iz revij, z interneta, iz knjig in pogovorov?[216]

V *Dispersion* Price razpravlja o možnosti razširjanja umetnosti v javnem okolju s pomočjo medijev kot nove oblike javne umetnosti, ki pomeni izziv za svet umetnosti in njegove strukture:

> Javno ima dandanes prav toliko skupnega s prizorišči produkcije in reprodukcije kot s katerim koli fizičnim javnim prostorom, zato bi priljubljen album lahko šteli za uspešnejši primer javne umetnosti kakor pa pozabljen spomenik sredi urbanega trga. [...] Morda krog sklene umetnost, ki se distribuira najširši možni publiki in postane zasebna umetnost, tako kot v dobi naročanja portretov. Analogija bo postala še primernejša, kajti tehnike digitalne distribucije dopuščajo čedalje večje prilagajanje posameznim potrošnikom.[217]

Druga umetnica, ki se osredotoča na digitalno kroženje umetnosti na javnih spletnih platformah, je Hito Steyerl. V eseju »In Defense of the Poor Image« (»V obrambo slabi podobi«) Steyerlova analizira kulturne in družbenopolitične implikacije spletnega kroženja nizkoresolucijskih različic več kulturnih artefaktov, od medijev v lastni produkciji do avantgardnih filmov. Avtorica pojasnjuje, kako ti izdelki zrcalijo kulturo dostopa, hitrosti, odpora do privatizacije in avtorskih pravic, porazdeljenega avtorstva in družbenih razmerij, ki temeljijo na ustvarjanju, manipulaciji in doživljanju kulturnih vsebin. In sklene tako:

> Slaba podoba se ne tiče več pravih reči – izvirnih izvirnikov. Namesto tega se tiče lastnih realnih pogojev obstoja: obilnega kroženja, digitalne razpršitve in zdrobljenih ter prožnih časovnosti. Tiče se kljubovanja in prilaščanja, ravno tako kot se tiče konformizma in

---

216 Seth Price, »Dispersion«, 2002–, dostopno na spletnem naslovu www.distributedhistory.com/Disperzone.html [zadnji dostop marca 2013].
217 Ibid.

izkoriščanja. Skratka, tiče se stvarnosti.[218]

Za generacijo umetnikov, ki so odrasli v tem medijskem okolju, je spletno kroženje umetniških del z vsemi svojimi implikacijami zelo pogosto primarno sredstvo distribucije in stika z občinstvom; predstavitev v beli kocki, če se sploh zgodi, pa je le korak v potekajočem procesu, katerega razvoj se nadaljuje na spletu. V eseju »The Image Object Post-Internet« (»Podoba predmet po internetu«) umetnik Artie Vierkant piše:

> V postinternetnem vzdušju se predvideva, da je umetniško delo enakovredno v različici objekta, na katerega bi lahko naleteli v galeriji ali muzeju, v podobah in drugih reprezentacijah, ki jih širijo s pomočjo interneta in tiskanih publikacij, v nezakonitih podobah objekta ali njegovih reprezentacij in v variacijah vsega navedenega v različicah, ki so jih uredili in v nov kontekst postavili drugi avtorji.[219]

To seveda ne pomeni, da bo nova distribucijska platforma prevladala nad starejšimi, temveč le, da preoblikuje odnos med umetniki in občinstvi ter svetom umetnosti; in da slednjega sili v rekonfiguracijo. Če je res, da »s čedalje močnejšim potencialom za množično digitalno gledalstvo prenašanje postaja ravno tako pomembno kot ustvarjanje«, se mora svet umetnosti soočiti z dejstvom, da ni več primarni medij prenašanja umetnosti, in se temu primerno prilagoditi.[220]

Nedavni primer analiziranja okoliščin te rekonfiguracije je delo *After Art* (*Po umetnosti*) Davida Ioselita. Kot avtor pojasnjuje v predgovoru, je to delo o tem, »kaj podobe *počnejo*, ko vstopijo v kroženje v različnih omrežjih«.[221] Ta interes je posledica spoznanja, da »stopnja množenja podob in hitrost, s katero potujejo, še nikoli nista bili tako visoki. V teh razmerah se podobe

218 Hito Steyerl, »In Defense of the Poor Image«, *eflux journal*, št. 10, november 2009, dostopno na spletnem naslovu www.e-flux.com/journal/in-defense-of-the-poor-image/ [zadnji dostop marca 2013].
219 Artie Vierkant, »The Image Object Post-Internet«, *jstchillin*, 2010, dostopno na spletnem naslovu http://jstchillin.org/artie/vierkant.html [zadnji dostop marca 2013], str. 5.
220 Lauren Christiansen, v: Artie Vierkant, »The Image Object Post-Internet«, op. cit., p. 9.
221 David Ioselit, *After Art*, Cloth 2012, str. xiv.

zdijo zastonj, a imajo ceno«.[222] Po Ioselitovem mnenju je ekonomska vrednost (umetnost kot denarna valuta) strogo povezana s sposobnostjo umetnosti, da z veliko hitrostjo kroži v informacijskih omrežjih.[223] A da bi razumeli ta koncept, se moramo najprej

znebiti koncepta medij (in hkrati z njim njegove zrcalne podobe, postmedija), ki je že nekaj generacij temeljnega pomena za umetnostno zgodovino in kritiko. Ta kategorija daje prednost diskretnim objektom – celo objektom, ki so oslabljeni, nemi, porazdeljeni ali »dematerializirani«. Eden od ciljev dela *After Art* je razširiti opredelitev umetnosti, da bo zajela heterogene konfiguracije odnosov ali povezav – kar je francoski umetnik Pierre Huyghe poimenoval »dinamična veriga, ki prečka različne formate«.[224]

Povezavo med tem premikom (od objektov k odnosom) in digitalnim premikom poudari nekaj strani pozneje:

Podobe lahko postanejo neke vrste valute, ki se ne ujemajo z denarjem (tako kot številne oblike komuniciranja). Ker se pojavljajo v »informacijski dobi«, v kateri je dokumentiranje dobesedno del produkcije umetnosti, sodobna umetniška dela ponavadi sodijo v kategorijo dokumentiranih objektov.[225]

Če sklenemo: če je spoznanje, da živimo v postmedijski dobi, le izhodišče, je tudi integracija umetnosti, nekoč znane kot novomedijska, v svet sodobne umetnosti le uvodna, pripravljalna faza širše rekonfiguracije umetniških

---

222 Ibid., str. 1.
223 Ioselit se, kot kaže, strinja s Steyerlovo, ki piše: »Poleg ločljivosti in menjalne vrednosti si lahko zamislimo še eno vrsto vrednosti, ki jo določajo hitrost, intenzivnost in razširjenost. Revne podobe so revne, ker so zelo stisnjene in potujejo hitro. Izgubijo snovnost in pridobijo hitrost. [...] In ravno zato se tudi tako popolno integrirajo v informacijski kapitalizem, ki uspeva zaradi skrčenih razponov pozornosti bolj zaradi vtisov kot zaradi zatopljenosti, bolj zaradi intenzivnosti kot zaradi razmisleka, bolj zaradi predogledov kot zaradi projekcij.« Cf. Hito Steyerl, »In Defense of the Poor Image«, op. cit.
224 David Ioselit, *After Art*, op. cit., str. 2.
225 Ibid., str. 12.

svetov. Začeli so se tektonski premiki. Ko bo mimo, bomo verjetno sposobni razumeti, kaj bo beseda »umetnost« pomenila v novem tisočletju.

»Rojeni digitalci«

Če se vrnemo v sedanjost, lahko rečemo, da umetnost, nekoč znana kot novomedijska, ko jo izvlečemo iz sveta sodobne umetnosti, ne izgubi svoje specifičnosti in lahko dejansko postane eno od najučinkovitejših utelešenj našega postmedijskega sveta. To je svet, v katerem nima več smisla razlikovati med umetnostjo, ki uporablja računalnike, in umetnostjo, ki tega ne počne – kar je Bourriaud razlikoval leta 1998[226] in kar še vedno razlikuje paradigma, na katero namiguje izraz novomedijska umetnost; to je svet, v katerem je po drugi strani čedalje bolj smiselno razlikovati med umetnostjo, ki priznava vzpon informacijske družbe, in umetnostjo, ki se umika na položaje, ki so značilni za industrijsko dobo, ki jo puščamo za sabo. To je razlikovanje, ki bo čez nekaj desetletij merilo za identifikacijo akademizmov in avantgard našega časa.

Ta pristop je posebno primeren za interpretiranje umetnosti »rojenih digitalcev«, torej tiste generacije umetnikov, ki ni nikoli okusila življenja brez računalnikov. Zanjo je vsakodnevna uporaba interneta norma, in to tolikšna, da sploh nima več smisla razlikovati med povezanostjo in nepovezanostjo s spletom. Stanje nepovezanosti preprosto izginja, ta generacija je vedno *online*. Računalniki in mobilne tehnologije so globoko zaznamovali njihovo družbeno življenje in načine, kako obravnavajo svoja življenja, svoje odnose do drugih in nenehno posredovano stvarnost. V njihovih življenjih se meja med javnim in zasebnim vzpostavlja povsem na novo. Zaradi nenehnega tvitanja je splet poučen o njihovem početju, fotografije s počitnic se takoj znajdejo na Facebooku in drugih spletiščih, svoja ljubezenska razmerja urejajo s pomočjo besedilnih sporočil in videoklicev, o njih pa, dokler trajajo, poročajo na spletu.[227]

---

226   Bourriaud to zatrjuje tudi v *Potaknjencu*: »Domači računalniki so se polagoma razširili na vse oblike razmišljanja in produkcije. Trenutno pa njihova najinovativnejša umetniška uporaba izvira od umetnikov, katerih praksa je precej oddaljena od kakršne koli digitalne umetnosti – kar se nedvomno dogaja med čakanjem, da se zgodi nekaj boljšega.« Nicolas Bourriau, *The Radicant*, op. cit., str. 133.
227   O rojenih digitalcih cf. Don Tapscott, *Grown Up Digital*, McGraw-Hill eBooks 2009; John Palfrey in Urs Gasser, *Born Digital: Understanding the First Generation of Digital Natives*, Basic Books, New York 2008.

Umetniki te generacije doživljajo nastanek »ljudskih« podob interneta od znotraj; čedalje večja množica amaterskih fotografij in nizkoresolucijskih videov, pa tudi razglednic, čestitk, majnih animacij in najrazličnejših artefaktov, ki nastajajo s preprosto uporabo standardnega orodja in učinkov v tem multimedijskem produkcijskem studiu, ki ga imamo v rokah. Današnji umetniki k temu pogosto prispevajo in iščejo odobravanje skupnosti, preden se podajo proti svetu umetnosti. »Najprej sprejemam, nato prevajam in na koncu ustvarjam,« trdi Ryan Trecartin, mladi ameriški umetnik, ki zadnji dve leti privablja čedalje več pozornosti sveta umetnosti, a je že dobro znan na YouTubu. V svojih videodelih upodablja mlade, zelo naličene ekshibicioniste v domačem okolju, ki uprizarjajo drobce vsakdanjega življenja, medtem ko gledalca zasipajo s podrobnostmi iz svojega zasebnega življenja. So izraz tega, kar Trecartin imenuje »transumerizem«, stičišče postčloveškega in postmedijskega – naš način življenja v informacijski dobi. Spletu govorijo o spletu, kjer so še naprej dostopni tudi zdaj, ko so trdno navzoči na trgu umetnosti.

Trecartinovo delo je ne glede na njegovo produktivnost le majhen prispevek k 24 videom, ki jih vsako minuto naložijo na YouTube, platformo, ki je pripomogla k temu, kot je zapisal umetnik Tom Sherman, da je video postal »ljudska oblika naše dobe [...], splošni in vsakdanji način človeške komunikacije«.[228] Med umetniki, ki tako kot Trecartin jemljejo YouTube zelo resno, jih je mnogo, ki so del tako imenovane prodeskarske scene, ki se je po letu 2006 izoblikovala okoli niza kolektivno vodenih blogov, kot sta Nasty Nets in Supercentral, na katerih udeleženci vzpostavijo dialog na daljavo, temelji pa na izmenjevanju, manipuliranju in komentiranju medijskega gradiva (podob, videov in besedil), ki so ga našli na spletu.[229] Ta kolektivna praksa, ki ustvarja ozadje samostojnega dela udeležencev, te spodbuja, da se po eni strani osredotočajo na prakse, kot so montaža, postprodukcija, kopiranje in

---

228   Tom Sherman, »Vernacular Video«, v: Geert Lovink in Sabine Niederer (ured.), *Video Vortex Reader: Responses to Youtube*, Institute of Networked Cultures, Amsterdam 2008, str. 161.
229   Cf. Marisa Olson, »Lost Not Found: The Circulation of Images in Digital Visual Culture«, v: *Words Without Pictures*, 18. september 2008, dostopno na spletnem naslovu http://uncopy.net/wp-content/uploads/2011/01/olson-lostnotfound.pdf [zadnji dostop marca 2013].

remiks, po drugi strani pa da prisodijo precejšen pomen dvojnemu dialogu – notranjemu med pripadniki »deskarskega kluba« in zunanjemu s širšo, bolj raznoliko skupnostjo uporabnikov interneta oziroma uporabnikov specifičnih storitev, kot je YouTube.

Videodelo Petre Cortright je bleščeč primer tega, saj je popolnoma zakamuflirano kot eden najobičajnejših žanrov ljudskega videa, namreč kot »ego posnetek«; to so narcisistične samopredstave, v katerih uporabniki pred kamero pozirajo, plešejo, pojejo in se ukvarjajo s športom. Cortrightova izkoristi lastno privlačnost in najstniški slog, da stori prav to, potem pa uporabi nekaj preprostih postprodukcijskih trikov, ki izražajo njeno individualnost v odnosu do kulture, katere del si kljub temu prizadeva biti. Umetnica vključuje v svoje videe animacije, posnetke in posebne učinke, kot so bleščice (*glitter*); takšno je, recimo, delo *Das Hell(e) Modell* (*Svetli model*, 2009), v katerem zadošča že svetlobni učinek, da se plešoče dekle spremeni v srhljivo evokativno navzočnost.

Ti videi, ki so narejeni za YouTube ali druge platforme, so skladen odziv in hkrati opomba ob robu kulture, katere nastanek so sprožile te platforme. Morda čakajo, da postanejo naslednji »viralni video«, so pa tudi komentar in kritika domnevne demokratičnosti kulture »glasuj za ta video« in nizke ravni pozornosti, ki jo posamezniki namenjajo tako ogromni množini materiala. Cory Arcangel je razvil to kritiko in temu prilagodil enega od izrazov »digitalne folklore«, mačko.[230] 22. decembra 2005 je mačka z imenom Pajamas (Pižama) nastopila v prvem videu, objavljenem na YouTubu. V prefinjenem remiksu je Arcangel uporabil na stotine njegovih naslednikov in ustvaril *Drei Klavierstücke, Op. 11* (*Tri dela za klavir, op. 11*, 2009) – serijo treh videov, v katerih umetnik igra zahtevno skladbo Arnolda Schoenberga s pomočjo najdenih posnetkov mačk, ki hodijo po tipkah klavirjev. V delu, ki je ljudsko in avantgardno – *Op. 11* šteje za Schoenbergovo prvo »atonalno« skladbo –, se posnetki prepletajo z neustavljivo privlačnostjo, kar jim je prineslo več kot 160.000 ogledov na YouTubu.

Dialog s spletnim ljudstvom je le ena od številnih možnih manifestacij dela

---

230 Cf. Olia Lialina in Dragan Espenschied (ured.), *Digital Folklore*, Merz and Solitude, Stuttgart 2009.

umetnikov, ki jih opisujejo kot »postinternetne« ali »internetno ozaveščene« ustvarjalce. Ti oznaki sta se pojavili okoli leta 2008 kot poimenovanje za umetnost, ki obravnava »vpliv interneta na splošno kulturo«, ne da bi nujno obstajala na spletu ali uporabljala digitalne medije,[231] njuna odlika pa je bilo vsaj dejstvo, da nista poudarjali uporabe specifičnega medija, temveč ozaveščenost o posledicah tega medija za kulturo in družbo. Vierkant v svojem eseju to izrazi tako:

> V okviru tega PDF je postinternet opredeljen kot posledica sodobnega trenutka; oblikujejo ga povsod navzoče avtorstvo, razvoj pozornosti kot valute, propad fizičnega prostora v omrežni kulturi ter neskončna reproduktivnost in spremenljivost digitalnega materiala.[232]

Le nekaj let kasneje te etikete morda zvenijo nekako nepotrebne: kako si lahko »sodoben«, ne da bi se prilegal tej definiciji? Hkrati pa jih morda še vedno potrebujemo, da bi poudarili, da ta raven ozaveščenosti nikakor ni enakomerno porazdeljena med populacijo sveta umetnosti. Čeprav ne pripada določeni generaciji (rojenim digitalcem) oziroma specifični skupini (nekdanjim spletnim umetnikom), jo je še vedno precej težko najti zunaj teh krogov; umetniki, kot so Thomas Ruff, Seth Price in Maurizio Cattelan, so izjeme, ki potrjujejo pravilo.

V kontekstu našega argumenta pa je pomembno opozoriti, da postinternetne umetniške prakse že delujejo onkraj dihotomije med novomedijsko in sodobno umetnostjo, v popolnoma postmedijski perspektivi.

Drugi kritiški pristopi

Ko enkrat priznamo te spremembe, je treba opozoriti tudi na to, da umetnost, prej znana kot novomedijska, zelo potrebuje tudi drugačna stališča, druge kritiške pristope, druge povezave. Čas je, da se znebimo starih

---

231 Cf. Louis Doulas, »Within Post-Internet, Part One«, op. cit., in Gene McHugh, *Post Internet*, Link Editions, Brescia 2012.
232 Artie Vierkant, »The Image Object Post-Internet«, str. 3.

predsodkov, ki jih ponavlja Christiane Paul, ki pravi:

[...] novih medijev ne bo nikoli mogoče razumeti s strogo umetnostnozgodovinske perspektive; zgodovina tehnologije in medijskih znanosti ima enako pomembno vlogo v formiranju in recepciji te umetnosti. Novomedijska umetnost terja medijsko pismenost.[233]

To je res le toliko, kolikor drži tudi za vse druge umetniške prakse, in to na dveh ravneh. Prvič, slikarstvo Johna Currina bom razumel bolje, če sem seznanjen z njegovim medijem (slikarstvo), tako kar se tiče njegove zgodovine kakor tudi njegovih povsem uporabnih elementov. Drugič, slikarstvo Johna Currina bom razumel bolje, če sem seznanjen s sodobnimi mediji in načini kroženja podob v sodobni informacijski pokrajini. Ameriški slikar se zgleduje po tradicijah figurativnega slikarstva od petnajstega stoletja naprej, toda svoje subjekte najde v revijah, kot sta *Cosmopolitan* in *Playboy*, spremlja pa tudi amatersko pornografijo, ki kroži po spletu.

Povedano drugače, vsa sodobna umetnost mora biti medijsko pismena. Novomedijska umetnost pa mora dobro poznati predvsem umetnostno zgodovino, v obrisih pa tudi sodobno umetnost. Vzemimo primer, ki je na robu skrajnosti. Gazira Babeli je umetnica, ki deluje na virtualni platformi Second Life od leta 2006. Glede na dejstvo, da ne obstaja oseba z imenom Gazira Babeli in da je identiteta človeka, ki jo nadzoruje, neznana, je Gazira Babeli na neki ravni pravzaprav umetniško delo – projekt konstrukcije identitete v simuliranem svetu. Toda kot umetnica Gazira tudi ustvarja umetnost: »performanse«, »instalacije«, »skulpture«, »okolja« in celo »slike«. Toda vsi ti izrazi, tako kot postmoderna roža Umberta Eca, terjajo narekovaje, kajti različne reči, ki jih opisujejo, so dejansko vse rezultat iste operacije – manipulacije in subverzije kod (tridimenzionalnega modeliranja, skriptnih jezikov), na katerih temelji simulirani svet. Da se lahko lotimo takšnega dela, moramo biti nedvomno seznanjeni z medijskim svetom. Vedeti moramo, kaj je

---

233   Christiane Paul, »Introduction«, v: Christiane Paul (ured.), *New Media in the White Cube and Beyond*, op. cit., str. 5.

Domenico Quaranta

virtualni svet in kaj je avatar, nič takšnega torej, česar nista podrobno ilustrirala že *Matrica* in nedavna uspešnica Jamesa Camerona. Osnovno poznavanje računalnikov kot delovnega okolja z omejitvami pasovne širine in grafično kartico, jeziki in konvencijami je zaželeno, minimalne izkušnje z virtualnimi okolji pa bodo pripomogle k razumevanju določene dinamike skupnosti. Dobro je tudi, če poznamo kratko tradicijo umetniške uporabe virtualnih svetov. Vse to nudi tehnološki ključ za dostop do figure Gazire Babeli in njenega dela, ne zadošča pa za to, da bi razvili kritičen diskurz o tej figuri in njenem delu. Da bi dobili »kulturni« ključ, potreben za to razumevanje, je prav tako nujno poznati temo eksperimentiranja z identiteto, ki teče skozi celotno zgodovino sodobne umetnosti, od Rrose Sélavy do Matthewa Barneyja.

Dela, kot je *Avatar On Canvas* (*Avatar na platnu*), reprodukcije slik Francisa Bacona, ki gledalca vabijo, naj bo priča nizu spektakularnih deformacij, je mogoče bolje razumeti v luči zgodovine umetnosti performansa in posegov v telo; projekti, kot je *Grey Goo* (*Siva lepljiva snov*), ki sproži vihar pop ikon, pa od gledalca terjajo nekaj znanja, in to ne le o viralnih strategijah, ki jih uporabljajo hekerji, temveč tudi o pop množenju podob in o vdoru na gledalčevo vidno obzorje, ki ga je prakticiral, na primer, Andy Warhol.[234]

Če takšno prakso opazujemo v omejenem okviru, kakršen je novomedijska umetnost, to zagotovo ne pripomore k razumevanju »njene sodobne specifičnosti«. Kaj ima Gazira Babeli skupnega s tistimi, ki v virtualnih svetovih sestavljajo nemogoče arhitekturne kompozicije? Ali pa z amatersko umetnostjo, ki je na ogled v galerijah platforme Second Life? Ali z interaktivnimi instalacijami v centru ZKM? In nasprotno, kakšne koristi lahko imamo od kritične ali kuratorske obravnave njenega dela znotraj diskurza o spolni dvoumnosti, ob avtorjih, kot je Wolfgang Tillmans, ali diskurza o sodobni identiteti, v dialogu s Cindy Sherman, ali glede na manipulacijo telesa in intervencije v javnem prostoru?

Takšen argument bi verjetno lahko formulirali v zvezi s pretežnim delom umetnosti, ki je bila prej znana kot novomedijska umetnost, katere resnična moč je dandanes, v primerjavi z drugimi praksami, v tem, kaj – kaj več in kaj

234   Za več informacij o Gaziri Babeli cf. Domenico Quaranta (ured.), *Gazira Babeli*, Link Editions, Brescia 2012.

še – nam lahko pove o usodi in aktualni naravi abstraktnosti, o vprašanjih rase in spolnosti, o našem globaliziranem svetu, o nadzoru in cenzuri, terorizmu in podnebnih spremembah. Umetnost našega časa moramo meriti in presojati s temi merili. Da bi lahko to storili, pa se mora umetnostna kritika znebiti svojih predsodkov o medijski naravi ali družbenem izvoru tistega, kar presoja, in se naučiti gledati v svet umetnosti in onkraj njega, iskati umetnost tam, kjer je ne pričakujemo; umetnostna kritika se mora znebiti bremena nevednosti (po eni strani tehnološke in po drugi strani umetnostne), ki jo še vedno teži.

Sklepi

Torino, oktobra 2010. Po obisku konference se s prijateljema iz Šole za umetnost in medije na britanski Univerzi v Plymouthu odpravim na pivo. Razlagata mi, da so njun oddelek, ki je bil dotlej del politehnike, pravkar priključili k umetnostni fakulteti te univerze. Prijatelja menita, da je to nedvomno dobro, povesta pa tudi, da je sprememba sprožila nekakšno krizo identitete, katere posledica je to, da se oddelek sedaj na vse pretege trudi, da bi utrdil svoj edinstveni status. Študenti umetniške šole, dodata s pridihom prezira, običajno vidijo nove medije kot nekaj nevtralnega, kot nekaj, kar je mogoče preprosto uporabiti kot kateri koli drug medij, ne da bi jih zanimala kritična vprašanja, ki jih ti mediji zastavljajo. Njun oddelek pa si že od nekdaj prizadeva razvijati kritične poglede, ki temeljijo na poglobljenem poznavanju obravnavanih medijev.

Ni jima enostavno pojasniti, da sta oba procesa, čeprav potekata v različnih smereh, pozitivna in da je mogoče ohraniti »postmedijski« pristop k novim medijem, ne da bi zavrnili potrebo po začasno neodvisnih področjih, na katerih se specifičnost teh medijev vztrajno neguje. Ni jima niti enostavno pojasniti, kaj naj bi »začasno« pomenilo v teh okoliščinah: sadov lastnega dela nihče ne mara izročati drugim, zlasti če obstaja meja, ki temelji na polstoletni zgodovini in ki ima tudi lastno institucionalno obliko. Morda bo minilo kar nekaj časa, preden se bodo odnosi med svetom sodobne umetnosti in svetom novomedijske umetnosti ustalili v skladu z obeti, predstavljenimi v tej knjigi. Za zdaj vsi poskusi komunikacije, če ne razvnamejo konfliktov, pridejo do

199

mrtve točke.

»Estetika je za umetnike to, kar je ornitologija za ptiče,« je dejal Barnett Newman. Ta knjiga je poskus slediti umetnikom, ki se svobodni podajajo na svoj prvi let, in razrahljati rešetke kletk, ki so jih okoli njih zgradili ornitologi, ki se preveč ukvarjajo z utrjevanjem ali izpodbijanjem argumentov drugih ornitologov.